运输经济学概论

（加）巴瑞·E. 普仁提斯（Barry E. Prentice）
（美）达仁·普拉科普（Darren Prokop） ◎著

李红昌 ◎译

Concepts of
TRANSPORTATION
ECONOMICS

中国财经出版传媒集团
经济科学出版社
Economic Science Press

图书在版编目（CIP）数据

运输经济学概论/（加）巴瑞·E. 普仁提斯（Barry E. Prentice），
（美）达仁·普拉科普（Darren Prokop）著；李红昌译 . -- 北京：
经济科学出版社，2022. 12
书名原文：Concepts of Transportation Economics
ISBN 978 - 7 - 5218 - 4434 - 4

Ⅰ.①运…　Ⅱ.①巴…　②达…　③李…　Ⅲ.①运输经济学 -
概论　Ⅳ.①F50

中国版本图书馆 CIP 数据核字（2023）第 012273 号

责任编辑：杨　洋　卢玥丞
责任校对：蒋子明
责任印制：范　艳

运输经济学概论

（加）巴瑞·E. 普仁提斯（Barry E. Prentice）
（美）达仁·普拉科普（Darren Prokop）著
李红昌　译
经济科学出版社出版、发行　新华书店经销
社址：北京市海淀区阜成路甲 28 号　邮编：100142
总编部电话：010 - 88191217　发行部电话：010 - 88191522
网址：www. esp. com. cn
电子邮箱：esp@ esp. com. cn
天猫网店：经济科学出版社旗舰店
网址：http：//jjkxcbs. tmall. com
北京季蜂印刷有限公司印装
710 × 1000　16 开　16. 25 印张　250000 字
2023 年 1 月第 1 版　2023 年 1 月第 1 次印刷
ISBN 978 - 7 - 5218 - 4434 - 4　定价：67. 00 元
（图书出现印装问题，本社负责调换。电话：010 - 88191545）
（版权所有　侵权必究　打击盗版　举报热线：010 - 88191661
QQ：2242791300　营销中心电话：010 - 88191537
电子邮箱：dbts@ esp. com. cn）

序
PREFACE
言

经济理论概述如何帮助理解运输活动？本书将提出一些问题，以促使读者研究各章中的材料。读者在通读全书并对材料进行思考后，应该能够理解这些问题并回答由此产生的任何其他疑问。

一、什么是运输？

运输是一种发生在我们身边的活动。每一个可能在零售店售卖的商品都需要运输才能到达。即使该商品是在其生产地购买的，也可能需要运输，以获得生产该商品所需的投入。经济中的生产和贸易均依赖于运输。换句话说，从最小的城镇到最大的国家，其经济表现都是运输活动的一个功能。一个人生活质量的另一个体现——休闲活动也是如此。从明确的旅行和旅游到简单的事情，如周日开车或在人行道上漫步，这些度过自由时间的方式都是一种交通形式。

任何需要从一个明确的地方移动到另一个地方的人或事物都依赖于交通，这便给经济学家提出了一个挑战。交通是一种物理活动，经济学家必须用理论进行分析；也就是说，"现实"要通过"概念"来解释。经济理论已经完善了数百年，其最初的诸多突破涉及国际贸易、农产品的定价等，这两者都取决于交通方面。那么，挑战在哪里？在于它来自一个事实，即交通作为一种活动，很容易看到，但不容易定义。

交通可以以零货币成本和纯粹的享受来进行。例如，在附近散步，浏览商店的橱窗，骑自行车穿过公园，等等。当然，这种享受是可以购买的，例如，乘坐公共汽车游览城市景点，乘坐火车穿越乡村，乘坐海洋游轮等。因此，交通可以是一种最终产品。另外，它也可以是一种投入或生产要素。日常开车上班所行驶的公路和桥梁是免费的（当然，除非收费）。商务旅行者可以直接从一个城市飞往另一个城市，也可以在两者之间的任何一个城市停留。货物可能会被批量转移到商店货架上，或根据需要进行转移。长途货运可能通过相对缓慢铁路运输，或通过相对快速航空货运。经济理论面临的挑战是如何正确定义和分析特定形式的运输活动；也就是说，运输是一种消费活动，也是一种生产活动。运输依赖于时间、空间和产品形式。大多数经济模型关注的是所发生的交易，而不关心时间；也就是说，人们或货物在运输过程中的处理方式往往被忽视。但正是在这个运输阶段发生的事情，或者说希望发生的事情，可能决定了交易是否会发生。就空间而言，必须注意，地球表面的地形并不平直。例如，山脉和河流干扰了用直线连接公路的设想，气流影响飞行路线，冰层的堆积影响到海路和运河的使用。因此，出于对时间和空间的考虑，位置问题出现了。一个公司应该把它的生产放在靠近客户的地方还是靠近它的投入来源（如矿山、森林、农场等），还是在两者之间？产品形式将影响这一决定。对于某些产品来说，运输可能过于缓慢或粗糙，这可能增加了易腐烂产品的加工或拆卸。另外，运输工具可能需要改装，如制冷，以延长产品的寿命，使可销售的商品能够到达市场。经济理论面临的挑战是如何帮助确定参数；也就是说，要了解市场的地理和人口布局。

运输是一种促进贸易的服务。如果同意在两地之间进行货物交换，就必须移动货物。没有运输服务，出口和进口就无法存在。例如，我们暂时把注意力集中在一个商品上，如果它在另一个地方更有价值，那么就有动力把它转移到那里。当然，如果运输成本高于该商品在其他地方的额外价值评估，那么它就不会被转移。反过来说，运输服务可以被看作是贸易的障碍，因为它是为了进行贸易而必须承担的交易成本。举个例子：一家公司，如果它的客户希望它生产的货物被送到家中，它就需要当地的运输服务。该公司可以购买一支卡车车队用作专门使用，也可以与一家出租的卡车公司签订合同来运输货物。经济理论面临的挑战是要注意：运输虽然是生产过程的一部分，但却是一种服务，可以由企业自己承担，也可以外包给另一家企业。无论是企业内部还是承包给第三方，运输服务都会对生产成本和商品价格产生重要影响。

运输活动既依赖于私营部门，也依赖于公共部门。城市街道和人行横道是由政府提供的，并通过税收进行融资。政府可以用同样的方式建设高速公路，让所有的纳税人出资；相反，政府也可以收取通行费，这样只有实际使用者才会为公路提供资金。当然，高速公路的私人供应商也希望能够收取通行费。

目前，还有一些航空公司仍然是政府所有，但大多数是由私人组织经营。反过来说，大多数城市交通系统都是由政府机构垄断经营。因此，运输业的结构既取决于政府政策，也取决于运输业固有的经济性，所有的运输方式都面临着某种程度的政府监管。在 1995～2015 年，运输活动的经济性受到的监管较少，这段时期，虽然运输业仍存在安全和保险条例，而且在某些情况下已经变得更加全面，但影响外国所有权、地理经营和货物运输类型的条例，总的来说已经放松了①。经济理论面临的挑战是如何解释为什么私营和公营部门之间达成的平衡，以及为什么这种平衡中的部门组合会时常发生变化。

二、什么是运输经济学？

运输经济学是经济学整体学科中的一个专业领域。总的来说，它属于应用微观经济学。然而，正如上述所指出的，运输适用于诸如制造业和农业生产、贸易、消费、地点和政府活动等不同领域。运输经济学利用了应用经济学的其他领域，如生产和竞争理论、国际贸易理论、消费者行为经济学、空间经济学、成本效益分析、公共财政理论、税收理论和监管经济学。简而言之，运输经济学采用了丰富的知识体系。

---

① 该观点由笔者参照英美运输市场私有化改革得出。

运输经济学基本上涉及所有经济学家都精通的工作：（1）收集事实；（2）发展人类行为理论；（3）提出和评估旨在实现特定目标的政策。我们将依次探讨每一点。

三、事实

事实是一种信息，具有各种不同形式。它们可能是数字性的，例如，一个原始数据集列出了从芝加哥到达拉斯的几种货物的运费（如每100磅货物所需的美元）。它们可能是统计数字，意味着原始数据已被转换为统计数字，例如，适用于从芝加哥到达拉斯的典型捆绑式货物的平均运费。在这种情况下，该统计数字被称为加权平均运费。

事实可能是历史性的，因为它们是基于对已有记录的观察，例如，芝加哥和达拉斯之间的航空旅行比铁路更广泛使用的那一年。最后，事实可能是传闻，即对一个或几个元素的行为进行观察，通常希望能对该集合中的所有元素进行归纳。举个例子：当芝加哥至达拉斯航线上的某家航空公司有座位出售时，往往会抢走同一航线上的其他航空公司的乘客。一个概括性的说法可能是，所有的座位销售都有这种效果，但同样的，也可能有其他因素在起作用，可能不适用于其他提供座位销售的航空公司。

四、理论

什么是经济理论？它是涉及人类活动行为的概括性陈述所有的理论，无论是经济理论还是其他理论，都依赖于事实，以确立其有效性；也就是说，一个理论应该是可检验和可证伪的。所谓可证伪，意思是理论是以这样一种方式制定的，即现有的事实可以用来验证或证伪该理论。这并不意味着该理论必须显得"现实"；相反，它最终必须能够解释事实。例如，书中提供了一个理论，说明为什么航空公司经常向乘客收取更多的费用，如他们在接近旅行日期时预订航班。我们希望通过"最后一分钟旅客的理论"来解释这一定价"事实"。这个理论，从应用的标题来看，在理解航空公司如何制定票价时，可能听起来不切实际；但如果它经得起事实的考验，那么这个理论就是有效和有用的。

当然，理论是从现实中抽象出来的，这就是为什么"模型"一词经常被用来作为同义词。作为现实的模型而不是现实本身，这一理论被认为是相关的事实被赋予了很大权重，而那些被认为是不相关的事实则被忽略了。换句话说，模型必须是可操作的，以便其工作原理可以被理解。在现实世界中，所有的东西都可能依赖于其他所有的东西；然而，为某一事物建模则需要忽略其中一些可能的依赖关系。

理论化经济行为有两种不同方式。一种方法是仔细检查原始数据并进行实地实验。另一种方法是简单地假设一种行为模式，称其为理论，并根据可观察到的事实对其进行测试。哪种方法更优越呢？人们可能会说第一种方法，因为经济学家让事实自己说话，他发现的关系将暗示理论，因为它看起来更"科学"。第二种方法是经济学家想出一个理论，希望事实能证明它。鉴于事实在这两种方法中都发挥了作用，并有助于验证理论，因此它们都是合理的理论化方式。将理论与事实相结合的方法则被称为归纳法，用事实来检验理论被称为演绎法。由于经济学家很少能够在受控环境中测试人类的行为，他们在理论研究中更多地使用演绎方法。本书要研究的模型倾向于假设消费者、生产者和政府以特定方式行使。同样，模型的有效性不在于假设，而在于它对事实的支持方式。

如果收集到的事实确实否定了模型，那么现在就应该重新评估模型的假设。模型本身是一个逻辑系统，是由所选择的特定事实和假设衍生出来的。一个模型不可能是不符合逻辑的；因此，如果它有问题，那是因为某些假设是无效的。假设两位运输经济学家出现在一个电视节目中，被问及增加汽油税及其对污染排放的影响问题。经济学家 A 说，增加汽油税会使自驾出行的成本更加昂贵，从而增加拼车，减少周末的休闲驾车，那么排放量和污染将下降。经济学家 B 说，虽然税收会使自驾变得更加昂贵，但政府会利用这些税收，改善现有道路的质量，甚至建造新道路。更多和更好的道路会进一步促进自驾量。综上所述，增加汽油税对排放和污染的影响可能是双向的。哪位经济学家是正确的呢？这将根据事实来决定：事实上，司机对增税的反应如何，以及政府是否确实投资于道路。两位经济学家都在提出完全合乎逻辑的理论，可能只是在假设上有差异。他们预测的价值主要取决于他们对司机和政府的反应和评估的准确程度。

五、政策

继续以上两位经济学家的案例，假设他们被问到他们会让政府做什么来实现较低的污染水平时，经济学家 A 建议增加汽油税，经济学家 B 注意到汽油税和污染不是呈反比的，因此他建议减少汽油税。B 认为，道路上更多的汽车最终会加剧交通拥堵，造成更多的坑洞，而这些坑洞本身最终会阻止更多的人开车，污染水平就会下降。如果没有相同水平的汽油税的收入，政府则无法修复坑洞，因此，没有新的司机会被诱惑使用该道路。上述两种不同的理论提出了用两种不同的方法来实现目标。如何使用一个理论来实现一个特定的目标，被称为政策。换句话说，除非一个人有一个他认为能解释实现目标环境的理论，否则他不能提出实现任何目标的政策。

政策并不局限于政府，它适用于经济中的所有决策，从消费者和单个公司再到整个行业。在交通方面，考虑以下类型的政策和它们所预设的理论。

一个在上下班高峰期的人，现在有一个新的轻轨交通系统可以在这段时间内免费使用但他仍然继续使用他的汽车去上班。汽车的使用是有金钱成本的，而轻轨则没有。很明显，通勤者有一个比较汽车和轻轨在高峰期出行时的理论，这样一来，货币成本的权重就会很低。通勤者的高峰期出行理论可能对出行时间、舒适度、直接性等方面赋予了较高的权重。

一个托运人决定保持他自己的私人车队，而不是雇佣一个卡车运输公司货物，以确保提供更好的客户服务。因此，这个托运人必须有一个关于他的客户需求和如何运作的理论。因为拥有私人车队独立经营，需要提升客户的满意度。

一家航空公司希望与另一国家的一家航空公司建立联盟，这样它就可以成为一家更大的航空公司，但不需要实际合并这两家公司。这家航空公司有一个"越大越好"的理论，并确定政府将维持对国内航空公司的外国所有权限制。尽管如此，合并的一些好处可以通过诸如航班代码共享和协调航班时间等策略来实现。航空公司的理论认为，这种协调将提供更多的无缝服务，有可能吸引更多的乘客并增加利润。

综上所述，关于如何提供和使用运输服务的决定（或政策）是由以下理论所制约的，反过来，它又取决于用来验证该理论的事实。这在图 0 - 1 中得到了体现。

图 0 - 1　事实、理论与政策的作用关系

在如何从理论到政策的背景下，可以看出经济推理的丰富性。牢记这一点，就可以对人们做出的经济决定进行严格审查，并提供改进这些决定的方法。

目 录 CONTENTS

第一章
运输物流与技术

经济发展与国际贸易增长之间的联系已经确立，贸易的增加引发了全球财富的增加。但是交通在这一复杂现象中所起的作用却没有得到足够的重视。高效的运输是对外贸易竞争力的关键。落后的交通网络并不能满足工业发达经济体的需求。一个国家的交通基础设施质量与先进程度是其经济发展的最有利的指标之一。

运输和物流的重要性已被广泛认可，但人们对决定二者成本的因素认识浅薄。任何有车的人可能都认为他们能够理解运输的基本成本。然而对于大多数人来说，一张简单机票的价格或者一条铁路的运费是如何制定出的似乎完全是个谜。本书的目的是探索运输市场的经济现象，并解开围绕这个行业的谜团。

第一节　通信和技术变革

交易谈判总是会涉及运输和物流问题。买卖报价和交易地点有关，如离岸价（FOB）①，其可以是生产工厂、收货人门前或两者之间的任何一

---

① FOB 是国际贸易价格术语之一，表示当货物在指定的合同交易期内装运港越过船舶，并随即通知买方，卖方即完成交货。

点的价格。销售合同中规定了卖方和买方的运输及储存义务。运输成本在最终产品价格中的份额随着商品的特性、运输距离和许多其他影响因素而变化。对于一些产品来说，运输成本可能是国际交易的唯一最大障碍①。

运输是贸易的必要条件，但是除了直接的易货交换以外，很少的贸易能够由运输安全达成。贸易商必须通过沟通来确定可能潜在的有利可图的商品和服务交易。通信的改善在贸易和运输之间创造了一个良性循环。更好的通信条件使更复杂的供应链得以形成，并通过专业化生产降低了成本。这一技术创造了财富和推动技术进步的动力，从而再次引发对更多交通、更好通信的需求，以及新一轮的良性循环。

电报的发明标志着运输和贸易迎来转折点。在电报出现之前，信息是"黏"在货物上的。知识不能先于实物进行传递，因此货物在终端市场上出售之前，所有权通常仍在原生产者手中。所有不利的价格变动和实物损坏的风险由托运人承担。电报是最初能够克服距离障碍的技术革新。通过电子通信，交易可以先于实物交付。供应链效率提高，世界经济增长速度明显加快。

通信经济学和运输经济学之间具有惊人的一致性。数据传输网络和货物运输网络在概念上是相同的。前者通常以电子形式，通过其"通行权"传递一些信息，后者则传递有形货物。

运输和通信产业需要提供网络基础设施，因此资本成本很高②。这些网络中的固定投资享受着不断增长的"经济性"，直至接近充分利用。然而，如果需求减少或技术变革，铁路轨道、管道和传输电缆就没有其他经济用途了。最后，这两种系统都易于产生非竞争性行为，并且对安全和主权具有重要的战略意义。因此，政府对运输和通信产业实行广泛的管制和监督，这往往影响产权及服务提供的公有性。

交通和通信之间的互补性加强了新技术的采用。一个领域的进步促进

---

① 运输谷物等大宗商品的成本可能等于交付货物价值的一半。

② 奥德利兹科对运输和通信中采用的定价系统的相似性进行了有趣的比较。Andrew Odlyzko. The Evolution of Price Discrimination in Transportation and its Implications for the Internet ［J］. Review of Network Economics, 2004, 3（3）: 323–346.

了另一个领域更快速的实施。例如，电报电码出现后可以发送驶来列车的信号，而在此之前，铁路一直被限制在低速和小规模运营中。与此同时，铁路为电报提供了一种通行权，即通过在轨道两侧安装架空电线，创造了对电报服务的即时需求。

第二节　技术变化

通常来说，如果没有通信方面的进步，就没有交通领域的技术进步。运输和通信技术进步的部分记录（见表 1.1）中标注了事件发展的时期。可以看到没有无线电通信技术，就没有跨洋航空运输的发展。同样，卡车运输业的灵活性和可靠性主要归功于电话，其最近的发展又得益于卫星通信技术。也许我们最熟悉的技术进步是通过互联网预订机票，但是在计算机预订系统的背后，存在着工作人员的协调和设备使用或维护的日程安排，这是我们看不到的系统组成部分。如果没有计算机促进的通信和数据检索的进步，现代航空公司、铁路公司和卡车运输公司都无法运转。

表 1.1　　　　　　　　交通和通信方面的技术进步

时期	交通领域的技术进步	通信领域的技术进步
约公元前 3000 年	驯服马匹； 埃及人发明帆船； 轮式推车； 尼尼微发明的第一个渡槽	书写体系的诞生； 亚述地区邮件服务的诞生
公元前 300～500 年	利昂地区的手推车； 罗马人建造道路； 马蹄铁和马镫的发明； 中国大运河	中国造纸术
500～ 1000 年	马匹项圈； 跨越大西洋的海盗船只； 中国指南针	中国活字印刷术
1000～ 1500 年	现代方向舵的诞生； 威利斯维克地区出现船闸； 三桅船	中国纸币； 欧洲地区古堡登印刷术

续表

时期	交通领域的技术进步	通信领域的技术进步
1500 ~ 1800 年	纽科门蒸汽机； 古诺蒸汽车； 热气球	报纸的定期出版
1800 ~ 1850 年	富尔顿蒸汽船； 自行车； 克亚当碎石路； 斯托克顿和达林顿发明蒸汽火车； 有轨电车； 布鲁内尔铁船	达盖尔发明照片； 摩尔斯电码
1850 ~ 1875 年	吉福德飞艇； 复合蒸汽机； 伦敦地铁； 范—塞克尔石油管道； 奥托内燃式汽油机； 大陆桥； 沥青公路	洋电报电缆服务； 斯科尔斯打字机
1875 ~ 1900 年	帕森斯汽轮机； 奔驰汽车； 邓洛普气动轮胎； 柴油发动机； 戴姆勒卡车； 雷诺自动扶梯； 牵引式托车	贝尔电话； 柏林麦克风； 马可尼无线电； 扬声器
1900 ~ 1925 年	莱特兄弟飞机； 直升飞机的首次飞行； 福特 T 型车； 齐柏林定期客运航班； 柴油—电动机车； 客运飞机航班； 自转旋翼机	跨大西洋无线电信号； 调幅（AM）商业广播电台； 传真机； 阿姆斯特朗调频（FM）广播
1925 ~ 1950 年	戈达德液体推进式火箭； 高速公路； 西科斯基直升机； 惠特尔喷气式发动机； 牵引式托车； 彗星客机	雷达系统； WNBT 商业电视服务； ENIAC 电子计算机； 贝尔实验室晶体管

续表

时期	交通领域的技术进步	通信领域的技术进步
1950 ~ 1975 年	气垫船； 多式联运集装箱服务； 人造卫星 1 号； 波音 747； 协和式飞机； 磁悬浮列车	伯克利个人计算机； 集成电路； 复印机； 古尔德激光器； 一号通信卫星； 互联网； 库珀手机； 射频识别（RFID）计算机标签
1975 ~ 2000 年	宇宙飞船； 双堆叠的集装箱列车服务； 卫星卡车； 无人机； 丰田燃料电池叉车； 普锐斯电动汽车	激光打印机； 光纤电缆； 全球定位系统 GPS； 阿奇搜索引擎； 黑莓无线技术
2000 ~ 2025 年	喷气式出租车； 货运飞艇； 太空升降仓	全系电视机； 通用翻译程序

　　工业革命以来，运输和通信方面的新发展加速了世界贸易。大约每35 ~ 50 年就会有一个新交通运输方式得以发展，推动经济的进一步增长。然而，我们可以通过观察发现，新交通运输方式的广泛采用会滞后其发明时间几十年。

　　与任何其他技术一样，交通运输和通信遵循生命周期过程的类似概念模型，如图 1.1 所示。在最初的几年，市场销售增长非常缓慢，大多数新企业失败。这通常是因为新技术必须取代一个已经折旧了很大一部分固定成本的已有系统，也可能是材料问题阻碍了新技术的发展，例如，缺乏制造可靠火车轨道的金属，缺乏给电动汽车提供足够耐力的电池，或者计算机真空管开发具有局限性。一旦这些技术问题得到解决，同时，新的交通和通信方式确实降低了成本、提高了速度或提供了一些独特的优势，它们就会经历一个转折点：一个长期的快速增长阶段的开始。在成长阶段，新的竞争对手进入市场，即主导产品设计出现[1]。

――――――――――

　　[1]　波音 247（1933 年）被认为是第一家采用全金属、半硬壳式结构、全悬臂式机翼和可伸缩起落架的航空公司。DC－1（1933 年）很快加入了这种方法。从那时起，每架客机都遵循相同的基本设计。

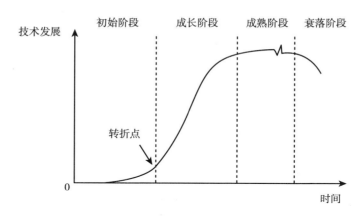

图 1.1　产品生命周期阶段

　　在某个时候，市场会变得成熟，销售增长会放缓到总体经济的增长水平。产品生命周期中的成熟阶段的长度是不确定的，在此期间，技术的改进和完善会不断持续。然而，如果出现了更好的替代方案，这项交通技术最终可能进入衰落阶段。横贯大陆的客运铁路服务就是这种现象的一个例子，它在 19 世纪早期开始缓慢发展，但直到 19 世纪中期电报技术完善后才达到临界点。随后，北美的客运铁路服务迅速发展，直到 20 世纪初才接近成熟①。后来，随着汽车和飞机的出现，此服务增长放缓。到 1950 年，客运铁路服务开始衰退。21 世纪以来，除了少数高密度的城市走廊外，客运铁路服务几乎全部废弃。但是，铁路技术进步再次找到了一条新的增长曲线，那就是高铁（时速 250 公里以上）客运列车。

　　物流成本下降对国际贸易的双重刺激，促使运输和通信领域不得不采用降低成本的技术创新。降低运输成本可以增加出口贸易中卖方的利润，同时降低进口国买方的价格。贸易的拉动推动了双方市场对最新的交通发展的投资②。19 世纪铁路货运业迅速发展是贸易双重刺激的一个例子。随着铁路线延伸到未开发的地区，给以前不经济的地区带来了发展农业的机会，这鼓励了贸易和结算，使铁路需求自我延续。

---

　　①　在美国，铁路总网络在 1916 年达到了最大值，轨道总长为 266381 英里。截至 2012 年，该网络已下降至 136623 英里的轨道。

　　②　查尔斯·P. 金德尔伯格. 外贸与国民经济——康涅狄格州纽黑文 ［M］. 耶鲁大学出版社，1962.

在过去的 40 年里，海洋运输领域也出现了类似的情况。远洋集装箱船、双栈列车和更快的港口装卸设备的发展，降低了国际供应链的单位成本。集装箱运输生产率的提高与"亚洲四小龙"、中国和印度经济的增长是同步的。在东亚、北美和西欧国家之间贸易的快速增长中，集装箱航运降低成本的创新，对经济的刺激不可忽视①。

第三节　地理位置

影响交通和通信成本的技术创新可以改变地理位置的经济性。直到 19 世纪中期，经济商业区还仅限于主要海港和通航河流。19 世纪 50 年代，电报通信（1844 年）和铁路工程发展的结合使得国际贸易得以扩展到各大洲的中心。随后，工业核心区扩大到一个可以在一到两天内交货的地区。到 1950 年，牵引拖车、分隔公路和电话通信的发展扩大了北美经济的工业核心区，使其涵盖了从纽约到芝加哥的东西地区和从蒙特利尔到匹兹堡的南北地区。

飞机的可靠性使定期跨洋飞行成为可能，工业核心地区之间的联系变得更加国际化。到了 20 世纪 60 年代末，像波音 747 这样的宽体飞机将航空旅行的成本降到了普通人可以接受的水平，而协和 SST 则将航空旅行推向了超音速②。

地理位置的决定会持续受到交通和通信技术变化的影响。在 20 世纪的最后 25 年里，通信的单位成本以惊人的速度下降。从按字收费的电报到按月收费的互联网，通信成本的下降幅度是任何其他成本都不可及的。现在，一本书以电子邮件的形式从北美发到澳大利亚，比在同城内邮寄一张发票还要便宜。随着经济越来越以服务为导向，信息的传递可能会取代产

① 有关集装箱发展的简明历史，请参阅 Marc Levinson. The Box：How the Shipping Container Made the World Smaller and the World Economy Bigger ［M］. Princeton，NJ：Princeton University Press，2006.

② 从历史上看，齐柏林飞艇公司于 1932 年开始提供跨洋航空客运服务。齐柏林飞艇的票价实际上相当于 50 年后协和号的头等舱航班。当然，就机会成本而言，与 1935 年的齐柏林飞艇相比，协和号节省的时间要少得多。

品或人员的运输。视频会议便是通信直接取代客运的一个例子。尽管它还没有达到最初的预期，但随着斯查普（Skype）等网络服务的普及，通过电脑屏幕进行面对面的交流正变得越来越普遍。

通信可以通过降低运输的必要性间接地取代运输。例如，更好的通信帮助零售配送系统降低了运输成本。此前，连锁商店使用"推送"系统来确保客户服务。他们将把所有库存送到零售店，以预测消费者的需求。随后，未售出的商品将在各商店之间转运或送回中央仓库重新分配或处置。由于通信成本低廉，连锁商店现在只需向每家商店运送少量库存，并根据每晚计算机传输过来的销售报告，从中央仓库重新供应。这种"推送"系统降低了他们对运输能力的需求，同时也降低了库存成本。

通信成本的变化对区位优势产生了深刻的影响。随着通信成本的下降，经济的地理核心也在扩张。虽然工业中心地带的区位优势仍然存在，但边缘地带的区位劣势已大大减少。在任何经济领域中，这一点都不会比信息技术（IT）领域体现得更为明显。

信息技术（IT）工作者可以选择居住在具有审美的社区（如温哥华、丹佛），而不是靠近经济核心（如多伦多、芝加哥）。更极端的是，印度的IT员工直接与北美同行竞争。不断下降的交通和通信成本创造出了工作意义上的地球村，就像马歇尔·麦克卢汉的媒体观念一样。

人与人之间的交流影响贸易路线，从而影响运输路线。新的贸易路线通常以外交和政治联系为前提。在殖民时代，贸易区域通常是军事力量的反映；在现代，贸易集团更有可能反映成员国的金融稳定性和集团成员之间的工业发展水平。"贸易跟随旗帜"在今天仍然是正确的，除了在某种程度上。"旗帜"现在既是一个国家的隐喻，也是一个跨国公司的隐喻。国际市场的一体化意味着"暴露"于外国政治不确定性的风险正在降低。运输公司通过直接所有权和"联盟"成为这个多边网络的一部分，这些"联盟"形成于外国所有权限制继续存在的地方，例如航线（航空公司）。

第四节　物流与供应链管理

在国际贸易发生之前，企业必须能够获得生产贸易商品和服务所需的生产要素（土地、劳动力、资本和创业能力）。当然，资源从供应商到企业的入站运输和货物从企业到市场的出站运输这两个环节都必须发生。这就是物流发挥作用的地方。物流包括通过采购、处理、储存和运输等运作实现对存货的管理。从初级生产者到零售网点的供应链中的每个物流经理都可以使用专业中介机构的服务：运输承运人、公共仓库和码头运营商、货运代理、海关经纪人、银行和货物保险公司。供应链包括通过运输和通信连接起来的由原材料供应商、加工商、分销商和消费者组成的完整结构。

对于物流专家来说，供应链的复杂性不仅在于它的组成部分，还在于功能和成本的适当平衡。企业的客户服务目标是用最低的总成本，在正确的时间，以正确的质量，将正确的货物送到正确的地点。增加客户服务可以扩大销售，但如果公司希望利润最大化，就必须考虑增加客户服务的费用。

例如，一个公司可以通过增加仓库数量或使用更快的运输来提供更可靠的送货服务。降低库存成本将抵消信息管理和运输成本的增加。当然，一旦这样"合理的"平衡被打破，重新平衡只是时间问题。技术、竞争、客户品味和收入的变化均可改变仓储、库存、运输、订单处理和其他物流功能的最优组合。

运输是物流过程中最大的成本组成部分，并且其在交易货物之间的差别很大。来自不同大陆的相似商品可能会争夺消费者。与此同时，一些产品如沙子、碎石和混凝土只能在本地获得。商品的重量、结构和易腐性等特性决定了其可选的运输方式和供应来源。

一般货物通常用标准化的多式联运集装箱、货车或拖车运输。如果货物是易腐烂的，它可能需要一个加热的或冷藏的车辆。货物的价值也很重要，低价值的货物通常寻求散装运输，而高价值的货物是精心包装的。

一趟运输的特点，如距离、地形和速度，会进一步影响交通工具的选择，海洋屏障、山脉等地理特征也限制了交通方式的选择。运输基础设施或服务的不足可能会进一步阻碍某一地区内特定运输方式的效率。例如，当目的地是北极时，只能使用航空运输平时需要卡车运输的产品，因为北极没有全天候的公路或铁路。

运输路线的选择往往需要在不同的运输方式之间转换，任何越洋运输都是如此。一趟完整的运输包括陆上取货、海上航运，以及在最终目的地的陆地卸货。转运增加了运输成本，还增加了运输途中货物受损的风险。

军队之所以产生物流管理，是因为军队的有效调动是战争中的一个重要优势①。物流理论是由农业经济学家首创的，他们认识到农业收入对食品营销成本的变动非常敏感。农产品的价值与重量比很低，往往必须长途运输。此外，易腐性使得食品的储存和处理成本在供应链成本中占有很高的比例。

农业经济学家发展了营销效用的概念，以表示供应链的物流所增加的价值。地点效用是指通过运输和处理为产品增加的价值。商品越接近消费地点，对最终消费者就越有价值。时间效用是通过库存持有和存储服务在供应链中增加的价值。产品的最大价值发生在最终消费者想要使用它的时候。形式效用是指原材料转化为成品时所增加的价值。形式的改变还可能包括包装、准备（如预烹饪）和其他客户服务元素。所有权效用是指在整个供应链中所有权发生变化时所增加的价值。数据管理、文档准备和财务转移是与所有权变更相关的一些物理功能。

一个简化的供应链如图 1.2 所示，描述了小麦的运输、储存和转化为面包的过程。供应链包括了将产品像接力赛一样从原材料产地运送到最终消费者的机构。合并一个或多个这样的机构是可能的，但合并中间商并不会消除物流的功能。提供物流服务只能从一个企业转移到另一个企业。

供应链中的各个环节可以在经济学家的价格/数量坐标系中用需求曲线表示（见图 1.3）。在图 1.3 中，每条需求曲线都依赖于或派生于供应链中对其产品的需求。在消费者层面上，面包需求的变化通过对投入的衍生需求（DD）产生了连锁反应。对小麦的需求产生了面粉的 DD。反过来，面粉的 DD 为其他生产要素创造了更多的 DD。在每一个单独的 DD 中都有另一个层次的 DD（未显示）用于运输、存储和其他物流功能。

---

① "俾路支"描述了基于后勤的历史军事成功和失败的描述。汉尼拔率领大象穿越阿尔卑斯山进攻罗马是一项成功。希特勒在斯大林格勒的空运失败被比作二战后柏林空运的成功。Baluch，Issa. Transport Logistics：Past，Present and Predictions［M］. Dubai，UAE：Winning Books，2005.

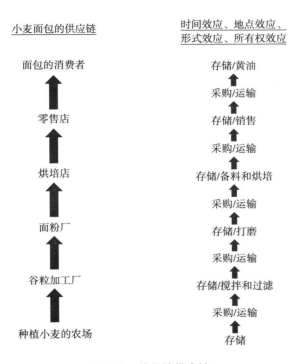

图 1.2　简化的供应链

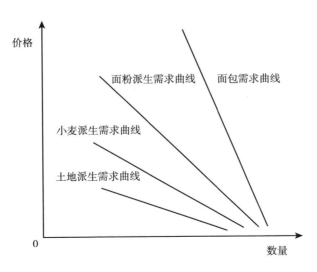

图 1.3　需求曲线与派生需求曲线

生产要素本身并不直接满足消费者的需求。相反，它们作为通过供应链增值的一部分间接满足了消费者的需求。对生产要素（即运输或物流服务）的需求是 DD。一个或多个公司对该要素的需求基于对该要素用于生产的最终商品和服务的需求。

每条供应链都提供了 DD 的例子：对汽车的需求产生了其生产要素的 DD，如钢铁和装配线上的工人；对储蓄账户的需求产生了对银行柜员的需求；对货物和乘客流动的需求产生了对运输设备和操作人员的需求。DD 的概念强调了产出市场（最终产品和服务）和投入市场（生产要素）之间的增值过程。

增值物流服务可以用供给和需求的关系来描述（见图 1.4）。图 1.4 中展现了市场的两个层次，或通常称为供应链的开始和结束。数量 Q^* 表示最终产品的单位，以及生产过程中使用的等量原材料。在这个例子中，假设 Q^* 是零售层面上的面包消费量，以及批发层面上生产面包所需的小麦数量。

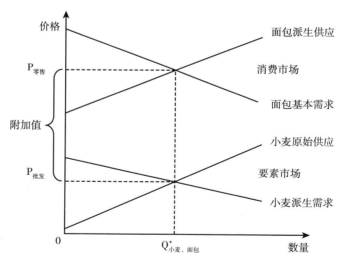

图 1.4　市场的两个层次中的需求曲线

最终产品（面包）的数量由派生的供给（DS）曲线表示。DS 是基于原材料供应和所有供应链中介提供的增值服务的总和。这包括在消费者选择购买的时间和地点进行修改、存储、移动和提供成品的物流供应商。零售价格（P_{FG}）和成品（面包）的购买量由消费者的基本需求（PD）与产品的 DS 曲线的交点决定。

　　原材料的 DD 反映了中间商愿意支付的价格，即取决于为满足初级消费者对产品的需求而获得的等量制成品的价格。原始供应（PS）是由原材料（小麦）的生产成本决定的。批发价格（$P_{批发}$）和原材料供应量由 PS 曲线和 DD 曲线的交点决定。

　　成品零售价格（$P_{零售}$）和生产该产品所用原材料的批发价格（$P_{批发}$）的差额等于供应链服务的价值，或附加值。附加值代表了对供应链中包括运输在内的所有营销和加工活动的补偿。

第五节　供应链中的技术变革经济学

　　供应链模型可以说明在运输和通信方面降低成本的创新对贸易产生的双重刺激。首先，有必要回顾一下供给或需求曲线的移动和沿着供给或需求曲线的移动之间的区别（见图1.5）。图1.5 说明了供给的变化及其对产品价格的影响。

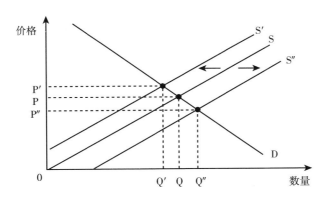

图 1.5　沿着需求曲线变化的供给与价格变动

　　供给曲线的移动是指生产要素和技术的变化（见图1.6）。主要的生产要素是劳动力和资本，其中资本代表所有购买的投入。劳动力或资本成本的增加会导致供给曲线向上或向左移动。在每一种价格下，生产的数量都低于成本增加前的数量。投入成本的降低导致供给曲线向下移动，或向右移动。现在，每出一笔钱，产量都会增加。技术变革也有类似的影响。如果技术提高了生产效率，供应曲线就会向右移动，而技术的损失，如禁止使用以前使用过的化学品或工艺，可能会导致供应曲线向左移动。需注意的是，这些供给的变化会导致产品价格沿着需求曲线的移动。

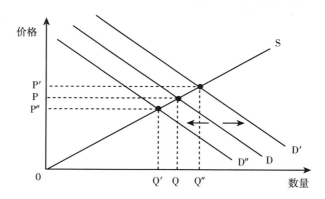

图1.6　沿着供给曲线变化的需求与价格变动

图 1.6 说明了需求曲线的移动和相应的价格沿供给曲线的移动。需求曲线背后的论据要比供给曲线复杂得多。需求转移可以是互补商品价格或替代品价格的变化。

互补品是指与所讨论的产品一起使用的商品，如飞机旅行和机场。如果互补品的价格上涨（如机场使用费上涨），消费者可能会转而购买替代产品（如私家车），从而导致对该产品的需求减少。因此，对产品的需求（如飞机旅行）向下或向左移动。反之亦然，如果互补产品价格下降，需求也会向右转移。

替代品价格的变化会导致对该产品的需求向相反的方向转移。如果一种替代产品变得更贵了，消费者就会转而购买这种产品，从而导致需求向上或向右移动，反之亦然。

另一个需求转移因素是收入和人口。对于普通产品来说，如果人们拥有更多的钱，或者如果人口增长，需求曲线就会变动。这一现象的前提是假设喜好和习惯保持不变。当然，如果有些商品被认为是劣等的，当消费者有更多的收入时，他们会转向他们更喜欢的商品。例如，如果大多数人能买得起汽车的话，公共交通对他们来说就是第二选择，随着年轻人进入就业市场带动其收入增加，许多人会陆续购买汽车，而不再乘坐公共汽车。然而，需求的变化也取决于人口结构和人口分布。如果年轻人口迁移到市中心居住，他们可能会决定推迟买车时间，即使他们现在有购车能力。

喜好和习惯的变化也会影响需求。如果郊区的消费者开始相信乘坐公共汽车可以减少碳排放，有助于减缓气候变化，他们可能会减少私家车的使用，坐公共汽车去上班。

喜好和习惯的变化可以改变需求，但在某些情况下，它们也有能力改变需求曲线的形状，这样消费者对价格变化的反应就会不同。尽管电动汽车的价格（拥有和运营的总成本）仍然高于传统的汽油动力汽车，但电动汽车的销量仍在继续增长[1]。

需要注意的是，由需求曲线变化引起的产品价格变化会沿着供给曲线变化。

现在可以将需求和供应曲线的变化应用于供应链的成本组成部分发生变化的情况下（见图 1.7）。图 1.7 说明了由于运输技术的改进而降低的物流成本。在这个图例中，只给出了最终产品（面包）的供求曲线和一个原材料（小麦）的供求曲线，没有说明运输、储存、加工等中间 DS 和需求曲线，只在原材料和最终商品价格中显示了累积效应。

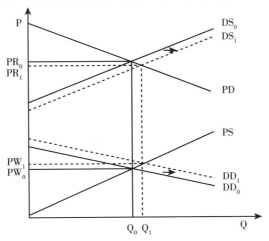

图 1.7 影响生产率提高物流创新

———————————

① 笔者依据国内外电动车经销市场数据得出。

　　考虑以下场景：粮食行业放弃散装处理，而采用集装箱运输粮食。小麦的集装箱运输允许外国面粉厂采用准时制系统，这降低了他们的库存持有成本，并改善了对面包店的客户服务。这些好处通过竞争传递给了消费者，导致面包的 DS（DS_0）向下或向右移动（DS_1）。由于供应链的总成本降低，每一种价格都有更多的产品可供购买。

　　消费者层面的基本需求（PD）保持不变，但价格从 PR_0 下降到 PR_1，导致（面包）需求量从 Q_0 增加到 Q_1。在消费者层面，沿着 PD（面包）的价格变动被批发层面 DD（小麦）的变化所适应。这表示为 DD 曲线从 DD_0 右移到 DD_1。无论如何，现在都需要更多的原材料（小麦）。PS 曲线不受物流成本变化的影响并保持不变①。更大的（小麦）需求量将批发价格从 PW_0 提高到 PW_1，这需要更多的资源或沿着 PS 曲线从 Q_0 移动到 Q_1。

　　综上所述，物流成本的降低导致成品的 DS 和原材料的 DD 向右偏移。贸易的双重刺激之所以出现，是因为创新的好处由消费者和生产者共享。随着消费者增加对更低价面包的消费，农民小麦的产量递减曲线将向右平移。农民得到了高价小麦，促进了更多生产。运输技术变革的例子很容易想象，但增值服务效率的任何提高都可能对增长产生双重刺激，因为消费者和生产者都变得更富裕了②。

　　上述经济模型中使用的方法叫作比较静力学。该模型描述了一些经济刺激之前的市场和完全调整发生时的市场最终状态。该模型假设市场在经过足够的调整时间之前和之后处于均衡状态。在现实中，价格和数量很容易超过最终状态，再在达到新的均衡之前收缩回最终状态。比较静力学无法预测任何调整的精确幅度或速度，但可以确定变化的逻辑方向。

　　传统的微观经济理论强调最优解，但现实世界的应用只需要找到"令人满意的"解。通常情况下，只要运输成本低于某个阈值，它们就是可以接受的。对运输经济学的理解有助于识别物流的可能性。

────────────────

　　① 向上倾斜的供给曲线背后的假设是一些资源在数量或质量上是有限的，价格从 PW_0 上涨到 PW_1。小麦的 PS 没有变化，因为没有任何东西影响小麦的生产成本。技术变革只会影响农业外的成本。

　　② 沃尔玛是这种现象的现代例子。沃尔玛通过以更低的价格将物流效率的收益传递给消费者来扩大销售额。

练习题

1. 想象一下，一个导致数百人死亡的牛肉屠宰厂发生了细菌问题。政府的反应是实施更严格的食品安全检查，增加了牛/牛肉供应链的成本。

（1）绘制一个适当的经济模型，并解释这些新的安全法规对消费者支付的牛肉价格和对农民支付的牛价格的影响。

（2）请解释如果消费者出于健康考虑开始用猪肉和鸡肉代替牛肉，先前的经济模式将会发生怎样的变化。

2. 最近的一种猪病——猪流行性腹泻（PED），已经造成数百万仔猪死亡。受影响的农场在这个周期内失去了全部生猪产量，问题可能会延长几个周期，因为疾病很容易传播，没有疫苗。

（1）使用适当的图表，解释这种猪的疾病将如何影响价格，供应和需求的农场与猪肉产品（如培根）的零售水平。

（2）自 PED 疾病广泛传播以来，猪的农场价格上涨了 50% 以上，但猪肉产品（如培根）的零售价格只上涨了 15% 左右。解释为什么在零售市场支付的价格变化百分比比养猪户获得的价格变化百分比小得多。

3. 对化石燃料征收碳税会增加供应链服务的成本，比如运输和烘焙行业的加工。小麦生产商将免于征收碳排放税，因为他们的作物可以抵消碳排放。

（1）绘制一个适当的经济模型来解释说明新碳税对面包供应链零售和批发价格的影响。

（2）如果政府削减所得税以减少碳税对面包消费者的影响，请解释对面包供应链的净经济影响。

4. 政府提议增加 1% 的销售税。供应链中的每个企业都将收取税款，并将其加到服务成本（增值）中。消费者必须支付更多的税收，导致他们将会有更少的可支配收入用于购买新房。林业公司还将承担更多的费用，因为当生产者购买用于收割树木和将树木加工成木材的投入物时，这种销售税不会退税给生产者。

使用一个适当的模型来说明和解释销售税增加对新房价格和木材生产

者价格的影响。

5. 在过去的15年里，北美各地生产新闻纸的纸浆和造纸厂纷纷关闭。这些公司都经历了意想不到的事件。互联网吸引了报纸的广告收入。结果却是这些报纸缩小了规模或停止了运营。林业采伐和造纸都是能源密集型产业。石油价格的上涨使得纸浆和造纸厂的运营成本更高。

（1）使用适当的模型说明和解释这些意外事件对纸浆和造纸厂受到价格和生产数量的影响。

（2）使纸浆和造纸行业雪上加霜的是，回收废纸的技术得到了改进，现在它可以直接与从树木中加工的新制造的新闻纸竞争。说明这种变化将如何影响价格和数量。

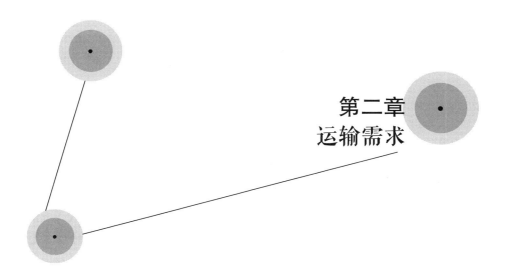

第二章
运输需求

交通运输的需求具有独特的属性，这使得它成为一个有趣的话题。运输是一种个人消费者可以享受的服务，但它也是大多数商品生产过程中的一个要素。作为一种生产要素，运输服务的需求是源自市场内部的商品交易。

很多乘客的需求也来自上班或其他目的，但乘客也可以只是为了享受乘坐的乐趣而消费，例如，海上乘船游览。

客运比货运更容易取得往返方向上的平衡。如果不是永久性的移民，人们会有返程需求。而货运需求的平衡更难满足，因为很少有市场的贸易量达到平衡。市场之间的贸易不平衡造成了至少一个方向上的交通工具过剩。在"萨伊市场定律"的推论中，运输的"回程"需求可以说是由于其自身的供应而产生的。

运输需求的其他复杂性包括非持久性、外部性、机会成本和联合消费。私家车共享道路是联合消费的一个例子。决定开 12 个小时的车还是坐飞机是衡量机会成本的一个例子。在去机场的路上因为道路拥挤而错过飞机，说明了负外部性和运输服务的非持续性。尽管有这些特点，需求理论仍可以应用于运输，就像它可以应用于其他商品和服务一样。

第一节　运输需求要素

运输需求曲线可以被认为是旅客/托运人对承运人提供的各种数量（恒定质量）的运输服务的支付意愿轨迹。对于要捕获的需求曲线：（1）旅客/托运人必须能够对这些服务数量进行估值；（2）这些价值必须来自市场中正确显示的一组明确定义的偏好。

在评估一个具有特定舒适度或可靠性的给定时间段时，将个人或商品从 A 点运送到 B 点的运输服务中，乘客/托运人的估值取决于运输服务是满足基本需求还是派生需求。大多数休闲或休闲旅行的形式服务于交通的基本需求，其中，体验本身就是旅行的目的。例如，游览加勒比海就是基本需求的一个例子，经过两周的旅行，旅客们回到了出发地，他们旅游观光或兜风就是基本需求。

派生需求服务于从一个地方到另一个地方为主要原因的功能性旅客旅行。骑自行车悠闲地穿过公园显然是一种交通的基本需求。骑同一辆自行车去上班更有可能满足派生需求。尽管骑自行车可能会获得一些乐趣，但出行的目的只是上下班。从这个意义上说，自行车可以很容易地取代其他交通工具，如公共汽车或出租车。

基本需求和派生需求之间的区别很重要。大多数运输服务是由于衍生需求而被购买的。旅客旅行可能涉及基本和派生需求两方面的要素，但是货物运输的目的绝对不是为了让货物享受旅行的过程。所有的货物运输服务于最终（主要）商品和服务贸易的最终（基本）需求所创造的派生需求（见图2.1）。

在基本需求中，用户集的价值是基于用户在旅途中获得的满足感或愉悦感。服务对消费者的货币价值可以与服务的价格进行比较。因此，对于某一特定数量的服务，例如，游船旅行的持续时间，乘客愿意为它支付与它所获得的满意的货币价值相等的费用。

当然，这种狭义的需求观忽略了负担能力的问题。例如，人们可能会给乘坐美国国家航空航天局航天飞机在行星轨道上旅行所获得的满足感赋予很高的美元价值，但很少有人能够支付为此承担的相应费用。这就是有

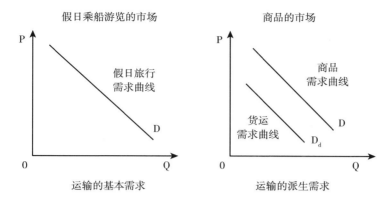

图 2.1　运输的基本需求与派生需求

效需求和潜在需求的区别。一些人能够并愿意支付（有效需求），而另一些人想要产品或服务，却没有能力支付（潜在需求）。

另一种考察需求的方法，是考察在给定价格下购买特定数量商品的意愿。这用于在消费者部分创建一个称为可行需求的子集中。

在价格—数量空间中，支付意愿的轨迹取决于多种因素，如个人当前收入或财富水平、替代品和互补品的价格、个人品味和偏好，以及机会成本。对未来的预期也会影响需求，但影响程度有限。人们可以决定提前旅行以避免价格上涨，但不可能因为对未来消费的预期而"储备"旅行。尽管如此，所有这些变量的变化都会影响需求曲线的变化。

不同运输方式的相对价格可能是消费者对特定方式需求的最重要的决定因素①。城市交通的一个关键问题是很难在不同交通形式之间进行现实的价格比较。例如，一张公交车票的成本可能是确定的，但大多数人对同等的出租车费用或使用私家车的成本只有一个模糊的概念。从社会的角度来看，这类消费者的决策在经济上可能是低效的。如果直接和间接补贴扭曲了个人支付的价格，情况就会更糟。如果价格是不透明的，或者不能反映真实的经济成本，那么个人就会消费过多的稀缺商品，而消费过少的

---

① 任何商品或服务的绝对价格往往没有其价格与相近替代物价格之间的差别重要。想想卡车和铁路运输，或者拼车和乘坐公共汽车。托运人更有可能将卡车运输的运费率与铁路运输的运费率进行比较，而不是单独考虑。同样的，拼车的乘客无疑会将他参与拼车的成本与乘坐公共汽车往返同一地点的成本进行比较。在派生需求方面，有许多与托运人/乘客相近的替代品。

充足商品。

　　一些交通基础设施（如公路）的联合消费使出行需求进一步复杂化。街道网络的联合消费由燃油税和其他税收收入共同构成。通过购买燃料，车主可以无限制地使用公共基础设施的整个网络，无论是主干道还是安静的住宅街道，其使用任何街道的直接成本都是相同的。因此，对重要路线的较高需求往往通过拥堵成本配给。随着用户数量的增加，交通拥堵增加了出行时间。这是一个间接的"价格"，影响消费者对路线选择和运输方式的决定。

　　到目前为止，人们想当然地认为，需求者的偏好或支付意愿会在市场中正确地显示出，但这并不总是正确的。当它不成立时，市场被认为是失灵的，因为需求方的真实信息无法到达供应方，因此后者可能决定不再提供商品。

　　仅凭市场无法反应正确偏好的商品被称为公共商品。根据定义，公共商品具有非竞争性和非排他性。非竞争性是指一个人对该商品的使用不会以任何方式影响另一个人对该商品的使用。非排他性意味着一旦商品被供应，它将提供给所有人，试图阻止其他人使用该商品是没有意义的。

　　在交通方面，公共物品的一个例子是城市或城镇的街道改善计划。市场无法改善街道，因为在理性的情况下，即使在社区所有成员都想要更好街道的情况下，也没有人表现出对更好街道的偏好。因此，在这个私人交易中不会显示真正的偏好。为什么？假设一个街区的房子面对着一条普通未铺设的街道，每个房主都希望整个道路已铺设好，以便通往其他毗邻的道路。一个私人承包商可能会让许多居民同意支付他们按比例分担的铺路成本，但也存在有一个或多个业主拒绝参与的动机。这些居民意识到，如果有足够多的人付费，街道就会被铺好，那些选择不付费的人就可以免费使用。恰当地说，这些人被称为"搭便车"。问题是，同意付费的房主不会袖手旁观，他们不会同意铺路因为他们知道这样有些人会免费使用这条路。如果每个人都决定"搭便车"（市场失灵），这条街就不会铺路。在允许社会成员排他的公路中（如分隔的公路），可以组织私人收费公路来收取费用。在这种方式下，司机需要揭示他们真正的偏好。在不可能有排他性的地方，比如城市街道，政府将修建道路并强迫街区上的每个人缴纳税款。

第二节　货运与客运对运输的需求

当业务旅客或托运人面临派生需求时，其支付意愿的计算方法为：旅客或托运人使用额外运输服务单位所获得的最终利益等于生产率提高的价值。经济学家用于这一定义的术语是生产要素的边际产品价值（VMP）。

从运输作为一种生产要素的意义上来说，一种运输方式边际产品价值（VMP）的一个额外单位是指，在特定时间内可以推向市场上的额外货物或工人产量乘以该数量的售价。例如，如果一个托运人，通过多雇一辆卡车，就能多带 100 件商品到市场上，这些商品可以以 4 美元的价格加价出售，那么那辆卡车对托运人的价值就是 400 美元，这将代表他愿意以边际价格（VMP）购买卡车的最大意愿。

客运和货运对运输的需求存在差异。货物运输总是在派生需求下产生，而旅客出行可能出于商业和/或休闲原因。从承运人的角度来看，旅客从某种有辱人格的意义上被视为"会抱怨的货物"。当然，这样一个术语是把服务质量放在环境中。虽然发货人可能会在发货后抱怨货物的质量，但如果舒适度和便利性没有达到预期，乘客在旅途中的每一秒都可能会抱怨[1]。

收入和机会成本在旅客出行和货运需求之间造成了更大的差异。需求的收入弹性衡量的是对一种商品或服务的需求量相对于消费者收入水平变化的敏感性。更具体地说，它是需求量变化百分比与收入变化百分比的比值。对于托运人来说，所有运输方式的需求收入弹性在价值上是正的，这意味着，在同等条件下，当托运人从货物销售中获得更多的收入时，托运人将更多地利用任何特定的运输方式来运输他的货物。

乘客需求的表现并不仅是因为运输方式之间的竞争。随着收入的增

---

[1] 在旅行需求中，乘客始终是决策者。因此，糟糕的服务对回头客有更直接的影响。承运人对运输途中的货物损坏负责，并向托运人支付索赔。但是，托运人不在场以观察未被发现的损坏。

加，个人愿意牺牲金钱成本来改善旅行的其他属性，如便利性和机会成本。

舒适和安全是旅行的属性，其需求通常随收入水平而上升。从表面上看，运输成本越高，乘客得到的舒适和安全程度的期望就越高。即使没有时间的限制，高收入的消费者可能会因为舒适和安全的属性而选择更昂贵的交通工具。比较两个遥远城市之间对航空服务的需求与城际公共汽车的需求。

收入的增长可能导致替代。例如，城市公交出行需求的收入弹性为负，因为用户获得的收入越多，越有可能选择汽车出行。低收入消费者别无选择，只能接受更耗时的交通工具带来的舒适/安全。经济学家将需求收入弹性为负的商品称为低档商品。

机会成本被定义为为进行当前选择的活动而放弃的次优选择的价值。例如，工作的机会成本是一个人因工作而放弃喜爱的休闲活动的价值。在交通运输方面，购买较快的交通工具的费用通常高于较慢的交通方式。使用慢速模式的乘客仍然到达相同的地点，但放弃了可以用来做其他事情的时间（机会成本），而不是更高的金钱支出。

当然，理性的决策是选择在所有可能的活动中提供最大可能的满足或经济利润的活动。就货运而言，机会成本是指通过生产一种较少运输时间或成本就能到达市场的商品而可能获得的利润。例如，用于在运输过程中增加安全库存的资金本可以用于其他目的。公司必须承担其生产的货物运输时间较长的机会成本。部分或全部成本会以更高的销售价格转嫁给消费者。只要使用当前运输方式赚取的利润能够超过其他运输方式的利润，说明目前的决定对托运人来说是合理的。

由于生产区域和零售区域是分开的，因此需要将运输时间的机会成本纳入商品生产的总成本中。发货人可能认为送货速度是客户愿意支付的一项有价值的属性。货物运输的派生需求方面意味着为运输速度或（抵达时间）可靠性的任何溢价都可能以更高产出价格的形式转嫁给消费者。

也许除了商务旅行，同样的机会成本并不适用于旅客旅行。旅客旅行的机会成本是指旅客在旅行中所浪费的时间价值。缩短旅行时间所需的额外费用的吸引力随旅行者的收入和相应的机会成本而变化。作为观光客或到度假胜地旅行的旅客可能不会那么看重速度。托运人在货物运输过程中不能获得额外的满足，而一些旅客在运输过程中可以根据承运人提供的风景或便利获得额外的满足。但是商务旅行者可能只想在周末及时回家与家人团聚。

旅程的总成本是金钱成本和时间成本（包括机会成本）的总和。一般而言，人们希望知道货运需求和客运需求的需求价格弹性。为了回答这个问题，我们需要确定运输服务需求量对运输价格变化的敏感性。根据价格弹性需求关系，如果运输货币价格下降一定百分比，需求量将增加更大百分比。然而，如果时间是主要成本，那么需求的价格弹性就会大得多。

在时间成本没有改变的情况下，如果时间成本在总成本中所占比例很大，那么当前和潜在的用户可能对运输的金钱成本的下降不敏感。这一观点有助于解释为什么即使大幅削减城市交通费用也不足以促使一些人放弃私家车而乘公共汽车出行；对他们来说，出行时间的机会成本非常高。

在货运市场上，类似的情况是较慢模式相对于较快模式的价格下降。在货运旅行的派生需求方面，对发货人来说，使用较慢方式节省的金钱必须超过额外运输时间成本，以便将较低的净价格传递给消费者[1]。根据先前检验，无法确定乘客是否比托运人有更大的时间敏感性。

城市交通服务可以作为价格（票价或私人成本）的函数，并以一组质量属性表示出行速度、舒适度、便利性和安全性。质量属性一般随出行时间的增加而下降。个人是离散的运输选择而不是一个"平滑的"供给曲线。人们一般是在出行的金钱成本和出行所涉及的时间之间进行权衡。如果资金短缺，消费者愿意选择更耗时但更便宜的交通方式；如果时间有限，消费者更有可能选择更昂贵、更快的汽车运输方式。

城市交通消费者可用的出行时间与货币成本之间的内在机会成本权衡（见图 2.2）。其中一个极点是选择快速、方便但昂贵的汽车旅行。如果消费者愿意花更多的时间出行，他们可以获得成本更低的交通工具，如公共

---

① 有趣的是，大多数托运人不太关心总运输时间，而是关心承运人按时实现交付目标的可靠性。道理是显而易见的。如果承运人可靠，托运人可以控制提前期并设置安全库存来满足客户的需求。如果承运人不可靠，卖家可能无法完成客户服务，导致买家更换供应商。并非所有买家会重复此类经历。

汽车，或基本上"免费"的自行车或步行。

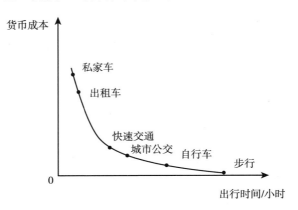

图 2.2   城市交通消费者可用的出行时间
与货币成本之间的内在机会成本权衡关系

任何概念模型在面对实际应用时都会受到影响。当考虑旅行时间时，其取决于三个因素：出行距离、路线和一天中的时间节点。对于非常短的旅程，城市公交车、自行车与私家车的出行时间差不多（如果其中包括定位停车位所需的时间）。在主干道上，城市公交车的出行时间可能更接近私家车。随着行程长度的增加，上述一般模型更有可能适用。由于交通拥挤，一天中的时间节点会放大这些关系。在出行高峰期间，拥有专用路权的快速交通系统可能比私人汽车或城市公交车表现得更好。在主要廊道之外，一般模型更有可能是准确的。

大多数交通服务是由公共和私人投资共同提供的。公共部门提供长期使用的基础设施（如街道），而个人或公司提供车辆[①]。但政府也可以利用补贴和法规来影响客运需求。这在一定程度上可以由运输趋向于垄断控制，以及希望将运输作为社会政策工具来解释。政府试图通过降低价格的补贴、交通基础设施投资和监管控制来影响需求。

在许多司法管辖区，政府监管出租车和运输服务。出租车牌照安排已被用于限制车辆数量并设定最高票价。这些规定可能会提高汽车的质量，

---

① 北美的货运铁路是该规则的一个显著例外。私营公司拥有并维持通行权（轨道）和机车车辆。

减少滥用的可能性，但会导致出租车牌照价格上涨（见本书第十三章）。

公交服务就是政府直接干预的一个例子。大部分的运输服务在20世纪前期被迫破产后都转为公共垄断。政府规定经营者必须以不合算的票价提供路线服务，这是私营运输公司遇到困难的根源。当政府无法通过监管实现其收入分配的社会目标时，他们就利用补贴提供不合算的服务。如今，很少有城市交通服务能从乘客票箱中获得足够的收入用来支付一半的成本；其余部分由补贴提供。

总的来说，运输法规通过缩小消费者可选择的范围来限制需求，而补贴提供的服务水平在其他情况下是无法提供的，或仅在某些情况下是需要的。政府法规和补贴维持的时间越长，交通服务对不断变化的消费者需求就越不敏感。所提供的服务质量和数量可能不再符合需求。在大多数城市，这种现象表现为，郊区的公交线路上只有45个座位的公交车，车上只有少数人，而优步（Uber）等拼车服务的出现，成为受监管出租车的低成本替代品。

第三节　运输派生需求弹性

货物或乘客进出市场的流动创造了场所效用。换句话说，运输增加了被运输物的价值，因为它在一个地方比在另一个地方更值钱。如在煤矿里发现的煤比在电厂的码头上更值钱。当煤到达电厂以便发电时，社会就会受益。这就产生了通过铁路运输煤炭到电厂的派生需求。

运输派生需求在很大程度上取决于消费者需求的范围和稳定性。各种各样的运输方式所面临的服务需求本质上是周期性的。交通运输业的扩张和收缩与经济周期一致。交通需求是第一个受到经济衰退影响的，也是第一个对总体经济扩张作出积极反应的。

交通运输业具有顺循环的经济性质。一个顺周期产业的扩张和收缩比整体经济更大。这是因为许多由运输服务的行业面临周期性需求，如住房、林业和零售分销。那些周期较短的行业，如教育、医药和政府服务，很少使用商业运输服务。运输行业根据需求调整自身规模，因为它是一种不能囤积或储存的服务。当整体经济开始从多年的缓慢增长、价格平稳期和库存减少中复苏时，对运输的需求将很快超过可用的供应。价格的变化导致需求质量的变化，这一现象取决于运输服务派生需求的价格弹性。

　　需求的价格弹性表现了价格变化与总收入之间的重要关系。需求弹性公式如图2.3和图2.4所示。如果需求是有弹性的，价格下降，那么总销售或收入就会上升，因为需求量增加的百分比大于价格下降的百分比。如果需求缺乏弹性，价格下降，需求量仍会增加，但不足以弥补价格下降，因此，总销售或收入会下降。如果价格上涨，则这些关系是对称的。

$$E_d = \frac{-\%\Delta Q_d}{\%\Delta P}$$

在价格变化1%的情况下需求量的变化

当E_d：

小于−1时，	需求是富于价格弹性的
大于−1但是小于0时，	需求是缺乏价格弹性的
等于−1时，	需求是单位弹性

P↓Q↑ 价格	↑
P↓Q↑ 价格	↓
P↓Q↑ 价格	—

图2.3　需求价格弹性（E_d）

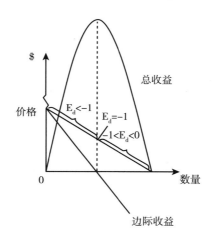

图2.4　需求曲线上的价格弹性

　　需求曲线上收入唯一不变的点是单位弹性点。在这种情况下，价格的变化正好被相反的需求量的变化所抵消，因此总收入为保持不变的常数。价格弹性对派生需求的影响更为复杂。运输面临自身派生需求的弹性，但也受到运输服务的最终需求弹性的影响。

　　在研究运输衍生需求的具体性质之前，有必要对市场要素与最终商品和服务市场的依赖性进行分析。两种值得注意的关系是：

（1）在总成本中所占比例越大（越小）的因素，对它的需求价格弹性越大（越小）。

（2）对最终商品或服务的需求价格弹性越大（越小），对该因素的需求价格弹性就越大（越小）。

例如，关系（1）意味着，如果生产要素的价格下降，而该生产要素的成本只占生产总成本的一小部分，那么该企业的总成本也会下降一小部分。结果，该公司的产量只增加了一小部分。所需要素的数量只会增加少量（见图2.5）。

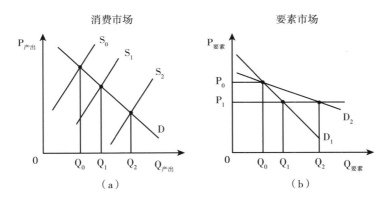

图 2.5　不同市场中的需求曲线

图2.5（a）显示了企业最终产出的需求和供给，而图2.5（b）显示了用于生产该产出的某一要素的派生需求。当要素的价格从 P_0 下降至 P_1 时，同等条件下，公司将倾向于购买更多的要素，因为这样会得到更多的产出。为消费者市场生产更多的产品反映在供给曲线右移远离 S_0。如果生产要素的成本只占总成本的一小部分，那么公司只购买相对较少的生产要素。这表现为图2.5（b）中公司从 Q_0 处的需求量沿着需求曲线 D_1 增加至 Q_1。这来自产出供给由 S_0 增加到 S_1[①]。

----

① 精明的观察者可能会注意到这个故事中还有更多内容。一旦最终商品的供给曲线移动并且最终商品的价格下降，VMP（即派生需求）将向左移动。虽然这不会影响派生需求的斜率（在假设输出价格不变的情况下绘制），但这种"输出效应"将有助于在某种程度上减小图2.6（b）中 Q_0 到 Q_1 差异的大小。

如果生产要素的成本在总成本中所占的比例更大，那么生产要素价格的下降就会引发生产要素需求量的更大增加。这可以通过将 Q_0 沿着需求曲线 D_2 增加至 Q_2 来体现，它将转化为更大的供应增加，供应 S_0 增加到 S_2。在这一点上应该注意到，D_2 比 D_1 更具价格弹性[1]。

就运输成本而言，制成品的发货人对运输服务的需求相对缺乏弹性，因为这些成本只占总成本的一小部分——大部分增值来自制造过程本身。对于煤炭、谷物和铁矿石等大宗商品，运输派生需求的价格弹性更大。与制成品相比，这些大宗商品的价值重量比很低。因此，运输成本是大宗商品增值的一大来源，而派生需求对运费的变化非常敏感（价格弹性）。

对关系（2）的解释集中在最终需求的价格弹性上。当产出需求是富于价格弹性（缺乏价格弹性）时，价格的微小变化会转化为该要素的需求量在相反方向上的较大（较小）变化（见图 2.6）。在图 2.6（a）中，最终需求 D_1 的价格是缺乏价格弹性的，D_2 是富于价格弹性的。如果某一要素的价格下降，对该要素的需求增加所带来的产出供给的增加将导致 S_0 的产出增加到 S_1。

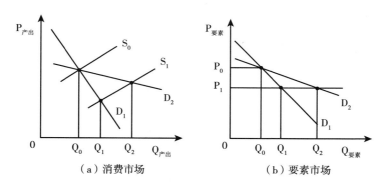

图 2.6　价格变化对数量变化的影响变动

P_0 的价格下降至 P_1，导致需求要素数量增加，这取决于对产出的需求弹性（见图 2.6（b））。在图 2.6（a）的 D_1 中，供给由 S_0 提升至 S_1[2]，

---

①　学生应注意到，需求曲线的斜率与其价格弹性之间的关系绝非简单。只是为了方便起见，我们展示了两条。

②　在旅行需求中，乘客始终是决策者。因此，糟糕的服务对回头客有更直接的影响。承运人对运输途中的货物损坏负责，并向托运人支付索赔。但是，托运人不在场以观察未被发现的损坏。

导致 Q_0 增加至 Q_1，转化至图 2.6（b）中 Q_0 到 Q_1 的要素需求量的增加。请注意，如果产出需求曲线更有弹性，如 D_2 所示，则要素需求的数量都会从 Q_0 增加至 Q_2。

作为对关系（2）的直观检验，哪个需求因素的价格弹性更大，是商务舱座位还是航空公司的普通客舱座位？答案是普通客舱座位。原因有很多，根据以上两点来解释：首先，个人出行通常占个人收入的较大比例，因为这不是公司提供全部或部分补贴的商务出行；其次，个人出行可包括的一系列"活动"，包括出行的"产出"，比具有强制性的商务出行的"产出"更为多样化[①]。这方面的最后一点是，调整时间是价格弹性的决定因素。个人出行更容易取消或推迟，因为它通常比商务出行提前得多。

需求要素的数量对其价格变化的敏感性是基于该要素的成本占最终产品总成本的比例和最终产品本身的需求价格弹性。派生需求在很大程度上取决于最终产出的市场性质。具有非弹性需求的产品可能拥有弹性需求的要素市场，反之亦然。例子矩阵如图 2.7 所示，要素价格变动的影响如图 2.8 所示。

运输的派生需求

	缺乏弹性	富于弹性
缺乏弹性	Q_{1a} 汽油 & 管道运输	Q_{1b} 沙砾 & 卡车运输
富于弹性	Q_{2a} 沙砾 & 铁路运输	Q_{2b} 旅客 & 包机

（商品的基本需求）

图 2.7　运输市场中几个典型例子的需求弹性矩阵

[①] 在引入打折航空公司后，航空旅行的快速增长说明了需求价格弹性的影响。大多数新乘客使用打折航空公司进行休闲旅行。事实上，一些廉价航空公司完全取消了商务舱座位，而倾向于普通客舱。

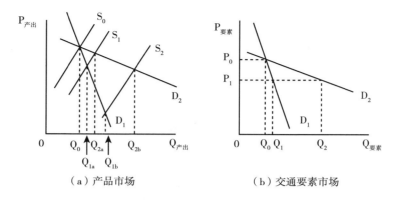

（a）产品市场　　　　　　（b）交通要素市场

图 2.8　要素价格变动的影响

最后，适用于特定运输方式的需求价格弹性取决于不同运输方式相对于运输类型的可替代性。替代品越多，或者任何两种特定替代品的相似度越高，对任何一种特定模式的需求价格弹性就越大。因此，托运人对该模式内的运费率变化就越敏感，如图 2.9 所示。

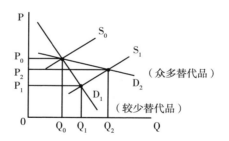

图 2.9　运输产品可替代性的影响

在图 2.9 中，数量（Q）可以被用来表示每次运输的货物或乘客数量，或者是固定数量的货物或乘客的运输频率。对于给定的运输服务供应增加[①]，从 S_0 移动到 S_1，价格弹性较大的需求（D_2），其运价或票价下降幅度较 D_1 小，但需求量的增加幅度较 D_1 大。现有替代品的数量和/或接近程度使市场竞争更激烈，而更缺乏价格弹性的需求表明市场竞争更弱。多式联运的竞争（将在第六章和第十一章中讨论）和其他技术变革增加了卡

---

①　从技术上讲，这是一种运输服务供应的转变，需要改变投入成本。例如，石油价格的大幅下跌可以使每一运费水平提供更多的运输服务。

车运输和铁路之间的可替代性。每种模式都是针对特定的出货量寻找需求价格弹性的增加。

产品重量和距离之间的关系决定是否能够进行实际运输。价值重量比低的货物对运输成本很敏感。高运费率可能使这些货物无法长途运输，并限制贸易只能在当地进行。例如，碎石是一种对运费敏感的商品，由于其极低的价值重量比而被限制在当地进行贸易交易。即使在很短的距离内，运输的价值也可能超过采石场碎石的价值。对货运敏感的类别包括大宗商品，如原油、煤炭、铁矿石和散装运输的饲料谷物。高价值商品，如尺寸木材、精炼金属和咖啡，可以承受集装箱的运费。制成品等价值重量比高的商品更容易克服运输成本，但分销成本也不容忽视。即使是高附加值的商品，进口的运输成本仍然为当地制造商提供了一定程度的保护。

下一章将考察在贸易背景下派生的运输需求。贸易理论的提出将引出贸易需求。在这种需求的基础上，发展出为贸易服务的衍生运输需求。

练习题

1. 城市交通的需求是复杂的，但通常最重要的两个考虑因素是时间和金钱。运输速度和提供运输的成本是密切相关的。

（1）绘制一个适当的经济模型，解释城市交通消费者个人在城市交通中时间和金钱之间的权衡，以及为什么交通选择很难一般化。

（2）解释可以改变个人对城市交通需求的考虑因素。

2. 有些产品有弹性需求，有些产品有非弹性需求。通常，运输派生需求遵循与最终商品弹性相似的模式，但并不总是如此。运输成本在货物最终价格中所占的份额可能大或小，而不管产品本身的需求弹性如何，这都会影响派生运输需求的弹性。

（1）在适当经济模型的帮助下，解释在哪些条件下派生的运输需求是弹性的或非弹性的。

（2）解释为什么无论运输的产品是什么，运输替代品数量的增加都会影响派生运输需求的弹性。

3. 用于育肥牛的饲料——大麦，在一头牛的育肥成本中占很大比例。

相比之下，用于生产广告啤酒的麦芽价值要低于纸板包装的成本。无论大麦是用于酿造麦芽还是用作饲料，其运输成本都是一样的。假设大麦运输成本下降了一半，那么牛肉和啤酒现在都可以以较低的价格生产。

（1）绘制一个适当的经济模型并解释说明下降的要素价格（运输成本）对啤酒和牛肉价格的影响。

（2）解释派生需求模型的经济学原理，以及为什么这两种成品的产量受到不同的影响。

4. 航空旅客可分为两类：休闲旅客和商务旅客。我们知道，休闲旅行者对价格变化更敏感，因为他们是自己掏钱的。商务旅行者不太关心机票的价格，因为是公司买单。休闲旅行者的旅行时间比商务人士要长，商务人士最多只去一到两天。因此，休闲旅行者更有可能携带行李和更多的衣服。

（1）航空公司开始对托运行李的乘客收取25美元。使用一个或多个适当的模型，说明航空旅行成本的增加如何影响旅游需求与商务会议旅行需求。

（2）无论是短途（500公里以下）还是长途（500公里以上），每件行李的价格都是25美元。解释距离经济如何影响休闲和商务旅行者的派生需求。

第三章
贸易和运输成本

由于技术的变革，运输成本相对于总生产成本始终在下降。因此，贸易的关键权重价值比率一直在上升，越来越多的商品在国际市场间流动。运输对贸易的重要性是显而易见的，但这些成本在决定贸易的构成和数量方面的作用需要更加坚定地确定。货物和服务的有效贸易是基于贸易论中的收益。这一论点的发展始于这样一个假设：运输和通信成本是"免费的"。本章将在最后引入运输成本对贸易的影响。

第一节　运输在贸易中的作用：零运输成本案例

只要满足下列假设，贸易就能带来财富的增加：（1）存在劳动分工的收益；（2）所有地区和国家都按照各自的比较优势进行贸易；（3）贸易不受关税和配额形式的政府干预。我们将依次解释这些观点。

从劳动分工中获得收益的假设应该是最基本的。每个人都被赋予一套独特的技能、天赋和兴趣。劳动分工使我们每个人都能专门从事最适合的生产工作。如果没有劳动分工，每个人都将被迫自给自足，这样我们将被迫寻找和制造我们希望消费的所有商品。

现代社会拥有大量复杂的装配线生产产品。从圆珠笔到喷气飞机，工业时代的高水平生活依赖于商品和服务生产的专业化和劳动分工。每个工人只需要拥有在生产过程的一个阶段内生产一个部件所需的技能，而不是生产一系列产品所需的所有专业知识。在这个过程中，工人可以挣到工资，并可以购买其他地方生产的各种商品。

所有的工人都把他们的劳动技能出售给最能雇用他们的组织。在汽车生产过程中，装配线过程处于设计融资过程和市场营销销售过程之间。特别是在装配过程中，我们可以想象：熟练的工人专门从事诸如钢焊接、玻璃装配、电线和发动机装配等过程。一辆先进汽车的产生，是因为它的生产涉及最先进的技术生产和所有组件的安装。然而，显而易见的是，如果要使劳动分工对每个人都有利，就必须发展一个商品和服务贸易体系。

比较优势理论表明，一旦一个地区或国家专门从事那些相对于其他地区或国家更有能力的商品和服务的生产，就存在贸易收益。这种专门化能够使世界每个区域或国家在自给自足时生产更多的产品，如图 3.1 所示的举例。

商品	A	B
x	4	6
y	2	12

图 3.1　国家从事专门化生产时的产能

注：每个数字表明，生产每一单位商品所需的劳动力数量。

假设世界上只有两个国家，每个国家可能只生产两种商品。表格中的每一个单元格都显示了在每个国家生产这两种产品中任意一种所需的劳动力的数量。可以看出，A 国在生产 x 和 y 方面都比 B 国具有绝对优势，因为生产这些商品所需的劳动力更少。尽管 A 在生产两种产品方面效率更高，但它不应该生产所有产品，除非我们不切实际地要求 B 的所有劳动力都愿意并能够移给 A。

　　假设各国的劳动力流动性不变，则每个国家的专业化将增加世界的产出。要看到这一点，必须确定每个国家的比较优势。A 国生产 1 单位 y 所需的劳动力是 B 国的 2/12 或 17%，而生产 x 国所需的劳动力是 4/6 或 67%。因此，A 在 y 方面的绝对优势更大，这也是它具有比较优势的地方。B 的绝对劣势在 x 中最小，因此它的比较优势在 x 中。

　　进一步假设 B 国人口更多，有 18 单位劳动力，而 A 国有 6 单位劳动力。基于图 3.1 中的信息和两国劳动力资源的生产可能性曲线（PPF），如图 3.2 所示。A 国可以生产 1.5 单位 x，或 3 单位 y，或 PPF 上的任何组合。同样，B 国可以在其 PPF 上产生 3x 到 1.5y 之间的任意 x 和 y 的线性组合。如果这些国家进行专业化生产并进行贸易，它们就可以共同生产和消费，就像它们沿着 3x 至 3y 的虚线运作一样。

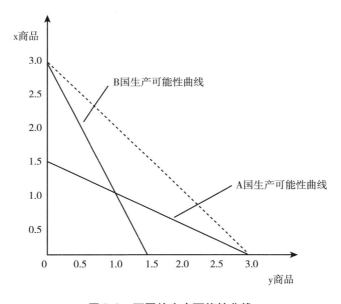

图 3.2　两国的生产可能性曲线

　　根据 A、B 国的禀赋，A 专注于生产 y，B 专注于生产 x，双方都有可能交易对方不生产的产品。如果 A 放弃 1 单位的 x，它就会释放 4 单位的劳动力，根据表格，这些劳动力将会生产另外 2 单位的 y。在专业化之前，A 可以生产 1 单位的 x 和 y，消耗 6 单位的劳动力；但专业化之后，它可以用同样的 6 单位劳动力生产 3 单位 y。B 可以用它的 18 单位劳动力生产 3

单位 x。因此，世界产出可以从专业化前的 4 个单位（即 2 个 x 和 2 个 y）增长到专业化后的 6 个单位（3 个 x 和 3 个 y）[1]。

专业化是可能的，因为贸易使两种商品都能被消费：A 可以用它的一些商品 y 交换 B 的商品 x。假设运输成本为零，A 国将出口 y，B 国将出口 x，如上所述。世界价格比率被称为贸易条件，可以写成 p_x/p_y。对于任何一方来说，接受一种让他们比没有贸易时更糟糕的贸易交换率都是不理性的（见图 3.3）。

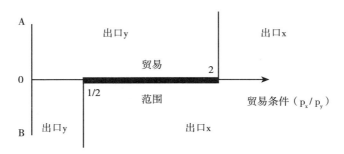

图 3.3　两国的贸易可行区间

从图 3.3 可以看出，在这种情况下，唯一可行的贸易条件比率介于 $p_x/p_y = 1/2$ 和 $p_x/p_y = 2$ 之间。两国 x 的世界价格与 y 的世界价格之比在 1/2 到 2 之间。经济学家将这一交易区间称为核心。在核心区域，贸易条件究竟将在哪个位置达成，是无法预测的。更好的谈判技巧、胁迫、时机和欲望是影响贸易谈判的几个因素。

当比率恰好为 1/2 或 2 时，不确定点分别表示 B 国或 A 国对贸易无关紧要。在由许多国家组成的现实世界中，这一比率在不同商品之间可能有很大的波动，并对贸易模式有很大的影响。本书专题一提供了一个例子，

────────────

① 有人可能会问，什么决定了比较优势。赫克歇尔—俄林定理根据其特定的假设回答了这个问题。国家和地区拥有不同的要素禀赋，生产要素在可能生产的不同商品之间的可替代性是有限的。基本上，该定理说，一个国家将只出口在该国拥有最丰富的要素中生产最密集的商品。图 3.1 只显示了一个要素的生产率，而不是每个国家所有要素的总丰度。所以，赫克歇尔—俄林定理比简单的比较优势理论更现实，因为后者假设生产成本不变，而前者不受限制。换句话说，与生产 y 的数量无关，A 国生产 1 单位 y 所需的劳动量仅为生产 1 单位 x 所需劳动力的一半。随着生产的 y 越多，则 y 相对于 x 的这种劳动生产率优势越小越现实。只要生产要素在贸易伙伴之间分布不均，贸易就是有益的。

有助于解释贸易条件比率的重要性和上界与下界的原理。

经济学家看待运输成本的方法之一是在运输过程中被消耗的部分贸易商品。如果假设国家 A 和 B 的贸易条件是 1.5x 和 1.5y，当货物到达的时候，每个国家得到的都变少了（国家 A 获得 1.2x，国家 B 获得 1.2y）。另外，这个理论结构实际上在电力行业中也有相似之处。输出的一部分电在传输过程中被消耗掉（因为电阻）。线路损耗实质上是电力运输的成本。

贸易收益的存在推动了国际贸易协定，在这些协定中，政府同意放弃使用保护本地国内生产商的关税或配额。本书不会详细回顾关税和配额，只是说明关税是进口商品进入该国时对价格征收的税，而配额则是对进口商品数量进行严格限制。

进口关税使国内生产商更容易提高他们的价格，同时这是在为政府赚取税收。这听起来是一项积极的措施，但国内价格的扭曲降低了消费，导致贸易减少，从而使全球经济萎缩。运输费用的作用与关税相同，运输成本提高了进口商品相对于国内商品的价格，并为当地生产者提供了一种"天然"保护。然而，这种自然保护让每个人都变得更糟，因为专业化的机会更少了，因此，全球产出下降（见图3.4）。如果运输成本为零，那么所有的东西都可以交易，两国都将实现完全的专业化。内部和外部的运输成本越高，通过贸易获得的联合生产可能性就越低。从这个意义上说，正是专业化的机会创造了派生的运输需求。

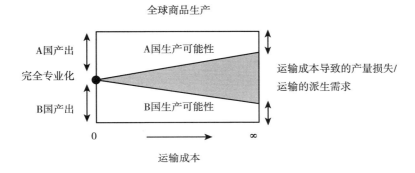

图 3.4　存在运输成本的贸易可行区间

第二节　以实际运输成本进行贸易

通过交易者的套利活动能够实现专业化。套利是指从一个市场上购买商品，再从另一个市场上出售。如果交易者可以在一个市场买入，然后以高于转移成本的价格在另一个市场卖出，他们就可以获得利润。随着交易者继续买卖，他们在低成本市场上抬高了价格，在高成本市场上压低了价格。一旦两个市场的价差等于转移成本（主要是运输成本），就没有更多的利润可以通过套利获得，从而达到一个新的均衡。通过这种方式，所有市场的价格都是通过运输成本联系在一起的，也就是众所周知的单一价格定律（LOOP）。本章节提出了一个基于 LOOP 的区域间贸易模型。

区域间贸易模式将运输视为贸易的促进者，而不是生产过程中的一个因素。假设世界上有两个地区，由于要素禀赋的不同，在没有贸易的情况下，一种产品的价格将存在差异，如 A 地区是低成本的生产者，而 B 地区是高成本的生产者。如果两个区域之间存在运输的可能，并且运输成本不超过两个区域之间的价格差，那么区域 A 可以是一个出口商，区域 B 可以是一个进口商。

A 地区的出口供给潜力称为过剩供给（ES）曲线，B 地区的进口需求潜力称为过剩需求（ED）曲线。ED 和 ES 曲线取决于各自区域内国内需求和供应计划背后的所有属性和参数。出口地区 A 商品的 ES 如图 3.5 所示。在没有贸易的情况下，A 地区的均衡价格是在供求相等的情况下确定

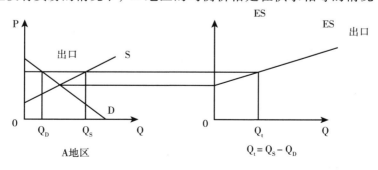

图 3.5　A 地区的过剩供给（ES）曲线

的。如果 A 地区的价格更高，消费者就会减少消费，而生产者就会有增加生产的动机。ES 曲线由高于均衡价格的每一价格的供给和需求曲线之间的水平差绘制而成。

A 地区的供给和需求曲线之间有一个水平差异。在价格上涨时，消费者会想要减少购买。与此同时，生产商会希望增加产量，以利用出口市场抬高价格。在这个特定的价格水平，国内消费量为 Q_D，国内生产量为 Q_S，剩下的量是 $Q_t = (Q_S - Q_D)$，用于出口。

B 地区同样商品的 ED 如图 3.6 所示。

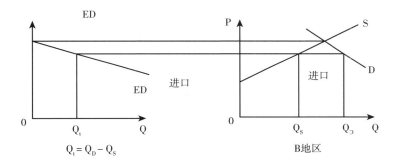

图 3.6　B 地区的过剩需求（ED）曲线

在没有贸易的情况下，B 地区的均衡价格是在供求相等的情况下确定的。如果只能从进口获得额外的供应，B 地区的价格会更低。消费者将增加消费，而生产者将削减产量。当每一价格低于均衡价格时，可以通过供给和需求曲线之间的水平差绘制出 ED 曲线。该曲线说明了 B 地区供给和需求曲线之间的一个水平差异。在这个价格水平上，消费的数量为 Q_D，国内生产数量为 Q_S。差值 $Q_t = (Q_D - Q_S)$ 由进口来弥补。

现在让我们在固定汇率和自由贸易条件下，发展两地区之间对这种产品的派生运输需求，如图 3.7 所示。在图 3.7 的上半部分，进口地区 B 的 ED 曲线叠加在出口地区 A 的 ES 曲线上。图的下半部分是这两个地区之间的运输市场。

ES 和 ED 曲线的交点是在运输成本为零的情况下交易的最大商品数量，这是运输服务市场上的距离 Y（见图 3.7 下半部分）。只有在运输和处理成本不超过无贸易时存在的价格差异时，地区 A 和地区 B 之间才会发

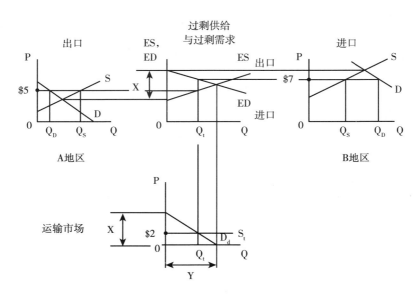

图 3.7　均衡条件下对运输服务的派生需求

生交换①。这两个市场之间运输的最大费用差用 X 表示，X 表示地区 A 的均衡价格与地区 B 的均衡价格之差，派生需求曲线（D_d）可以用 ED 曲线在垂直方向上减去 ES 曲线得到。这两个地区之间产品流动的潜力产生了对运输服务的派生需求。

派生运输需求抓住了运费率和运输服务需求量之间的关系。如果假设运输供给（S）是完全价格弹性的，那么进出口地区的商品价格将因运费率而不同。因此，在图 3.7 中，运费是每单位 2 美元。在这个运费率下，交易者在市场之间进行套利，从低成本市场买入，在高成本市场卖出。这个过程会一直持续下去，直到价格被运输成本分开，套利者没有更多的利润可得。在这种情况下，新的贸易平衡出现了，A 地区的价格上升到 5 美元，B 地区的价格下降到 7 美元，数量 Q_t 的产品从出口市场 A 运往进口市场 B。

────────────

① 著名的要素价格均衡定理，该定理指出，在几个限制性假设下，自由贸易将有助于均衡跨贸易领域的要素价格。这样，自由贸易是要素流动的替代品。但要使定理成立，运输成本必须为零。该定理并不要求地区完全专门生产一种商品。我们在这里的目的是展示当运输成本为正时依赖贸易的价格将如何调整，有关完整的分析请参见：Samuelson P. International Factor-Price Equalisation Once Again［J］. Economic Journal，1949：181 – 197.

这个模型实际上是一个一般均衡框架，因为我们在多个市场中有相互作用。供应的出口数量将等于需求的进口数量。在一般均衡模型中，当 ES 存在于一个市场时，它必须总是等于另一个市场的 ED①。

推导出的需求曲线只不过是托运人将货物从 A 运往 B 的支付意愿的轨迹。运输的边际支付意愿等于货物跨地区的价差。有了出口的需求曲线，可以进行逆向计算，以确定在给定的运输价格下，将会运送多少货物。如果政府或承运人自己设定的运输价格高于 2 美元，较高的运输成本将迫使出口市场的价格下降，进口市场的价格上升，从而意味着贸易减少。重要的一点是，在技术确定的程度上，运输供给曲线控制着跨地区的可行贸易量。这是作为贸易促进者的运输概念的核心。

在运输成本为零的情况下，这两个地区有贸易比没有贸易好，因为更多的产品被生产和消费了。请注意，出口商和进口商分担运输成本，但分工不一定相同。ES 和 ED 的相对弹性决定了出口商和进口商所承担的运输成本份额。曲线更缺乏弹性的一方承担的运输成本份额越大。

由贸易产生的专业化导致了进出口市场收入的增长。出口地区的生产商乐于获得更高的价格；而进口地区的消费者将看到他们支付的价格下降。对贸易的双重刺激创造了对运输的派生需求，如图 3.7 所示。

区域间贸易模型的隐含假设是，运输供给是完全弹性的。任何数量都可以以每单位 2 美元的固定价格运输。这一假设对于贸易的边际变化可能是正确的，如几辆卡车的载货量，但最终运费还将上涨。运输供应的性质取决于行业的成本结构、多式联运竞争、管理和模式的特性。本书接下来的三章将考虑决定运输服务供应的特征和成本。可行的运费也将取决于两个地区之间的贸易平衡，这将在第九章中讨论。

一个经常造成混淆的问题：究竟是进口商还是出口商承担运输成本？通常，当运输成本发生变化时，就会出现这种情况。答案就像许多经济学案例一样，其取决于供求弹性。贸易部分和派生的运输需求已经被提取出来说明了这一点（见图 3.8）。在这种情况下，假设运输成本从 P 到 P'增

---

① 这被称为瓦尔拉斯定律。换言之，世界是一个由许多子市场组成的一般均衡系统。世界上单独体验 ED 或 ES 是不可能的。如果世界上有 m 个商品和服务市场，那么当其中 m－1 个处于均衡状态时，剩下的另一个也必定处于均衡状态。

加，运输需求和贸易量由 Q_T 降低至 Q'_T。因此，出口商的价格下降，进口商的价格上升。但很明显，进口商的价格上涨最多，原因是 ED 比 ES 更缺乏弹性。双边贸易关系最缺乏弹性的一方支付的运输成本增加的份额最大。相反，他们也从运输成本的降低中受益最多。

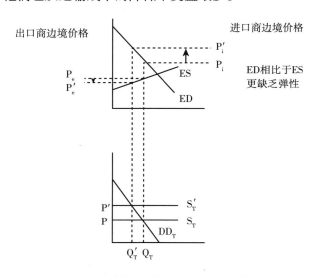

图3.8　双边贸易中运输成本变动情况

专题一　专业化生产与分工

我们可以使用附图1.1所示的情况对贸易条件的概念有一个更清楚的了解：我们提出每个国家的贸易条件价格比为 $p_x/p_y = 10$，这意味着 x 在世界市场上的价格恰好是 y 的 10 倍。

以 A 国为例，直接生产 x 需要 4 单位劳动力。或者，它可以进口 1 单位 x，根据贸易条件，需要 10 单位 y，因此需要 20 单位劳动力，如附图 1.1 所示。直接生产 y 需要 2 单位劳动力，但它也可以通过与 x 的贸易进口，由此只需要 1/10 单位 x，成本是 2/5 单位劳动力。通过贸易获得 y 所需的劳动力比 x 少，这意味着 x 应该是专业化生产的商品。当然，这个图显示了 B 国专业化生产 x 是一个不可行的结果。

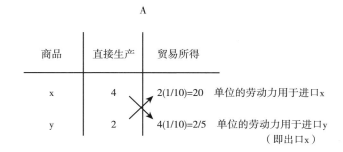

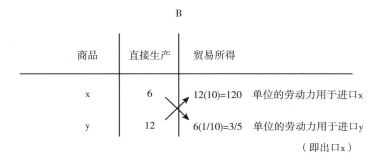

附图 1.1　练习用图

练习题

1. 当国际运输成本下降时（假设技术变化），进出口双方均受益。

（1）绘制并解释一个适当的经济模型来说明运输成本下降对进出口商的影响。

（2）在你的回答中解释为什么降低运输成本的好处不能在进口商和出口商之间平均分配。解释在什么情况下，进口商可以比出口商从更低的运输成本中获得更多的好处。

2. LOOP 认为，所有价格都是通过物流成本的地理差异联系在一起的。北美小麦和玉米等商品的价格就是一个空间价格分布的例子。这些价格是通过买方和卖方的行为来调节市场的。

使用一个或多个适当的模型来解释套利者的行为如何影响区域内或区域间的价格及贸易流动，以及当运输成本上升或下降时的影响。

3. A 国和 B 国采用海运运输散装物料。两个国家都能生产粮食，但 A 国出口到人口多得多的 B 国。

（1）绘制并解释一个适当的经济模型，以说明如果油价上涨导致海洋运输成本增加，对价格、生产、消费和贸易的影响。

（2）想象一下，在油价上涨之后，一场严重的衰退发生了，并且导致海洋运输价格低于以前的水平。这将如何影响粮食贸易、价格、生产和消费。

4. 一种新的土壤细菌处理技术的发展使玉米产量翻了一番，假设这种处理方法只在这里有效，而在粮食出口的 B 国无效。

（1）绘制并解释一个适当的经济模型来说明这种技术变化对每个国家的生产、消费、价格和粮食贸易量的影响。

（2）假设这一技术变革增加了 A 国的总收入，请解释这将如何影响贸易量。

5. 钾肥价格的上涨提高了 B 国小麦的生产成本，B 国是一个小麦进口国，但 A 国却没有，因为 A 国的土壤中钾肥含量丰富。

（1）绘制并解释一个适当的经济模型，以说明钾肥价格上涨对 A 国和 B 国小麦价格、生产、消费和贸易的影响。

（2）解释从 A 国进口的小麦会受到怎样的影响，如果 B 国的人们减少小麦的摄入量，转而购买价格更低的玉米会怎样。

6. A 地区是全国成本最低的牛肉产地。大量的牛肉被卡车运到 B 地区，那里的牛肉生产成本要高得多。大肠杆菌的爆发破坏了这一贸易模式，因为 B 区的消费者减少了牛肉的购买。

（1）绘制合适的模型，解释消费者对牛肉需求的变化对 A 地区和 B 地区之间衍生运输需求的经济影响以及对各地区价格和产量的影响。假设 A 地区的消费者忽略了这个问题。

（2）现在假设 A 地区的消费者也被大肠杆菌的爆发吓坏了。请解释各市场的消费、生产和价格将如何受到影响，以及从 A 地区运往 B 地区的牛肉数量的变化。

7. 中国是世界上最大的猪肉生产国，但也会从北美进口猪肉。中国经济每 8 年就翻一番。肉类具有正的收入弹性，随着收入的增长，人们会购买更多的肉类。

（1）绘制并解释一个适当的经济模型，以说明中国收入增加对猪肉进口、生产和消费以及北美和中国之间运输需求的影响。

（2）想象一下，如果美国玉米产区发生严重干旱，北美用于养猪的谷物价格将翻倍，这将如何影响你以前的模型？（可以画一个新的版本）。

8. 经济学家普遍认为，一个国家从邻国进口商品要比试图在所有消费上自给自足要好得多。

（1）用一个合适的图表来解释贸易理论的收益，以及即使是在生产所有产品方面拥有绝对优势的国家，如何通过与邻国进行贸易而获益。

（2）加拿大拥有受过良好教育的劳动力和发达的工业经济，专注于原材料（如木材、小麦、石油和铜）的出口，进口大量生产的制成品（如服装）和专门的医疗设备（如核磁共振成像）。一些政客想把加拿大变成工业品出口国，而不是原材料出口国。解释为什么赫克歇尔—俄林定理中预测了我们目前的贸易模式不太可能改变。

第四章
可变比例定律与规模经济

　　本书第二章所讨论的运输服务的需求函数是给定特定价格的一组数量偏好，它也被描述为一组为不同数量的运输服务付费的意愿。从技术上讲，需求量是给定价格的函数。其他条件不变的情况下，通过这种关系我们可以画出需求曲线，这种方法将消费者拥有的偏好集的概况抽象化，但在此阶段这一简化是必要的。对于价格的实际设定，有必要推导供给曲线，本章的内容构成了这一问题的基础。

　　从最简单的意义上说，企业的供给决策是基于其商品或服务的销售价格，以及生产这些商品和服务的成本。销售价格是由供求关系决定的，而企业在一定程度上可以控制生产成本。因此，作为供应决策组成部分的生产成本是本章关注的焦点。

第一节　直接成本

　　大多数生产成本由公司直接承担。运输承运人面临他们使用的生产要素的直接成本：劳动力工资；支付给资本的款项称为利息；对土地使用的补偿，称为租金；给生产过程组织者的报酬，被称为企业家应得的正常利润。具体项目的成本，如燃料、电力、电话等，可以简单地合并为资本部分。生产的间接或外部成本将在第八章中讨论。

现在，我们可以推算出使用的因素和生产产出之间的关系，这被称为生产函数。具体为：

$$Q = f(K, L, N, E) \tag{4-1}$$

其中：Q = 产出，K = 资本，L = 劳动，N = 土地，E = 企业家才能。

应强调的是，运输服务这种生产功能是企业特有的，它从运输过程中抽象出其他直接物流成本的存在，但这些成本不是由承运人承担的。例如，货物需要托运人在取货前进行包装，以及在取货时与承运人和接收者安排条款的交易费用。在长途出行中，乘客在飞行时间和购买行李方面也面临着类似的时间成本和交易成本。这些直接成本的例子适用于托运人和旅客，但不适用于承运人，不过该成本仍然是运输过程的直接成本。因此，上述生产函数中的产量（Q）不包括托运人和乘客的直接成本。它是上述承运人的产出，而不是用于货物运输或行程的生产函数。

关于 Q 的最后一点是关于它的度量单位，有两种选择：（1）特定时间段内的出行次数；（2）特定时期内的总有效载荷。显然，第一种选择没有突出不同的重量或配置的每个行程发生，而第二种选择没有表明多少次总有效载荷被移动。在短期内，除了在比较不同的生产函数时应保持的一致性外，使用哪种度量方法并不重要。长期来看，技术和相对价格的变动可能会导致这两项指标出现一些分歧。

产出是企业供给市场的数量，如果我们假设不允许积累库存，则成本和产出呈函数关系（见图 4.1）。图 4.1（a）展示了当不同单位的要素发生变化时生产函数的对应曲线图，如雇佣劳动力并使得其他各个要素分别增加固定数量后生产函数的变化情况。企业的产量（Q）的另一个名称是总产量（TP）。为了简单起见，我们假设产出只来自两个生产要素，资本和劳动力。此外，假设所有因素的质量都是不变的，即第 1 名雇佣的工人和第 150 名工人一样聪明和熟练。有了以上假设，图 4.1 中（a）的生产函数的形状就可以理解了。

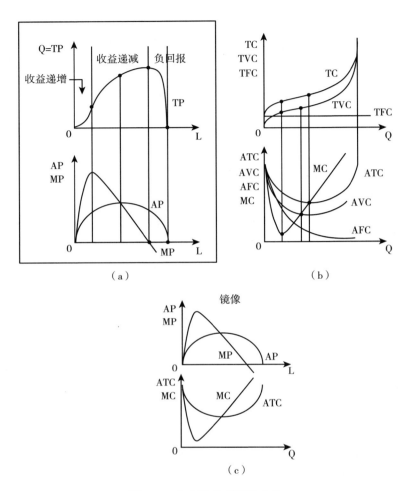

图4.1 生产的成本函数曲线

考虑下面的故事。假设一家公司收购了一项载货量少于卡车运量的业务。在这种操作中，提取部分货物并运送到一个终端，将货物与去往一个共同目的地（另一个城市的终端）的其他发货人的货物进行分类。航站楼已经配备了工作人员，但该公司还没有为车队雇佣司机。增加一个劳动单位（即司机）意味着卡车可以上路，运送小货车和货物。这种产出增量设为边际产量（MP）。

在一段时间内，雇佣的司机越多，卡车公司的回报越多，路上每多开一辆卡车，就会比之前的卡车贡献更多的产出。为什么？有两个原因：（1）道路上有更多的卡车意味着整个车队有更多的选择，如有更多的机会进行联运，并提供更频繁的提货和送货；（2）即使车队里所有的卡车都在使用，额外的司机（即公司拥有的卡车数目少于公司聘请的司机）也会让卡车24小时运转。生产函数以递增的速度增长。当然，收益增长不会永远持续下去。一段时间后，雇佣额外的司机将导致产量的增加，但每次增加的幅度将小于上一次，这被称为收益递减。在此产出范围内，平均产量（AP）达到最大值并开始下降。

现在雇佣了足够多的司机来保证车队每天24小时在路上行驶，雇佣一个额外的司机将会挤兑其他的司机，这意味着每一个额外的司机将会增加越来越少的产量。想想那些被雇佣的额外司机，他们是和其他司机一起坐在卡车上的替补司机。每个替补司机都作好了随时接手的准备，或者可以帮助装卸货物。替补司机的工作效率看似很高，但因为他不开卡车，所以他的工作效率不如司机。有人可能会说，当第一个司机感到疲劳时，应该用替补司机来接替他的位置，但我们已经假设指定所有因素（例如：司机）的质量是恒定的。

在收益递减的范围内，生产函数曲线（TP）以递减的速度上升。最后，随着越来越多的司机加入，不仅每一个额外的司机的生产力都不如前一个，而且司机的数量太多以至于整个车队的产量开始下降。每辆卡车上都有过多的替补司机，以至于司机无法正常驾驶，或者由于极度拥挤而导致视野问题，卡车无法快速移动。这种情况被称为负收益，表现为生产函数以递增的速度递减。

这概述了一种假设的生产反应：卡车公司一开始没有司机，因此产量为零，直到雇佣了太多司机，妨碍了彼此的行动，产量再次降至零。由此，一个企业的所有成本函数都可以在图4.2（b）中推导出来。

从图4.2（a）中我们可以用同样的故事来分析图4.2（b）中的成本函数。首先，应该注意到直接成本分为可变成本和固定成本。因为资本因素（卡车车队）是固定数量的，它的成本是固定的，因此总固定成本（TFC）函数是一条水平线。劳动力因素（司机）可以是企业希望的任何数量，因此其成本是可变的，由此给出了总可变成本（TVC）函数。TVC函数的形状遵循与生产函数（TP）相同的推理，只是前者是从成本的角度

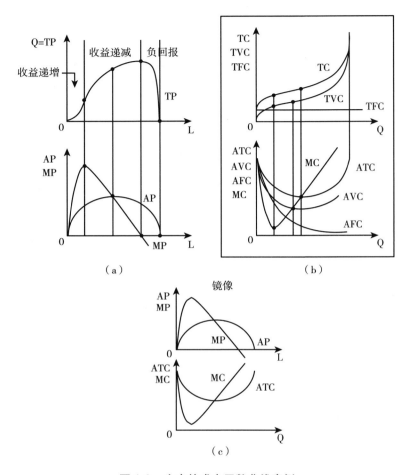

图4.2　生产的成本函数曲线案例

进行叙述。随着收益递减，可变成本以递增的速度增加。

　　图4.2（c）中可变成本和生产率之间呈负相关。在收益不断增加的范围内，第一个司机产生两单位的产出，而第二个司机产生三单位产出，使生产率更高。边际产量从2Q/L增加到3Q/L。这些比率的另一种写法是Q/（1/2）L和Q/（1/3）L，这意味着第一个单位的产出只需要一个司机生产效率的1/2，而第二个单位的产出在司机生产效率的1/3时，其所需要的成本更少。由于这些司机按单位生产率获得同等报酬，因此1/3的生产率成本低于1/2。当TP以递增的速度上升时，劳动力的TVC自然也在上升，但上升的速度是递减的，因为每一个额外的驱动更有效率，因此每单位产

出的成本更低。

在技术效率达到峰值（最大 MP/最小 MC）后，收益开始递减。增加一名司机所增加的生产力越少，这意味着每一单位额外产出的成本越来越高。因此，TP 以递减的速度上升，TVC 则以递增的速度上升。

在负相关的范围内，TVC 函数将向后弯曲（图 4.2 中未显示），表示成本上升而产出下降，但该部分曲线与我们此次的研究无关。了解了 TVC 函数后，总成本（TC）函数就是 TVC 和 TFC 函数的垂直加总，如图 4.2（b）所示。

在这一点上，人们可能会想知道最优的雇佣劳动力水平是多少，由此得出最优的产量是多少。这个图不适合回答此问题，因为公司的目标被假定为总利润最大化，总利润就是总销售收入减去生产 TC。我们还没有指定总收入，所以在这一点上无法确定利润最大化的产量水平。然而，最优的生产水平总是会出现在收益递减范围内的某一点。

平均成本曲线是由总成本曲线除以生产量（Q）得到的。在图 4.2（b）的下半部分，平均固定成本（AFC）、平均可变成本（AVC）、平均总成本（ATC）均是以这种方式得到的。边际成本（MC）函数表示与每增加一单位产量相关的增量成本。

图 4.2（a）中通过显示 AP 和 MP 与 MC 和 ATC 相比的"镜像"结果，进一步强调了可变成本和生产率之间的反向关系。注意，最低（最高）平均成本（产量）发生在边际成本（产量）函数交点处。这是经济效率最大化的点，但不一定是短期内利润最大化的要点。综上所述，企业利润取决于产出的价格与生产成本。从长期来看，企业可以调整到最大经济效率和最大利润重合的点。

第二节　规模经济

对生产率和成本的分析在使用固定要素的同时也使用了可变要素。如果一个或多个要素是固定的，企业就处于短期生产过程内。如果所有要素都是可变的，那么生产周期就称为长期。在上面的例子中，一个卡车公司有车队规模的固定资本，同时可以雇佣额外的劳动力（司机），这个故事有真实的成分，在短期内是现实的。运营商将保持资本（终端车站、车辆、办公空间等）在一定时刻比劳动力变化更小。此外，在特定的运输方式中，基础设施（道路、铁路网络、运河等）在不同的运输方式中的持续时间是固定的。

在铁路模式下，机车可以使用 20 年，而轨道可以使用 50 年。对于水路运输，运河可以无限期地使用。对于短期和长期使用，并没有给出具体的实时数据。在现实中，公司面临着大量的固定成本——从建立抵押贷款到保险覆盖，所以在短期内观察公司的运营是合理的。承运人在短期内的任务是在给定的固定要素的数量下确定要使用的可变要素的最优数量。长期分析有时被用来强调当有足够的时间来调整他们的资本结构时，公司和行业（公司的集合）如何应对市场的变化。

长期分析的一些概念（见图 4.3）。在这里，承运人现在可以改变资本的数量和劳动力使用量。在这个意义上，企业不面临产能限制，如上述讨论的卡车企业在其车队中只有固定数量的卡车。在图 4.2（b）中推导出的成本函数有一个基于固定机队规模的产能限制。但当一切要素都是可变的时，各种可能的短期成本函数能够适用于不同的资本数量和劳动力使用量。

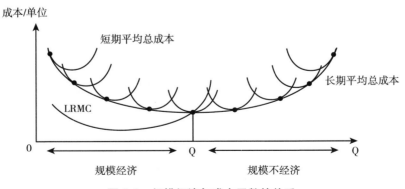

图 4.3　规模经济与成本函数的关系

长期平均总成本（LRATC）函数是所有可能的短期平均总成本（SRATC）函数的下部"包络线"。可以看到，SRATC 曲线集先是随着产量或经营规模的扩大而下降，随后开始上升。这一现象形成了"U"型 LRATC。

LRATC 的下降部分表明为一种称为规模经济的现象，而上升部分表明为规模不经济。规模经济表明，随着企业经营规模的扩大，其平均成本会下降。回想一下，SRATC 属于收益递增的范围，因为可变要素边际产量的增加使固定要素的成本更容易平摊。拥有额外的可变要素可以确定拥有固定要素的当前数量。从长远来看，规模经济导致了 LRATC 因内因和外因而下降。

内部原因是：不可分割性、劳动分工和管理费用，接下来会依次说明。资本的不可分割性可能存在，例如，由于一艘新的超级油轮的大小被固定，它的有效使用需要增加石油运输规模的支持。但随着规模的增加，油轮的平均成本下降，因为它被有效地利用了。在本书第一章中有首先提到劳动分工导致了平均成本的降低，因为随着企业扩大产能，生产过程自然会被分解成更专业化的部门。劳动分工带来的生产率提高使得劳动力的平均成本下降。最后，随着生产能力的扩大，广告等日常开支的平均成本下降。因为使用报纸广告的成本是不变的，如果公司规模大、产量多，就更需要广告。

外部经济的原因是由于一个企业的平均成本下降导致该行业所有其他企业的平均成本也下降。例如，在一个工业园区出现一家额外的公司，可能将促使政府修建一条平坦的道路，因为这将有助于降低该地区所有公司的运输成本。生产总成本也将更容易被平摊，这意味着平均成本将下降。另一个例子可能是，更多公司的存在给所有公司带来了更强的研究和开发的激励。从某种程度上说，行业中投入更多的时间和努力会带来更多的技术进步，使所有的公司都将受益，这就证实了额外支出的有效性。

当然，当 LRATC 上升时，就出现了规模不经济，这既有内部原因，也有外部原因。其中一个内部原因可能是公司现在太大了，以至于它的许多部门都被要协调困难官僚"繁文缛节"的形式所拖累，导致生产的平均成本增加。其中一个外部原因可能是，该行业的公司数量太大，交通基础设施变得拥挤，从而提高了所有公司面临的成本。应指出，规模经济和规模不经济的外部原因显然不是企业直接成本的一部分，把它们包括进来只是为了便于对这一现象有一个完整的认识。

特别是在运输经济学中，LRATC 很可能不会是一个平滑的曲线，而是连接每个 SRATC 之间的点（见图 4.4）。由此产生的 LRATC 将表现为"块状成本"。基本上，运输设施只能以离散的数量进行扩展。换句话说，成本最小化只能通过技术上确定的资本扩张增量来实现。例如，希望扩大机队规模的航空公司受到现有飞机尺寸的限制。这种模式越是面对离散因素成本，就越是存在块状问题。

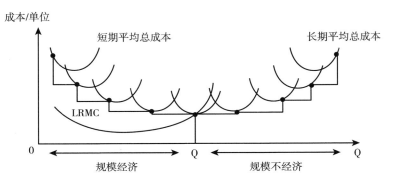

图 4.4　运输经济学中的规模经济表现

例如，铁路运营扩张涉及的固定成本支出比卡车运输公司的要多。当铁路的扩张可能涉及铺设新轨道或扩建场站时，卡车运输公司更容易租赁车辆（在公共道路上使用），并可以设立"集散点"，而不是建造新的终点站。通过这种方式，卡车运输公司可以比铁路公司更容易以较小的增量扩大其业务。这种不一致带来了一个棘手的政策问题：在基础设施或服务供应过剩或不足的离散选择中，应该选择哪一个优先解决？投资决策将在本书第十一章进行更全面的讨论，而不可分割的例子将在第九章引入高峰负荷定价时讨论。

在某些情况下，规模经济或规模不经济在长期成本函数中都不存在，这意味着企业规模的扩大既不会增加也不会减少现有成本的负担。如果是这样的话，生产就会呈现出规模报酬不变，LRATC 保持不变，如图 4.5 所示。在某些运输方式中，预计会有固定的规模回报。例如，车队中的每辆车都有一个容量约束，这意味着增加另一辆车只会增加车队的成本。正如 $SRATC_2$ 所看到的，当超过后一条曲线的产能约束时，车队的成本高于 $SRATC_1$。

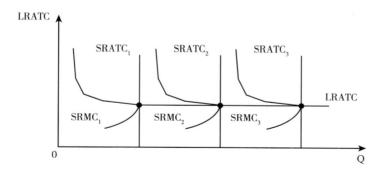

图 4.5　规模报酬不变条件下的 LRATC 曲线

　　每一辆车的有效利用将实现沿 LRATC 功能的成本最小化，此时车队中的所有车辆都在满负荷运行。规模报酬不变是在增加额外车辆不能更有效地使用现有车辆时存在的。最好的例子是卡车运输和海运。备用车辆只有在车队中所有其他车辆都满负荷运转且公司预计对额外服务有足够需求时才会投入使用。

　　对于散货船的船东来说，在额外的船只投入使用之前，他们才有可能利用最大的运力，因为当船只在独立的航线上运营时，船只的成本非常高。因此，在图 4.5 中，一旦舰队达到最低 SRATC 时，舰队将处于满负荷状态，当一艘新船加入舰队时，其适用于新的 SRATC。对于远洋班轮公司来说，规模报酬不变的假设是合理的，因为现有船只的成本结构不会因另一艘船的投入而改变。请注意，这与其他模式进行对比时，如航空，会有允许夹层的可能性。当另一辆车上线时，额外的流量可以分布在整个网络中。

　　规模报酬持续增长的趋势也会影响运输行业的竞争结构。如果一种运输方式在相对较少的车辆情况下达到规模报酬不变，那么该行业的结构就会更加异质性，导致非常大的公司和非常小的公司会同时竞争。例如，在卡车装载（TL）中，车辆将以点对点的方式被调度，并与车队中的其他车辆交互的范围最小。因此，只有 10 辆卡车的公司能够在拥有 1000 辆卡车的竞争对手的市场中生存下来。在管制放松的市场中，包租巴士和出租车表现出同样的特征。

　　值得记住的是，增加、减少和负收益是短期概念，意味着当至少一种生产要素是固定的时候，生产率和成本会发生变化。回想一下本书对短期概念的讨论，即在车队的容量限制达到峰值时，能否增加收益取决于每个司机在车队使用中创造的效率增益。规模经济、规模不经济和规模报酬不变是一个长期概念，适用于没有固定生产要素的企业，可以帮助调整其经营的整体规模。

练习题

1. 拥有少于 20 辆或 30 辆卡车的小型卡车运输公司能够与拥有更大车队（超过 500 辆卡车）的卡车运输公司竞争。

（1）绘制一个适当的经济模型并解释说明卡车运输市场的成本结构，以及小型车队的承运人如何能够与大型车队的所有者竞争。

（2）在对经济模型的讨论中，请你解释为什么当载货不足时，市场没有表现出同样程度的竞争。

2. 在不受管制的运输市场上，铁路、航空、海运、卡车和零担（LTL）卡车之间的竞争对手数量差别很大。

（1）绘制一个恰当的经济模型（或多个模型）并解释说明为什么在某些运输方式中，如航空公司和 LTL 卡车运输，公司数量很少，而在另一些运输方式中，如卡车运输，公司数量很多。

（2）请你解释并描述内部和外部经济如何影响行业的结构和位置。

3. 资本投入就像飞机一样，有着独特的大小，这使得 LRATC 曲线"凹凸不平"。

（1）绘制一个合适的经济模型（或多个模型）并解释说明这意味着什么，以及为什么这些投入可能被认为是不稳定的。

（2）描述为什么不稳定的投入不是收益递减的原因？

第五章
成本经济和可追溯性

　　从理论上讲，运输的直接成本可以分为固定成本和可变成本两种。但是在实践中，因为一些联系是间接的，因此成本很难追踪。例如，当一个流程具有多个产出时，很难为每个投入确定合适的成本份额。

　　生产职能的管理也可能涉及成本。管理人员将根据设备的大小、网络的组织和活动的不同进行变动。这些变动可能会对成本产生重要的影响，因为它们涉及效率问题。在运输方面，规模经济是一个具有误导性且不完整的术语，因为经营的"规模"可以通过多种方式实现。规模的优势可能来自车辆尺寸、车队规模和范围，距离与重量关系，以及成本关系。以上概念本章将逐一解释。

第一节　经济成本

一、车辆尺寸

车辆尺寸经济性的出现，是因为随着使用的车辆尺寸的增加，其体积

（容量）的增加幅度大于其表面积的增加幅度。这就是所谓的平方—立方定律（SCL）。最简单的解释是：考虑一个空的 3×3×3 单元立方体，如果所有边都翻倍到 6×6×6 单位，其表面积将从 9 平方单位增加到 36 平方单位，体积将从 27 立方单位增加到 216 立方单位。由此得出，当所有边长增加一倍时，其表面积将增加四倍，体积将增加八倍。

　　基础设施与材料的物理约束限制了 SCL 在运输方面的效益。然而，如果车辆的占地面积以平方的速度增加，而体积以立方的速度增加，那么所有的交通方式都可以从中受益（见图 5.1）。图 5.1 中（a）和（b）中的两个区块说明了这一点。虽然面积和体积都有相同百分比的增长（12.5%），但在（b）使用（a）后，其面积增加了 50 平方单位，体积增加了 500 立方单位。

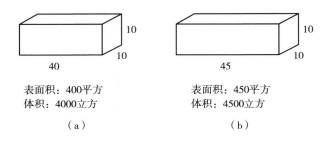

图 5.1　车辆尺寸经济性模型示意图

　　对于大多数运输车辆来说，单位容量的建造成本随着车辆尺寸的增加而下降。也就是说，它们的平均总成本（ATCS）相对于容量也下降了。当制造运输设备（如容器、管道、飞船或船体）所用材料增加了一倍时，其承载能力就会增加一倍以上。与此同时，发动机和控制系统的成本可能增加不到一倍。

　　劳动力成本的节约是汽车规模经济的另一个来源。在容量增加的同时，操作员或船员的数量不需要增加与容量相同的数量。在北美常见的四种卡车配置（见图 5.2）中，不管拖车有多少辆，这辆卡车只需要一个司机。根据最近一份关于加拿大卡车运营成本的报告，单辆双拖车的运营成本仅比单辆半拖车高出 25%[①]。在载荷加倍的情况下，对于更大的车辆来

――――――――――

① 加拿大交通部，加拿大卡车的运营成本。

说，每吨/公里的潜在节省可高达35%~40%。

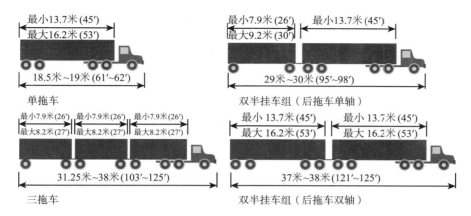

图5.2　北美常见的四种卡车配置尺寸

　　车辆尺寸带来的经济效应也具有一定的局限性，因为在"大"增加销量获得收益的同时，也更快地推高了成本。例如，技术可能无法提供体积更大但燃油效率更高的发动机；港口、机场和公路面临机动性限制；海上航线可能会有吃水吨位的限制，要求更迂回的航线①；而且，考虑到车辆一次可以运输较多货物，集运的终端成本可能会变得更大。例如，越来越大的远洋集装箱船舶装卸需要越来越大的起重机。这些船还需要更大的内陆地区来服务，这可能会影响总运输成本的陆基方面。具体来说，大型船舶通常需要从更大的半径范围内提取更多的货物。

　　限制车辆大小的另一个因素是监管。在卡车运输中，车辆尺寸的经济性是非常重要的，因此在每个管辖区，每个行业都会不断施加压力来放宽长度和重量限制②。与卡车尺寸相关的长期平均总成本（LRATC），在达到最小成本点之前被截断，如图5.3所示。虽然利用LRATC限制车辆大小的

　　---

　　① 超过200000载重吨（dwt）的油轮被归类为VLCC（超大型原油运输船），而超过300000载重吨的油轮被归类为超大型原油运输船（ULCC）。海盗号（Jahre Viking）是有史以来建造的最大ULCC，载重564763载重吨，于1979年在日本住友的追浜（Oppama）造船厂建造。由于吃水大于2米，ULCC无法通过马六甲海峡或苏伊士运河，并且必须比VLCC船舶航行得更远。2005年，中国委托了一艘30万载重吨的ULCC，这是当时第一艘如此大尺寸的新船。
　　② 如果不拓宽街道，卡车就无法扩大宽度。同样，它们的高度不能超过现有的桥梁和隧道等基础设施所允许的高度。

方法看上去效率不高，但是 LRATC 只考虑卡车公司的小范围运营成本而非全部社会成本。如果将道路损坏的额外社会成本和对其他道路使用者的负面影响包括在内，那么社会有效的车辆限制将小于根据卡车经营者的私人成本所定的最优尺寸。

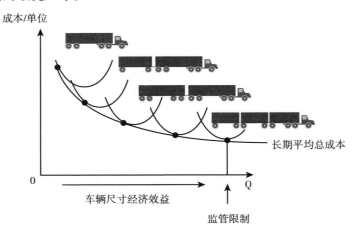

图 5.3　车辆尺寸与规模经济

二、车队规模

上文已提到车队规模的经济性，当所提供的另一辆车更有助于有效利用车队中的现有车辆时，更存在这种经济性。不同形式会带来不同的经济性。例如，允许联运时，车队规模的经济性会变强。

卡车运输业为车队经济性提供了一个对比。卡车运输行业涉及上门货运，而卡车每次只能处理一个发货人的货物。相比之下，低负荷（LTL）卡车运输需要同时从多个发货人那里运输货物。这些货物在位于每个主要人口中心的货物集散站提取并运送到相应集散站。TL 部门的特点是规模效益稳定，没有显著的车队经济效益，而 LTL 部门的网络经济随着车辆的增加而不断增长。

TL 运营商确实从规模上得到了一些好处。例如，大量购买轮胎和燃料可以节省开支，让总部的间接费用分摊到更多的车辆上。但同时存在缺点：拥有 10 辆卡车的小型托运商只需要为第 10 辆卡车找到负载就可以超过 90% 的利用率。一辆载有 1000 辆卡车的托运商必须为最后 100 辆卡车找到负载才能达到同样的效率。增加一辆卡车到这个行动中并没有给车队中现有的车辆带来多少好处。

LTL 公司有在货物集散地之间运行的长途运输卡车，以及在这些集散地之间运输货物的城市卡车。增加另一辆城市卡车来装载和运送货物，就像连接另一根辐条，为整个网络提供往返交通。LTL 的固定成本很高。只要整合仓库没有严重的瓶颈，那么增加另一辆车将提高车队的效率，并有助于将固定成本分摊至更多单位。

三、范围

当多产品生产的效率提高时就会产生范围经济。例如：当对商业航班的需求下降时，就会有一架飞机被迫提供包机服务；当 LTL 市场下跌时，LTL 承运人会不时地进行 TL 活动；在前往城市机场的途中，在载客量允许的情况下提供同城服务的城际巴士。

范围经济突出了劳动分工概念的必然结果。如果一个公司不太专业化，它可能会更有效率，或者有一些成本的节约。然而必须注意的是，不要与规模效应混淆。范围经济可能只存在于某些业务层面，而不存在于其他层面上。主要的定期客运航空公司利用其可用的飞机腹部空间进行货运业务，但专门的航空货运业务效果不佳。在这种情况下，利用维修基地、机场和现有货物处理设备的范围经济不足以使定期承运商主导航空货运市场，或在某些情况下维持使用其专用的货运飞机。

第二节　距离和重量

运费的递减效应。是由于运输距离的经济性，其最好的表现形式为线性总成本函数：$TC = a + bD$。其中 a 是固定单位运输成本，b 是可变成本，D 是一个关于运输距离的线性函数。在卡车运输中，a 可以被认为是与运输距离无关的终端（加载和卸载）成本，b 是运输一单位固定重量货物的额外距离的边际成本，这些可变成本包括燃料、司机成本、车辆维修和折旧。在运输业中，这些成本被称为长途运输成本。

相对于距离的运费模型如图 5.4 所示。在较长的距离上分摊终端成本 a 可以使 ATC 随着行程的延长而下降。距离的优势通过承运人之间的竞争传递给托运人，这被称为运输定价的"锥度效应"。

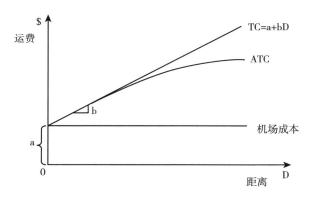

图 5.4　运输定价的"锥度效应"模型

航空出行明显受益于锥形效应。航站楼成本、起飞和降落时使用的额外燃料，以及向航空公司收取的降落费，都是随飞行距离而分摊的成本。在短途市场，"锥度效应"较小，平均座位/英里或货物/英里成本高于长途市场。然而，短途市场的需求相对具有价格弹性，因为轿车、公共汽车和卡车均是其替代品。可替代的运输方式为在短途市场保持较低的机票价格提供了一个反压力，这就是为什么区域性和短距离航空公司的表现比跨洋市场的航空公司波动更大的原因之一。

现在考虑在固定的出行距离上增加装运重量的影响。例如，当装运重量增加一倍时，燃料成本和司机成本并不会随之增加一倍（虽然这两类成本的确会增加），只有终端成本将会大幅增加。只要总成本相对于运输重量成比例上升（或更少），ATC 就会相对于重量下降。当然，一旦重量降低了车辆的牵引能力，或使码头处理货物的能力紧张，这种"经济性"就会消失。此外，如果运输护送需要使用特殊设备，或在某些情况下桥梁可能需要加固，那么超大型、不可分割的货物的运输费用就会迅速增加。

一、基础设施及交通密度

当某条线路的交通量足够大，可以从运输网络的更多选择中获益时，基础设施就会产生经济效益。在繁忙的铁路上，双轨轨道将使铁路容量增加一倍以上，因为其消除了方向之间的冲突；也就是说，没有火车会因为路权冲突而延误。类似地，为一条车道增设两条额外车道后，双向道路的通行能力可能会增加一倍以上，因为每个行车方向都可以将中间的车道用作快速通行车道。基础设施的经济性与拥堵的成本直接相关。

零拥堵并不一定是可取的，因为密度经济是更好地利用给定基础设施的一部分。例如，关于铁路使用的维护。铁路通过增加轨道的使用来增加规模，其中的后果包括轨道基础设施 ATC 的下降。随着交通密度的增加，铁路更容易设立专业产品运输列车（例如，煤炭或粮食运输），并允许更频繁的调度，这对易腐货物的运输尤为重要。但是，由于高密度造成的维护成本，以及额外交通管理造成的协调成本的增加，经济性的限制由此产生。

二、网络效率

交通网络的辐射结构将范围经济、规模经济和密度经济联系在一起（见图 5.5）。标号为 A、B 和 C 的三个枢纽由多个辐条相互连接。公共辐条将各个枢纽连接起来。从图中可以看出，从 x 到 y 的运输不会直接发生，更确切地说，x 轮辐上的乘客或货物将通往 A 枢纽，然后从 A 枢纽沿着公共轮辐到达 B 枢纽，从 B 枢纽继续运输至 y 轮辐完成出行。

范围经济是一个运营商比多个运营商提供点对点服务更经济地服务于这一范围的目的地。服务该网络的运营商可以使用更大的飞机机队，实现更好的利用率、更好的管理、更容易处理天气事件等。中心辐射模式将交通（或密度）集中在枢纽上，增加了从 x 到 A 的载客量，因为乘客或货物可能会从 A 的多个方向出发，这充分利用了现有车辆尺寸的经济效益。同样，从 x 到 y 的运行可以吸引货物或乘客，例如，从 A 到 B 的运行，或从

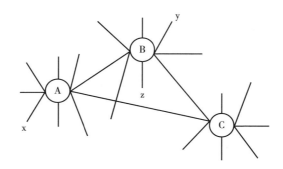

图 5.5 交通网络的轴辐结构示意

A 到 z 的运行。当然，较大的车辆用于枢纽到枢纽的运行，而较小的车辆可能用于辐条，实现了车辆尺寸的经济性。尽管由于枢纽的连接，乘客和货物面临更长的运输时间，但与只有点对点服务的情况相比，小地区的居民可以以更低的成本访问更多的目的地。

中心辐射式运输网络的例子可以在航空公司、LTL 卡车运输和快递服务中体现。LTL 卡车运输公司的枢纽可以是联合仓库或"交叉码头"。交叉码头是长而窄的结构，卡车在指定的槽位两边备用。当货物通过码头时，货物被分拣并装载到适当的目的地。

美国航空公司在 20 世纪 70 年代末放松管制后立即采用了中心辐射式系统，个别航空公司选择了能够占据多数登机门并减少竞争的机场。廉价航空公司以更快的点对点服务挑战了这些"堡垒"枢纽，它们的一个优势是停留时间更短。如果我们假设一排飞机在三个小时的时间内汇聚和离开一个枢纽，那么在地面上的平均时间是 1 ~ 1.5 小时。这段时间是必要的，因为乘客需要换行李，需要走到终点站去转机。相比之下，只提供点对点服务的西南航空公司（Southwest Airlines）平均周转时间为 20 分钟[1]。这些更快的周转时间允许折扣公司为每架飞机每天多完成一次飞行。考虑到飞机的资本价值和机组人员的工资需要保持不变，更高的利用率所带来的额外收入将使得折扣商在这些点对点航线上提供比枢纽运营商更低的票价。

---

① 凯文，佛里伯格，杰克，等. 西南航空公司商业和个人成功的疯狂秘诀 [M]. 纽约州：百老汇图书，1997.

传统航空公司正在努力与廉价航空公司竞争，但中心辐式系统不太可能消失。相反，大型网络枢纽正成为专门提供国际服务的枢纽，长途航班更青睐波音和空客制造的宽体飞机的经济效益。希思罗机场（伦敦）、赤鱲角机场（香港）和奥黑尔机场（芝加哥）等全球航空客运枢纽充满活力，并在各自的地区占据主导地位。

在海运产业中，一个新的中心辐射型网络正在形成。随着集装箱多式联运船舶规模的不断扩大，其吃水和市场需求已接近港口规模的极限。超过 8000 标箱的集装箱船舶降低了航线运输成本，但这意味着其需要从单个港口卸载更多的集装箱。只有少数几个地点，如洛杉矶/长滩港口，有足够的空间或经济腹地，能够吸收这些后巴拿马型集装箱班轮现在运载的货物①。在东海岸，巴哈马自由港已经建立了集装箱枢纽，大型船舶可以由此向美国东海岸和海湾港口运送货物。更多类似的发展似乎是不可阻拦的。

第三节　成本关系：联合成本、共同成本和固定成本

截至 2015 年，研究者讨论的都是运营商运营的具体直接成本。固定成本和可变成本之间的区别与模型的建立有关，并且不同因素的调整时期不同。然而，有些成本可能以功能方式相互关联。非特定形式的直接成本称为联合成本、共同成本和固定成本。对于这些成本类别，要将它们分摊到生产总成本中有些困难，这被称为可追溯性或可分离性问题。

联合成本是指生产过程中两个或两个以上要素的成本，这些要素之间具有恒定的、明确的功能关系。例如，一种联合成本将发生在货物或乘客的前、后回程运输的燃料成本中，这两个动作之间存在一对一的关系。但是，即使往返路程的总成本是已知的，也很难分离出前程和回程的成本。简单地将每段路程的总成本分成两半是不正确的，因为回程需要进行前程

---

① "曾经的码头有1200英尺的泊位，50英亩的内陆和5台龙门起重机，不能容纳当今的大型船舶。现在的码头有3000英尺的泊位，300多英亩的内陆和至少8台起重机。" 参考：Mongelluzzo Bill. Winning combination [M]. Journal of Commerce, 2005.

的运输。事实上，要想再发生一次前程，回程就是必要的。很难在前程时装载适当比例的回程燃料。据推测，燃料消耗是需要计算，但这样的数字需要了解前程运输的重量及其对车辆燃油经济性的影响。我们虽然不可能在行程的两段之间分配成本，但可以为服务精确地分配不同的价格，这将在本书第九章中展示。

如图 5.6 所示是航空业联合成本的一个例子。两种产品来自具有不同市场的航空运输（客运和货运）。就消费者而言，他希望自己的出行能够丝毫不受货物需求的影响，反之亦然。这个数字表明，对旅行的需求恰好大于对航空货运的需求。我们可以假设这两种商品的需求交叉价格弹性为零。

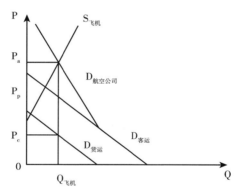

图 5.6　（航空业）联合成本下的需求曲线

航空公司的管理者们面临的问题是，乘客座位和货舱空间的固定比例来自同一宽体飞机，因此，海外航班导致了客货服务的生产。由于明确的功能关系，即乘客不会坐在飞机的腹部空间中，因此两者的成本是共同的①。航空公司通过飞行提供乘客座位和货运空间，这意味着航空公司管理者必须同时考虑两个市场。航空公司面临的综合需求曲线（$D_{航空公司}$）是客运（$D_{客运}$）和货运（$D_{货运}$）各需求的垂直总和。

---

① 当然，货物将在上层甲板上行驶，一些飞机已被改装为在通常是乘客空间的地方运送货物。这些"Combi"飞机在大多数市场上并未普及，因为每公斤乘客的收益高于货运。一个例外是在人口稀少的北极地区，全年货运没有其他选择，而且运费要高得多。然而，一旦飞机转换为 Combi 配置，乘客空间就不容易重新获得，因此无论出于何种目的，乘客与货物的比例都是固定的。

　　客货综合需求与飞机供给的交点决定了飞机的均衡数量。假设 P_a 包括总成本，客票价格（P_p）和货运价格（P_c）由需求决定。机票价格和运费率的设定独立于总成本对航班的分配。

　　如果对乘客的需求增加，其需求曲线会向右平移（$D^1_{客运}$），总需求曲线也会如此（见图 5.7）。由于机票价格上涨使需求 P_p 变动至 P^1_p，但是运费却从 P_c 下降至 P^1_c，为什么？因为，对乘客座位的需求越大，对跨越大洋的飞机的总需求就越大，以满足对乘客更高的需求。航空货运的价格必须下降，以诱使那些对航空货运的需求没有改变的人购买额外的腹部空间，这是与乘客座位联合供应的结果①。

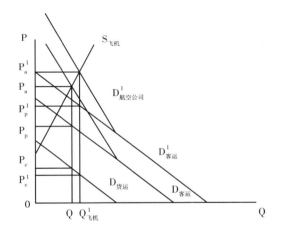

图 5.7　联合成本下需求曲线的移动

　　共同成本是指在没有功能关系的情况下，与共同消费并存的成本。同时提供客运和货运服务的铁路的维修费用是一项共同成本。目前还不清楚如何在这两项服务之间分配轨道维护的总成本。是出行比例？是轨道上的重量比例？是行程和重量的加权平均？还是占总收入的比例？对成本分配缺乏确定答案是不可追溯性的本质。

　　考虑一列由几节车厢组成的火车。如果要在不同的车场卸货，就不可

---

　　①　读者可以直接在商品市场价格中观察到具有相似联合成本的油籽（如大豆）的定价现象。大豆、豆油和豆粕的期货价格会在日报上公布。大豆压碎后以固定比例生产油和豆粕，油和粕产品价格的变化会影响原材料的价格。

能把运输成本分摊到每个单独的车厢。运输是每节车厢的共同成本。一架同时搭载乘客和货物的飞机将面临共同的成本，票务处理费用可以直接分配给旅客，码头装卸费用可以直接分配给货物。但是给飞机加油的地勤人员的工资如何分配呢？它们是不可分离的，就乘客和货物的运输而言，它们代表了这两种运输方式的共同成本。在联合成本下，生产一种商品或服务不可避免会导致生产另一种商品或服务，并且每种商品或服务的成本细目是无法追溯的。就共同成本而言，生产一种商品或服务不一定会导致生产另一种商品或服务。

联合成本模型表明（见图 5.6），可追溯性问题在实践中并不是一个真正的问题。单独的需求曲线有助于确定价格分配，即使它们不对应于生产阶段的成本比例。共同费用不容易用图解法加以处理。一个共同成本模型需要两个图表，其中一个针对每个市场，包含了生产每种商品的相同共同成本。

上面提到的共同成本的例子突出了将这些成本分配给运输用户的主观性。例如，铁路和航空使用的共同成本仍然以某种方式分配给运输公司，这是根据特定火车或飞机的实际货运费率和客票价格来确定的。一个简单的做法被称为"成本加成"，即每个用户面临的费率等于他的特定成本加上对公共成本的贡献之和。总和的后一部分显然是主观的①。

固定成本是指作为经营活动的一部分而不一定在提供运输服务时发生的一般管理费用。从便笺簿到老板办公室的酒吧库存，采购的供应品没有直接的运输服务关系。这样，当提供了多个服务，而这些服务之间的成本分配并不简单时，它们就像一个共同成本。

固定成本只是企业固定成本的一部分，其模型如本章开始时所述。它们是运营总成本的一部分，但正如下一章将看到的那样，有时竞争激烈的运输公司可能不会将这些成本完全分配给它们的用户。这就是所谓的短期损耗最小化。

---

① An appraisal of various "rules" for the allocation of common costs is provided in Talley ［W］. Transport Carrier Costing. New York：Gordon and Breach Science Publishers，1988.

第六章
供给模型的特征

供给函数可以通过指定生产或成本函数的方式来确定，并在行业内企业间竞争的基础上制定一条曲线。在本章中，我们将公司和/或行业的供给视为给定价格条件下运输服务的产量关系。固定成本与可变成本的基本比率对各种运输方式内部的竞争均有影响，而技术的独特性质造成了各种运输方式之间的差异。人们不会认为海运和民航两种运输方式会有相同的供给特征，事实上这两种运输方式的供给特征的确存在差异。

第一节　供给模型的特征

成本一般由运输公司单独承担，但供给模型反应取决于市场结构。竞争对手的数量和规模是市场供给的重要决定因素。这反过来又取决于成本和规模经济、网络经济、范围经济和第五章中涉及的其他因素。下面依次考虑每个主要模式的供给反应。

一、远洋运输

不定期运输涉及港口到港口的海洋运输（通常是干散货），费率由托运人和船东协商。这与班轮运输（如集装箱船）的固定航线和日程安排形成了鲜明对比①。不定期船运输市场竞争非常激烈，因为船东通常只拥有几艘船，而且这些船东在地理上分散。由于许多供应商提供类似的商品或服务，同时也有许多需求者希望购买这些商品或服务，所以市场竞争激烈。没有一家公司觉得有必要降价，因为降价会降低利润，也没有一家公司希望提价，因为提价会吸引顾客转而使用竞争对手的产品。

综上所述，供应的价格弹性取决于除其他因素外的企业调整，以适应市场变化的时间长度。海运公司的运营时间长度是非常重要的，因为将一艘新船上线的准备时间可能是 18 个月到两年。只有当船东确认运费是长久有利时，才会添加新船到船队中。由于在给定的时间内船舶供应是固定的，公司和行业会面临容量限制。在这类情况下，企业和行业的供给曲线如图 6.1 所示。

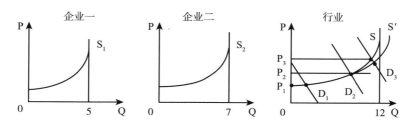

图 6.1　时间一定时远洋运输企业和行业的供给曲线

行业供给曲线是企业供给曲线的水平总和。在图 6.1 中，为了清晰起见，只显示了两个企业，但现实是这类行业的竞争性质包含许多企业。供给曲线的平坦部分表明供给即将到来，因为这些"低"利率并不会促使企业达到船队容量上限。每个船队的船只只在需要时使用，公司希望每艘船

①　班轮运输涉及在给定船只上运输许多货物，而散装运输则需处理较大的单个货物。散货船在从港口到港口装货时更容易踩踏，而班轮船及其拼装人员可以提供更高的速度和可靠性。Stopford M. Maritime Economics ［M］. New York：Routledge，1997.

的边际运量尽可能接近运量上限。在描绘行业的图中，可以看到需求从 D_1 到 D_2 的价格（或运价）变化不大，因为该行业有很多可用产能。随着工业产能的接近，从 D_2 提升至 D_3，价格急剧上升。如果企业不认为由于需求曲线的变化而导致的费率变化太不稳定，而且企业能看出明显的上升趋势，那么船舶就会被添加到他们的船队中，且供给曲线将在长期内从 S 外移至 S'。

　　海运费率的历史变化（见图 6.2）。作为一种派生需求，海运费率随世界经济增长周期涨跌。然而，正是该行业的供给反应，导致船东经历了长期的低回报，只不时出现短期的高利润[①]。

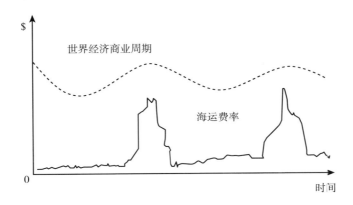

图 6.2　经济周期模式和海运费率

　　当价格较低时，供给曲线在相当大的产出区域内具有价格弹性。这是由于固定资本缺乏替代用途和船东在低价格时期所采用的策略造成的。船东有两个选择：减少可变成本或让船退役，尽量避免各种可变成本。在买方市场，卖方的机会成本很低。船东可以选择加速定期维修，从而使船舶在费率较低时停止服务。或者让船以低速航行，这样可以节省燃料，并在更多的港口停靠以寻找货物。如果船东决定"封存"该船，则必须考虑其他费用。例如，船东必须向港口支付停泊费，并可能不得不买断船员的劳动合同。这艘船的退役需要花费大量的费用，而当情况好转时，为其准备开航还需要更多的费用。因此，船东不愿退出市场，

---

　　①　实际海运费率可以通过波罗的海干散货运价指数中获得。

宁愿接受低回报。

　　注意图 4.5 和图 6.1 之间的区别。图 4.5 讨论了不定期航运业的规模收益不变（长期概念）的适用性。因此，船东在具有充裕的时间进行决策时会考虑变动船队。这是船舶供给曲线的富有弹性部分。船队的规模是固定的，而仅部署特定船只的决定取决于运价。对于给定的船队，当运量受限制时，供给曲线变得非平坦且更缺乏弹性。

　　就船舶而言，集装箱航运公司的财务状况与散货航运有一些相似之处，但它们的经济状况更为复杂。除了船舶，集装箱公司还拥有 ISO 集装箱船队。在任何时候，总集装箱数大约都是海上集装箱数的三倍。一些航运公司还拥有其他陆上资产，如集装箱码头和集装箱卡车底盘。与散货船以租船方式运营不同，集装箱航运公司在固定的停靠港口提供定期服务。

　　与散货船相比，集装箱船东之间的竞争要少一些。行业的合并减少了集装箱航运公司的数量[1]。许多公司属于有组织的卡特尔组织，叫作海运同盟。散货航运的特点是运费保持多年稳定，有时价格波动不定，而集装箱航运板块则随着大型巴拿马集装箱船和一般网络经济体效率的提高而实现多年运费的稳步下降。

　　运费不波动的原因可以归结为集装箱航运公司通过海运同盟的自我调节。这些联盟公布最低运费，并试图在需求不足时期防止"价格战"。卡特尔的经济学如图 6.3 所示，图（a）是一家有代表性的企业，单独来看，他们将不得不满足于由行业的供求决定的价格 P^*。产业供给曲线可以看作企业相加的边际成本（MC）曲线。作为一个卡特尔组织[2]，该组织可以减少供应 Q_m，迫使价格上升到 P_m。这是行业利润最大化的价格（MR = MC）。每个卡特尔成员方都被分配了减产产量的配额份额。左边阴影区域表明卡特尔成员获得的额外利润。

---

　　[1]　10 家最大的集装箱航运公司占世界市场份额的 53.6%。前 20 家航运公司占 76.9%（Journal of Commerce, 2005）。尽管这似乎不像航空公司或铁路那样高度集中，但海运同盟可以施加相当大的压力来支持运费，并且在某些航道中，个别承运人的市场份额比行业平均集中度要大。

　　[2]　卡特尔组织是垄断组织形式之一，为了垄断市场从而获取高额利润，生产或销售某一同类商品的厂商通过在商品价格、产量和市场份额分配等方面达成协定，从而形成的垄断性组织和关系。

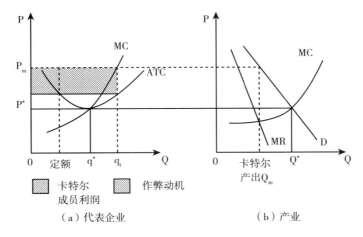

图 6.3 卡特尔模型

一个卡特尔要想成功有四个条件。第一，为组织和运作一个组织，企业的数量必须少。如果数量太多，一些公司可能会尝试"搭便车"。第二，行业需求必须是缺乏弹性的，否则不能通过减少供应来增加行业收入。第三，企业的产出必须易于监控，以确保没有企业作弊。对于那些容易隐藏产出的行业来说，配额执行不力是一个两难境地。第四，削弱该卡特尔需求的强替代品不能存在。

对于大多数卡特尔来说，除了在大多数国家它们是非法的以外，还有一个问题是其具有欺骗性的诱惑。图 6.3 中作弊动机的阴影区域表示了公司如果不遵守配额可取得的额外利润。当然，如果允许企业作弊，卡特尔的统一很快就会瓦解。

与大多数不稳定且受制于反垄断法的卡特尔组织不同，国际海运同盟长期存在，并被豁免于国家竞争监管。具有讽刺意味的是，海运同盟的持久性可能要归因于它们作为一个卡特尔的弱势。联盟没有能力提高价格，也不能阻止独立运营商进入市场。一般来说，它们被视为增加了市场的稳定性，因此它们是被允许存在的①。

---

① 来自伊拉斯姆斯大学的一个由欧盟资助的独立的五人经济团队发现，海运同盟通常没有与卡特尔相关的定价权，而且它们确实降低了海运集装箱运费的波动性。European Commission. Review of International Liner Shipping Competition and Regulation［EB/OL］. Available at the EU website，2003.

二、卡车运输

供给曲线也受制度影响。也就是说，行业和政府之间的相互作用可能对行业如何根据价格变化调整供给量产生影响。这类供给反应的一个例子可以从卡车运输业在政府加强或放松管制的制度下给出。结果是供给曲线在形状上发生"扭曲"，如图 6.4 所示。上方加粗的部分（EAB）表示监管制度下的扩张/收缩路径，而下方的扭曲供应（FAC）则表示监管放松的行业的扩张/收缩路径。

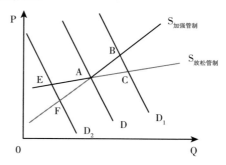

图 6.4　管制对供给曲线的影响

这里有两条不同斜率和价格弹性的线性供给曲线。较陡的供给曲线是卡车运输业短期到中期的供给响应，较平的供给曲线代表长期供给响应。由于对卡车运输服务的需求本质上是周期性的，所以卡车运输行业的运作就好像是一条扭曲的供给曲线。如果经济经历衰退（扩张），对卡车运输服务的需求必定会下降（扩张）。为了理解政府法规如何影响卡车运输的供应响应，我们需要回顾一下用来控制其内在不稳定性的机制。

卡车运输业本质上是不稳定的，与铁路、航空和海运相比，这是一个不需要太多资本支出就能进入的行业。从 20 世纪 30 ~ 80 年代，北美卡车运输业的监管体系是建立在公平对待所有运输方式的基础上，并阻止那些具有破坏性的竞争行为①。

---

① 关于法规对卡车运输业经济性影响的详细探讨：Felton，John Richard and Anderson，Dale G.（eds.）. Regulation and Deregulation of the Motor Carrier Industry［M］. Ames，Iowa：Iowa State University Press，1989.

　　监管的影响之一是其在进入巨大的壁垒之后，鼓励了数量更小、规模更大的卡车公司的成长。为了让新进入者获得"运营许可"，即在特定地理区域内提供特定租赁服务的许可证，新运营商必须证明他们的服务符合公众利益。实际上，这就意味着新的货运公司必须在一个准司法程序前招揽托运人来证明他们所得到的服务是不充分的，因此他们需要新的货运公司。在"公共便利性和必要性测试"下，现有的卡车公司只需要证明他们已经提供了足够的服务，申请就会被拒绝。

　　无须多说，几乎没有新的卡车经营商被授予运营许可，卡车运输公司通过收购竞争对手和合并运营机构而变得更大。因此，规模较大的公司可以聘请一群律师来保护它们的准垄断地位不受新进入者对竞争性运营机构申请的影响。当然，受监管的卡车运输业为有组织的劳工提供了一个机会。以更高的工资和福利形式，榨取受保护市场创造的部分超额利润。

　　在 20 世纪 80 年代监管体系被废除后，新的准入条件变成了"适合、愿意和有能力"。从本质上讲，任何有财力购买和投保卡车的人都可以获得在该国境内运送任何货物的许可证。许多大型卡车运输公司陷入破产，因为涌入市场的低成本、没有工会的小型运输公司带来了激烈的竞争①。

　　假设就行业而言，图 6.4 中经周期调整的需求曲线 D 被认为是永久性的。从 A 点开始分析，该点代表了该行业在长期内预计将保持的位置。首先，将考虑卡车运输服务市场的暂时扩张，需求曲线从其永久位置 D 周期性地转移到 D_1（经济繁荣时期）。在监管制度下，政府授予的经营权限阻止新公司进入该行业，与现有的卡车公司竞争。它们提高运价的速度要快于提供额外服务的速度，这一点在供应曲线的陡峭部分可以看出。监管保护允许老牌公司向上协调运价，同时增加一些新的运力。

　　在放松管制制度下的繁荣时期，卡车运输行业将以较低的价格提供更多的服务，如图 6.4 中的点 B 与点 C 所示。原因在于没有了限制经营许可

---

　　① 在美国，解除对卡车运输的管制完全是为了消除卡车司机联盟的权力。据估计，货运工会每年增加超过 50 亿美元的货物运输成本。在这方面，放松管制的效果很好。只有大型 LTL 承运人仍保持高度工会化。该模型的含义是，放松管制的扭曲供给曲线应该分开并向下移动，以允许放松管制的卡车运输行业的成本基础较低。

证的政府繁文缛节，新的公司可以迅速进入这个行业，现有的公司可以购买更多的卡车上路。与受监管行业相比，这种竞争使得运输价格不会快速上涨，因为扩张的路径遵循的是更平坦的、长期的供应反应。

需求曲线平移至 D_2 表示暂时出现需求收缩（经济衰退时期）。在监管制度下，费率下降的速度比提供的服务下降的速度要慢。受监管的行业沿着较平坦的长期供应曲线收缩到 E 点。受监管公司可以很容易地缩减其业务，通过减少一部分车队服务而安全度过经济衰退，因为他们只有几个竞争对手，如果看到自己的竞争对手做同样的事，他们也会满足于停放几辆卡车。相比之下，在经济衰退期间，由于许多小型运输公司之间存在竞争激烈，解除管制的卡车运输公司会面临着费率的大幅下降。

将 E 点与 F 点进行比较，小型运输公司有动机希望，只要运费保持在平均可变成本之上，它们就能存活以度过经济衰退；只要企业能够弥补固定成本，就可以通过持续经营避免"最小化损失"。这导致了竞争性的降价，同时提供了比受监管行业更多的服务，因为它们正在收缩至更陡峭的短期供应曲线①。如果这种"暂时的收缩被证明是永久性的"，解除管制的市场的最终均衡可能会停留在 E。这是卡车运输业的长期供给曲线，原因是，更多的小型运输公司将被迫退出市场，而竞争的减少将迫使价格升至这种新的长期均衡水平。

三、客运巴士、海运和航空旅游运营商

航空包机、巴士包车和海洋游轮运营商试图通过产品差异化竞争运输主需求。旅行社通过提供不同的酒店和娱乐，选择特色风景或承诺不同的体验以吸引消费者。以广告、包装、保修、特别折扣或捆绑为基础，通过产品差异化进行非价格竞争的企业被称为垄断竞争企业。包租旅游产业的

---

① 该模型资料来源：Prentice B. The Stability/Efficiency Trade-off：Policy Implications for For-Hire Trucking ［EB/OL］. Canadian Transportation Research Forum：Proceedings，1994：494 – 507. 值得注意的是，小型独立卡车司机与农民有很多共同点。拖拉机拖车可以代表卡车司机财富的很大一部分，以及相应的收入来源。考虑到卡车和农场一样，都有部分资金，卡车司机不仅会失去工作，还会失去卡车上积累的首付或资产价值。因此，卡车司机和农民一样，将忍受相当长一段时间的低收入经营。

供给具有垄断竞争的特征。

　　一个具有代表性的旅行团经营者模型如图 6.5 所示。垄断竞争企业容易出现产能过剩，这类企业的长期均衡发生在 A 点，此时边际收益（MR）等于 MC，竞争均衡出现在 B 点，产出的差异就是企业的过剩产能。有耐心的消费者可以利用旅游业的长期过剩产能这一点。等到出发前才预订行程，或者在圣诞节等节假日期间选择旅行时间，因为临近出发时间旅行社会试图通过大幅折扣填补空座。

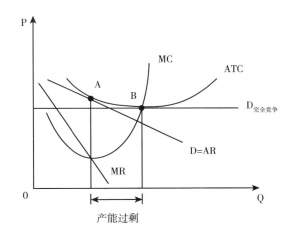

图 6.5　旅行团经营者模型

　　通过向下倾斜的需求曲线可以看出，由于非价格竞争和产品差异化，垄断竞争企业具有程度较弱的市场支配力。公司的产品差异化越大，其需求曲线的价格弹性就越小。公司有进入这个行业的动机，直到代表公司所给出的所有利润被降到零。当企业进入时，其试图模仿竞争对手的产品，这有助于增加企业需求的价格弹性，直到达到点 A。

　　每个垄断竞争企业的供给函数用 MC 曲线表示。将差异化产品的提供加总成供给曲线，这在技术上可能是不正确的，但游客供给的差异可能小于制造业产品，如汽车或其他消费品。

四、管道、铁路和航空公司

　　管道、铁路和定期航空业这类行业并不像经济学家所严格分类的那样以竞争为特征。竞争行业的特点是众多公司为众多消费者生产统一的产品，各方都在信息近乎完备下运作，没有进入和退出的障碍。铁路和航空并不符合这种情况，因为北美航空和铁路行业的参与者相对较少，如果竞争环境发生在这样一个行业，那么市场地位的争夺会被认为是暂时的。

供给曲线是价格和供给量之间一一对应的关系。由于对任何给定数量的铁路或航空服务都可能有不同的价格，因此不存在供给曲线。根据将在第七章中介绍的垄断模型，这一现象在管道和铁路中表现得最为明显。航空业的行为可以看作是与中心辐射型网络的竞争。

大型"全面服务"航空公司通过枢纽机场建立航线，以节省成本。然而，另一种现象可能在起作用。航空公司分析师已经验证了所谓的 S 曲线的存在和不存在。假设一家航空公司在运力和频率方面能够控制一个枢纽市场，那么它将在客运/货运中占据不呈比例的份额。例如，如果占主导地位的航空公司提供 60% 的可用航班，那么它可能接收 70% 的可用旅客/货物。这样一来，竞争的最终结果就是一个航空枢纽往往被一家航空公司垄断。

S 曲线现象（见图 6.6）。这条 45 度线的结构显示了航班份额等于交通份额的所有点。请注意，S 曲线在总航班份额为 x 时通过 45 度线。任何航班份额高于 x 的航空公司将获得更大的客流量份额。当然，在 x 的左边，航班份额较小的航空公司得到的流量份额甚至更小。

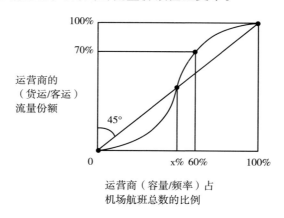

图 6.6　航空公司的 S 曲线

那么，如果存在 S 曲线，它的含义是什么？在供给方面，航空公司要么在其枢纽机场增加更多轮毂，要么在给定轮毂上更频繁地运营。这样做将使其获得越来越多的流量，并侵蚀竞争对手的市场份额。通过这种方式，单个运营商就可以控制枢纽。

商务旅行者更偏好频繁的旅行，因此他们通常会比普通旅行者支付更高的费用。对于频率最高的航空公司来说，在理想起飞时间获得座位的可能性似乎也最高。从需求方面来看，S 曲线表明商务旅行者在制定旅行计划时首先要考虑的是占主导地位的航空公司。因此，占主导地位的航空公司也会从较高的机票价格中获得最大份额。

当然，在一家航空公司成功主导枢纽之前，航空公司之间的竞争会导致过度调度和产能过剩，因为争夺主导权的斗争开始了。该枢纽也可能面临严重的拥堵问题，尤其是在最理想的到达和离开时间上。如果最终结果是支配，再加上枢纽拥堵和破坏性竞争的社会成本，那么 S 曲线的假设将为进入管制和机场着陆权的严格控制提供理由。通过这种方式，政府或机场当局只需建立一家占主导地位的公司，而无需经历竞争。

S 曲线理论有效吗？反对者有直觉性的批评。考虑一家航空公司由于容量不足而面临损失，此时该公司位于图 6.6 中 x 点的左边。S 曲线假设表明，它只是试图扩大产能，而填补空座位或货运空间的解决方案：则是提供更多的座位或货运空间。

该理论假设：出行需求将以旅鼠效应的方式流向供给，产能将得到利用。航班份额较小的航空公司可能会通过广告来吸引客户。若有三到四家航空公司占据航空市场的 20%～25% 市场份额的枢纽，那么就没有理由认为在这一范围内拥有最大份额的航空公司会对需求有额外的控制。

第二节　运输模式的比较

产业结构的比较（见图 6.7）。交通运输产业结构中的竞争结构在很大程度上受固定成本与可变成本之比的影响。每一种模式的固定成本和可变成本的细分是近似的。一般来说，固定成本的比例越高，不同模式之间的

竞争就越少。部分原因在于准入壁垒。管道建设成本需要用数十亿美元来
衡量，而购买一辆拖拉机只需 10 万美元。

按模式划分产业结构

	固定成本	可变成本	竞争水平	供给曲线的模型特性
卡车	5 20%	1 80%	1 很强	定义：LR&SR
海运	4 40%	2 60%	2 较强	定义：LR&SR
空运	3 50%	3 50%	3 中等	反应函数
铁路	2 60%	4 40%	4 较弱/地区性	反应函数或垄断
管道	1 80%	5 20%	5 无	垄断或LRMC*

图 6.7　交通运输产业结构的细分模式比较

注：1 = 最高/最多，LR = 长期；5 = 最低/最少，SR = 短期。* LRMC 在政府引导的 MC 定
价下成立。成本份额百分比是估计值，因为该问题是经验性的。

该表应强调的一个重要问题是，不能简单地将一种运输方式的管理做
法应用于另一种运输方式。这在经济学上的分歧太大，但有趣的是，各种
运输方式之间的管理横向转移并不频繁。一旦一个人在一种交通工具上开
始了他的职业生涯，一般来说，他们不会转到一种完全不同的交通工具
上。铁路和卡车之间确实存在了一些人员转变，但人们在航空、海运和陆
路运输方式之间进行重新分配的情况并不常见。

需要注意的是，适用于铁路和空运模式的供给类别是一个反应函数。
从技术上讲，反应函数本身不是供给函数，而是对竞争对手实际（或预
期）行动的数量——供给反应。这是对另一家公司的数量——供应的反
应，与之相对的是供给函数，供给函数是对公司产出的市场价格的数
量——供应反应。反应函数用于由少数参与者主导的市场，即所谓的寡头
垄断市场。寡头垄断模型在构造上很复杂，这里不作探讨。它的主要工具
之一是博弈论，将在本书第十四章中提及。寡头垄断行为通常表现为价格
战和各企业间分割市场。

图 6.8 按模式提供了属性细分，需要注意的是，数值低并不一定意味
着一种模式的效率低于另一种模式。时间、地理位置、政府监管及多式联

运竞争都可能影响托运人使用其中任何一种模式的选择。

	速度	利用率	可靠性	容量	频率
卡车	2	1	2	3	2
海运	4	4	4	1	5
空运	1	3	5	4	3
铁路	3	2	3	2	4
管道	5	5	1	5	1

图 6.8　模式属性

注：1 = 最高/最大。

这个矩阵中缺失的部分是多式联运。1995～2005 年，集装箱运输已经成为运输行业增长最快的组成部分。在图 6.8 中，你会如何对多式联运集装箱的属性进行排序？

练习题

1. 出租车行业的特点是规模收益不变。唯一体现网络经济的方面是配送服务。然而，随着通信技术成本的降低，甚至大型出租车公司的网络经济效益也减少了。尽管如此，在大多数出租车市场，该行业仍在受监管的卡特尔体系下运营，由政府机构限制牌照数量，并设定出租车价格。

（1）绘制一个合适的经济模型，并解释说明出租车行业作为一个受监管的卡特尔的运作方式。

（2）如果政府法律法规允许私人卡特尔经营，解释为什么出租车卡特尔会稳定或不稳定或失败。

2. 卡车运输业竞争力强，效率高。在经济扩张时期，卡车数量迅速增加，但在经济衰退期间，卡车数量收缩十分缓慢。

（1）绘制一个适当的经济模型并解释说明这一行为的卡车供应的性质。

（2）在你对经济模型的讨论中，请解释当经济进入像现在这样的长期衰退时，业主—经营者和他们所工作的卡车公司可以选择的管理方案。

3. 每年都有机会购买到南方太阳黑子的大折扣度假套餐。如果顾客愿意在"最后一分钟"起飞，那么这个行业长期存在的过剩产能将允许灵活的买家实现大量的交易。

（1）绘制一个合适的经济模型并解释说明为什么在包价旅游行业中的单个企业会有长期的过剩产能。

（2）请你解释像旅游包机这样的行业是如何竞争市场份额的，以及这给他们带来的优势。

4. 国际散货船协会（不定期货船）对该行业当前的价格涨跌循环模式感到不满。他们想要像航运运输公司（集装箱船）那样组成一个"海运联盟"，以确定价格和产量。他们要求你审查成立卡特尔的可行性，因为国际法并不阻止他们建立这样的组织。

（1）绘制一个合适的经济模型，并解释这个行业是否具备卡特尔组织成功的条件。

（2）散货海运公司的客户是原材料（矿产、煤炭、谷物等）运输公司，随着世界经济的扩张和收缩，这些公司的需求也会发生变化。为什么这会让卡特尔更难管理呢？

5. 干散货海运公司（不定期货船）可能经历长期稳定但价格低的时期，偶尔会经历短期价格快速上涨的时期。

（1）绘制一个适当的经济模型，并解释说明（s）海运承运人供应的性质如何导致这种价格模式，以及为什么它持续存在。

（2）请你以经济模型来解释说明船东应对价格高和低时期的管理选择。

6. 竞争航空公司之间的乘客分布不等于它们提供的航班数量。这在枢纽机场尤其如此，因为主要航空公司的客流量份额甚至大于其航班份额。

（1）使用适当的经济模型来描述观察到的现象，并解释为什么会发生这种现象。

（2）航空业没有明确的供给曲线。相反，每家航空公司会根据竞争对手的行动调整其价格和服务。请解释航空业为什么会这样运作。

7. 运输系统是建立在五个模式运输系统（航空、铁路、汽车、船舶和管道）上。每种运输方式都有其独特的特点，使其在某些应用中具有比较优势。

（1）通过对这些模式，从最好到最差的排序完成表格统计，用式子"1＝最好的解释你为什么要这样组织运输方式"，并证明你的答案。先定义式子左边的经济概念。

（2）解释为什么多种运输方式的组合或多式联运通常比单一运输方式成本更低、更可取。

8. 考虑到商业周期中可能发生的需求变化，供应弹性对运输价格的响应很重要。

（1）解释散装（不定期）海运运费率的行为（价格如何变化），如商业周期从繁荣到萧条。用一个或多个合适的图表说明你的答案。

（2）解释为什么在商业周期从繁荣到萧条的过程中，卡车运输业的运价与散装海运的运价表现不同。用一个或多个合适的图表说明你的答案。

9. 网络经济可以导致运输规模经济的增长。

解释为什么网络经济日益增长的运输方式集中在少数大型竞争对手手中；然而，在规模经济不变的运输方式下，许多不同规模的公司能够在一起竞争。使用一个或多个合适的模型来说明你的论点。

第七章
交通运输市场与竞争

前几章详细地讨论了供给和需求，这些因素在市场上的结合确定了商品或服务的价格。然而我们还需要更充分地阐述这种相互作用，因为市场本身的性质将影响需求和供应的行为。

市场的性质取决于主要参与者的反应方式。政府通过产权和合同执行对供求过程进行一定程度的控制，以规范企业进入和退出生产。行业内的公司可能会在不同程度上相互竞争。消费者的需求可能是统一的，也可能不是统一的，因为它可能被卖方分成多个子部分。从产业结构完全竞争和垄断这两个对立面中发掘定价过程是本章的重点。

第一节　完全竞争的配置效率与生产效率

在前几章中已经提到竞争导致效率，当然目前没有任何详细说明。实际上，"效率"一词的具体含义尚未提出。当我们谈到经济效率是由生产效率和配置效率两个子部分组成，我们将以此进行讨论。一个竞争实现效率的图解说明如图 7.1 所示。P^* 和 Q^* 的价格——数量组合既具有生产效率，又具有配置效率。

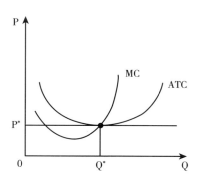

图 7.1　竞争实现效率的图解说明

生产效率简单地说是公司使用的生产过程允许它以最低成本生产任何单位的商品或服务。选择的生产要素的组合不允许更改以较低成本生产相同单位的商品或服务的方式。达到生产效率的企业将拥有一个其平均总成本（ATC）函数的最小值点等于其产出价格的工厂规模。这样公司既没有经济利润，也没有经济损失。从长远来看，该公司将获得正常的回报，并收取最低的可持续价格。虽然经济损失在短期内是可以接受的，但从长期来看是不能接受的，因为公司可以选择倒闭以消除损失①。

当企业配置生产要素，只生产消费者实际需要的商品和服务时，就实现了配置效率。更具体地说，要素分配的优先级只在于消费者最想要的商品和服务，这样，商品的供给就对应于这些商品的需求，就有了交易市场。效率的这一方面与消费者主权的概念有关，消费者的需求是供给作出反应的信号，而反之关系不成立。"顾客永远是对的"这句老话听起来很有道理。20世纪 70 年代，汽车的安全标准大幅提高，不是因制造商的意愿，而是因消费者的意愿。如果消费者不希望改变，他们就不会购买更安全的汽车。

实现配置效率的企业将其产出价格设定在最后一单位生产的边际成本（MC）处。为什么？因为当前单位的 P > MC，资源分配不足。通过单位价

---

①　需要注意的是，经济利润和会计利润是不同的。会计师通过从销售额中扣除费用和折旧来计算利润，这可以称为"底线"利润。经济学家允许对所有生产要素进行补偿，包括隐含的所有权成本和无偿劳动。如果在所有投入成本都已完全核算后仍存在收入，则称为"经济利润"或"租金"。这些租金就是企业家承担风险所获得的经济回报。

格（P）从该单位获得的收入大于 MC 代表的生产成本。当单元生产出来时，一旦收益递减，下一个单元的 MC 会更高。因此，企业将继续以 P > MC 生产商品，直到 MC 上升到 P = MC。同样，如果 P < MC，则会发生资源过度分配，因为从该单位获得的收入（即 P）小于 MC 给出的生产成本。因此，生产将被削减到 P = MC 的地方。

第二节　完全竞争

　　经济学家之所以认为竞争对经济很重要，是因为它的绝对形式——完全竞争模型能够实现配置效率和生产效率。一旦完全竞争的假设被提出，这一点就会被证明。

　　在完全竞争模型中，一种标准化商品既有大量的供应商，也有大量的需求者。在这个意义上，需求者并不关心从哪个公司购买商品，因为商品是相同的，公司觉得没有必要进行非价格竞争，如广告或折扣。由于有许多供应商，因此每个公司都是"价格接受者"，没有单个公司或集团可以影响市场价格，因为他们的产量相对于总量非常小。由于有许多需求者，因此公司将能够以市场价格出售它所能供应的所有东西。另一个假设是进入和退出的自由，这是一个长期的假设，强调市场没有壁垒（法律、技术或财务上的），阻止一家有生产能力公司出售其产出。最后一个假设是完全信息，这意味着没有供给者或需求者比另一个更具有信息优势，这有助于使每一组的所有参与者都处于一个公平的竞争环境中。

　　完全竞争的绝对形式有很强的假设，但在运输领域也可以找到接近这一理想的例子。比如，北美的运送集装箱的卡车司机，他们进入的门槛很低，经营者可折价购买二手公路牵引车，集装箱底盘由码头提供。因此，只要有符合标准的驾照并付了卡车拖拉机的首付，任何人都可以进入这个市场。服务是标准化（一个司机配备一辆卡车）和统一化的，手机提供通信，运营商是价格接受者，竞争很是激烈。

　　在完全竞争模型中，所有的企业都认为产出的价格（P）是给定且不变的。总收入（TR）被定义为产量的价格（P）乘以销售量（Q）。公司的总收入、平均收入和边际收入是产量 Q 的函数（见图 7.2）。

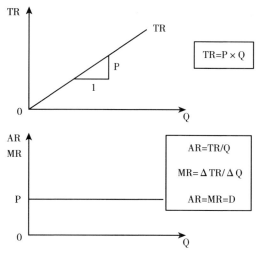

图 7.2　完全竞争市场中公司的收入函数

在图 7.2 中，TR = P × Q，当一个额外的单位出售 TR 上升的销售价格（P）。在下图中 TR 曲线、平均收入（AR）和边际收益（MR）曲线可以都等于 P。因为，假设企业能够以市场价格出售其所有产出，这条价格线也是企业的需求曲线（D）。需要注意的是，需求曲线是完全价格弹性的。

对于所有类型市场中的所有企业来说，典型的假设是它们均希望总利润最大化。正常利润被定义为 TR 与总成本之间的差额。为了确定完全竞争企业的利润最大化产出水平，必须将企业的成本与其收入进行比较。

经济利润的变动情况如图 7.3 所示。总成本函数（TC）的形状与第三章相同，并且适用于所有类型的企业，因为成本严格基于技术（或生产率），而不是基于产出的市场结构。利润最大化的数量是 Q^*。在第一幅图中，Q^* 表示 TR 高于 TC 的数量，当然，这将带来最高总利润。在第二幅图中，Q^* 被认为是边际收入（MR）等于 MC 的数量。当 MR = MC 时，最后一个生产单位获得的收入正好等于生产它的成本。如果公司超出 Q^*，则会导致 MR < MC，应减少生产；如果公司生产的数量略低于 Q^*，则会产生 MR > MC，因此应该扩大生产。

从技术上讲，利润最大化的规则是，当 MC 上升的同时，MR = MC。我们从下图中可以看到，MR = MC 有两个数量，Q^* 和 Q'。不选择 Q' 的原

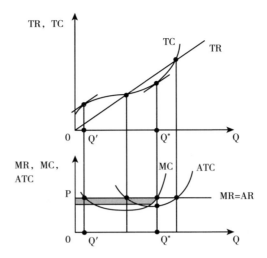

图 7.3　厂商决策与经济利润变动

因是，通过对照上图中相应的数量，TR 尽可能低于 TC。换句话说，Q′是
损失最大的产出。在 Q* 上，AR 超过了 ATC，因此在下图中看到的经济利
润等于阴影区域。在完全竞争模型中，经济利润不会持续太久。

如果所有的公司都在利用这些机会实现扩张，市场价格可能会下降，
如图 7.4 中的 TR′所示。新的点 Q′没有经济利润的盈亏平衡产出，但企业
仍继续赚取正常利润。

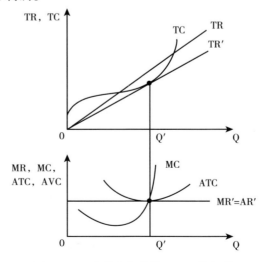

图 7.4　厂商扩大规模的盈亏平衡条件

如果由于某种原因，因为消费者偏好的变化，市场收缩价格进一步下跌，公司可能会从盈亏平衡变到负利润（即损失）如图7.5所示。

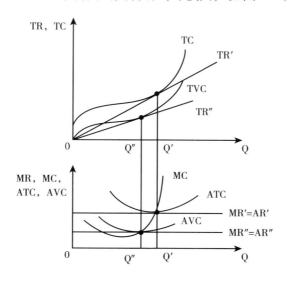

图7.5　市场收缩时厂商的情况变化

当货物的价格在市场上下跌时，图7.5中TR′与图7.3和图7.4中的TR相比较，向下旋转。在TR′中，除Q′外，TC都高于TR′，公司在Q′赚取正常利润。这可以在图的下半部分得到确认，其中MR′=MC呈现在他们都交于ATC曲线的点上，因此MR=MC=ATC。在这个模型中，如果MR=AR，那么ATC的情况必然等于TR=TC。

如果价格进一步下跌，就会出现亏损，TR将继续下降。在TR″处，它只涉及总可变成本函数，公司正处于倒闭的边缘。它的收入几乎无法支付可变成本（劳动力），更不用说固定成本（资本）了。这就是为什么完全竞争企业的短期供给曲线是MC曲线与平均可变成本（AVC）曲线交点以上的部分。

从长期来看，当所有企业都能调整其资本和劳动力，使企业可以进入或退出该行业时，对所有企业来说，唯一可行的均衡点为它们只能获得正常的经济利润。这样做的原因是，如果一家或多家公司在长期内获得了经济利润，就会向其他公司发出进入该行业的信号，那么，行业中更多的公司将会降低市场价格的产出。因为在给定的需求下，供给更大，从而消除了公司的经济利润。同样如果一些公司长期亏损，这些公司最好还是离开这个行业。当企业离开时，给定需求下的供给下降将有助于提高产出价格，最终阻止企业退出。在完全竞争模型中，企业的退出会使总供给减少，直到价格再次回到 TR′。这是基于市场上有大量买家的假设，每一个买家都没有能力（单独）影响价格。但这在实践中不一定能做到。

回到拖运卡车司机的例子，港口码头相对较少，只要能继续提供拖运服务，没有买家有任何动机提高价格。随着时间的推移，通货膨胀会侵蚀价格，因此 TR′ 可能会转向 TR″。这种情况已经发生了很多次，结果是几乎所有的货运卡车司机都同时到达了停运点，造成了行业的大规模外流，给港口带来了巨大的破坏①。经济学家将这种市场失灵称为破坏性竞争。虽然这是一种罕见的现象，但当高度竞争的市场服务于集中的寡头垄断时，就会发生这种情况。

在完全竞争模型中，行业中所有企业的产出之和创建了行业供给曲线（见图 7.6）。需要注意的是，零经济利润满足了经济效益的条件。首先，企业总是将产量设定在 MR = MC 的地方，因为在完全竞争中 P = MR，所以 P = MC 是配置效率的要求。产业图显示了简单供给和需求的相互作用，导致企业认为给定的均衡价格（P*），只要行业供需保持不变，P* 也会保持不变。产业层面的供给等于需求这一事实也表明了配置效率，由于 AR = ATC 显示的长期利润为零，企业既不会进入也不会退出该行业。其次，需要注意的是，企业的 Q* 存在于 ATC 曲线上的最小点，这意味着产出至少是按成本生产的，表明生产效率正在提高②。

---

① Review of the Vancouver Container Trucking Regulation ［R］.（Regulations Amending the Port Authorities Operations Regulations，2007）Report to the Minister of Transport. Infrastructure and Communities，Transport Canada，2009.

② 零经济利润不同于简单的（会计）利润为零。在这个词的常见用法中，零利润意味着公司根本没有赚到钱。另外，零经济利润意味着所有生产要素都为其服务获得了有效的报酬，这将等于这些服务的精确机会成本。工人的工资、地主的租金、资本所有者的利息及企业家的正常利润意味着公司的任何成员都不会失去工资。如果研发（R&D）是模型中所有公司合法生产付出的一部分，那么这些付出也会得到回报。但从技术上讲，完全竞争模型通常不适合考虑研发带来的增长效应。将模型保持为静态要简单得多。事实上，在静态模型中，如果公司的所有成员都获得了足够的报酬，那么从公司和经济的角度来看，任何超出此范围的超额利润都必须被视为毫无用处。

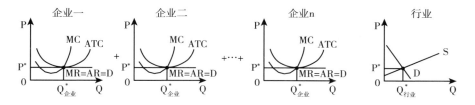

图 7.6　完全竞争市场的行业供给曲线

市场对资源的有效配置如图 7.7 所示。该图说明了基于边际定价的三种不同的市场划分。图中阴影部分是消费者剩余，只有边际消费者或者在这种情况下才是最后一个消费者，才会以实际市场价格评估产品或服务价值。其他消费者愿意支付比实际价格更高的价格，但却不必这样做。消费者愿意支付的最高价格与实际市场价格之间的差额就是消费者剩余。

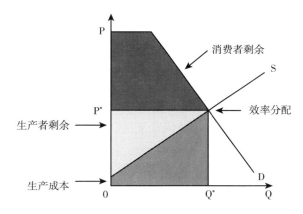

图 7.7　完全竞争市场对资源的有效配置

从卖方的角度来看，生产者剩余也有相同的解释。阴影部分表示个体生产者愿意接受低于市场价格的产量，市场价格是边际生产者愿意继续生产的最低价格。生产者剩余包括向投入所有者收取的经济租金和向企业收取的毛利润。例如，拥有不同生产质量土地的农民，在最肥沃的土地能获得最多的租金，因为在同样的投入下，它能获得更大的收成。边际生产者可能位于最不肥沃的土地上，如果价格下降，边际生产者将不得不停止生产，但拥有最好土地的农民只会赚取更少的租金，并将继续以新的更低的市场价格生产。生产成本是指在生产数量 Q^* 时所消耗的因素，这是对实际资源消耗的衡量。

第三节　垄断

　　完全竞争模型的对立面是垄断模型，这里不存在多个公司，只有一家公司，即垄断者。垄断力量来自阻止其他公司与垄断竞争的进入壁垒。这些障碍可以是自然的，也可以是行政的。"自然壁垒"包括企业拥有生产过程中关键资源的唯一所有权，或者企业拥有巨大的规模经济[①]。通常，这类企业的资本成本非常高，因此 ATC 在整个相关需求中都在下降。随着公司扩大销售，成本不断下降，相互竞争的公司不断合并，直到最后只剩下一家。天然气、电力和供水等公用事业通常被认为是自然垄断的典型例子。

　　造成垄断的政府壁垒包括专利保护、许可或赞助[②]。当然，在反联合立法机构将其定为非法之前，企业也曾试图建立卡特尔。一个著名的例子是约翰·D. 洛克菲勒创建的标准石油公司。与自然垄断不同，这些人为垄断的 ATC 曲线是向上倾斜的（见图 7.8）。垄断者通过限制产量迫使价格上涨，从而使利润最大化。这与完全竞争公司形成对比，完全竞争公司接受行业内设定的价格。因此，垄断者不会带来完全竞争中的效率。

　　如图 7.8 上图所示，垄断者找到了作为一个完全竞争的公司 MR = MC 的生产数量。但是，与完全竞争企业不同的是，垄断者能够收取消费者愿意为其数量支付的最高价格。因此，所选择的价格—数量组合为 P_M 和 Q_M。此时，这个垄断者的经济利润等于阴影矩形。只要 AR 在垄断者选择的数量上超过 ATC，就会产生经济利润。需要注意的是，没有什么能阻止垄断者在短期或长期内获得正经济利润，因为没有竞争力量将其降至零。

---

　　①　并非所有人都同意存在自然垄断。DiLorenzo, Thomas J. The Myth of Natural Monopoly [J]. Review of Austrian Economics, 1996, 9（2）: 43 – 58.

　　②　在某些情况下，政府垄断可能以卡特尔的形式出现，它拥有许多公司，但在产量配额和受管制的价格下运作。许多城市的出租车服务都是在此基础上运营的。

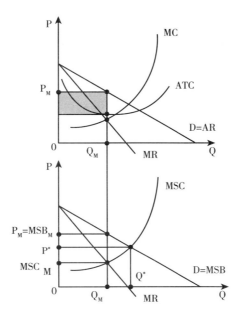

图 7.8　垄断市场中的均衡

垄断者永远不会像所有完全竞争的公司那样实现经济效率。垄断造成的社会损失如图 7.8 的下图所示。在这种情况下，我们希望从社会的角度展示效率的损失，要做到这一点需要几个假设：第一，需求曲线被视为各个产出水平的边际社会效益（MSB）；第二，假设企业的成本涵盖了生产中使用资源的所有社会成本，这意味着 MC 现在是边际社会成本（MSC）。这两个假设意味着，要么不存在外部性，要么即使存在，也都通过政府监管或科斯谈判被内部化了。这些内容将在第八章中讨论。

在图 7.8 的下图中，可以看到所选择的数量 Q_M，发生在下一个单位的 MSB 超过其 MSC。这个单位如果生产出来，就会给社会带来净效益。MSB > MSC 的产出范围在 Q_M 与 Q^* 之间，这意味着后者是生产的社会最优数量，因为 MSB > MSC。Q^* 的价格对应 P^*，这意味着最后一个单位的价格完全对应于它的社会生产成本（即 MSC），以及社会消费的收益（即 MSB）。阴影区域突出显示 MSB > MSC 的所有量的值，并表示这是由于垄断导致的效率或福利损失。还需要注意的是，相对于社会最优价格—数量组合（P^*，Q^*），垄断者限制了数量并提高了价格。当然，垄断者没有动机去实现社会最优解决方案，因为他更喜欢图 7.8 上图中所示的私人最优解决方案。政府将迫使垄断者设置（P*，Q*），否则政府将接管并国有化。

垄断理论的应用还取决于假设的有效性。虽然政府壁垒造成的垄断，如专利法，可能符合大多数假设，但对于多形式的交通运输来说，地方垄断比完全垄断更有可能被观察到，原因是多式联运竞争。管道必须与铁路竞争，铁路必须与卡车和驳船竞争。尽管如此，一个由一条铁路提供服务的煤矿仍会面临地方垄断，或者成为专属的托运人。

即使是在专属托运人的情况下，由于产品竞争，铁路也可能无法充分提取其潜在的经济利润。如果运费过高，该煤矿可能会失去其他供应来源的竞争力。随着世界市场变得更加一体化，竞争正在演变为供应链之间的竞争。这一现实削弱了政府代表社会进行干预以纠正与垄断权力相关的福利损失的必要性。

练习题

1. 在竞争激烈的市场中，像卡车运输公司这样的企业都是价格接受者，成本也非常相似。

在经济衰退时期，价格可能会跌至不再有意义的水平，公司将停止运营。

（1）绘制一个合适的经济模型并解释说明高度竞争的行业，比如卡车司机是如何达到这一点的？

（2）经济学家喜欢像卡车运输这样的竞争市场，因为它们能提供生产效率和配置效率。请解释这些概念的含义。

2. 加拿大有成千上万的大小卡车运输公司，但只有两家国家铁路公司（即 CN Rail 和 CP Rail）。

（1）绘制和使用适当的模型来解释竞争如何影响汽车运输和铁路运输的配置和生产效率。

（2）政府能做些什么来获得铁路行业的配置效率或生产效率呢？有何好处？

3. 铁路至少在铁路网络的某些部分拥有垄断权力。政府认识到，让铁路作为一种垄断经营既不能达到配置效率，也不能达到生产效率。他们希望强制实行 MC 定价，但不愿意开始补贴铁路。

（1）绘制一个适当的模型来解释说明效率问题，并概述可能对政府开放的选项。

（2）在加拿大，我们只有两条铁路服务于大多数的城市中心，请解释如何应对缺乏铁路竞争的问题。

第八章
外部性、公共供给与边际成本定价

交通运输的历史中，公共政策在经济调控、补贴、其他干预时期和自由竞争时期之间摇摆。与旨在最大限度提高效率的生产过程不同，运输供应是私营部门和公共部门投资的结合。一般来说，公共部门提供长期使用的固定基础设施，而私营部门提供可迅速折旧的流动资产。

有些生产要素的供给是无限的，其价格为零，任何人都可以随心所欲地使用这些投入，而不必担心未来或任何其他个人的消费。虽然这种情况正在发生变化，但直到今日，清洁空气和水在生产过程中仍是这样被使用的。气候的变化及淡水湖和地下水的明显恶化，迫使社会重新评估如何使用这些不属于该公司常规核算的公共产品。

运输的费用不由私营部门全部承担。交通运输业约占影响空气质量和潜在气候变化的所有温室气体（GHG）排放的25%。此外，交通运输供应的副产品可能包括噪声、水污染、振动、视觉干扰和车祸受害者。[①] 本章将讨论这些外部成本和公共干预的运输供应，边际成本定价原则也在运输供给的背景下进行了重新审视。

---

① 关于运输的全部费用的讨论参见：Gillen et al. "Trying to Put the" Full "in the Full Costs of Transport" [J]. Canadian Transportation Research Forum, Annual Proceedings, 2006 (41): 433–447.

第一节　社会成本与效益

迄今为止所讨论的所有成本，除导致规模经济的外部成本外，其余均是企业的内部成本，但即便这些成本也与行业内的其他企业或行业所依赖的基础设施有关。然而，有一整套生产成本是企业甚至可能并没有意识到的。这里的区别是：到目前为止所研究的成本一直是私人成本，而剩下要讨论的成本被称为外部成本。因为企业生产的这些成本来自行业之外的外部资源，所以它们被称为外部性。当一个或多个人或企业的行为对另一个人或企业的福祉产生间接影响，而这种间接影响不通过价格机制传递时，就会产生外部性（即私人市场）。

经济学家对外部性的估值感兴趣，因为它们有助于定义整个社会生产的真实社会成本和真实社会效益。边际社会成本（MSCs）和收益的模型如图 8.1 所示。MSC 是边际私人成本（MPC）和人类活动产生的外部成本的总和。MPC 可以解释为"重命名"的供给曲线。同样，边际私人收益（MPB）可以被解释为"重命名"的需求曲线。边际社会效益是边际社会效益和任何正外部性的总和。

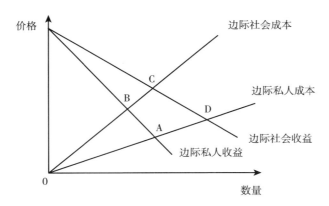

图 8.1　边际社会成本（MSCs）和收益模型

如果既不存在正外部性，也不存在负外部性，那么经济的最佳位置将是 A，即我们熟悉的供求均衡 MPC = MPB。

　　如果这种活动产生了负外部性，但没有产生正外部性，那么最优均衡转移到点 B，在这里 MSC = MPB。这意味着价格应该上升（通过税收或其他方式），而生产和消费的数量应该下降。

　　如果只产生正外部性，私人市场的激励可能不足以在 MPC = MSB 的最优点 D 产生。公共补助可以以补贴或提供基础设施的形式保证以更高的价格提供更多的产出。

　　如果正外部性和负外部性都存在，它们可能被抵消，这样点 C 就成为 MSC = MSB 的平衡点。在实践中，许多形式的运输都有正外部性和负外部性。

　　我们研究在生产中社会成本与私人成本之间造成差异的负外部性，即前者超过后者。对于交通环境中的负外部性，举几个例子：飞机噪声的影响对可能住在机场附近的房主造成了滋扰；高峰时段的司机造成道路拥堵延误了卡车运输，从而增加了后者的成本；铁路决定关闭无利可图的支线，导致沿线城镇在使用其他大宗运输和出行方式时面临成本增加的问题；一位船长决定冲洗他的压载舱，并在海上留下了柴油的浮油。一般来说，负外部性的创造者没有任何恶意意图。他们强加给社会其他部分的成本，是其经济活动的意外副产品。

　　当正外部性产生时，生产的社会效益可能超过私人效益。虽然我们不太可能认识到交通的正外部性，但现实确实存在一些。正外部性的例子有：降低公共汽车票价，提高公共汽车使用，减少道路上汽车的拥堵；强制使用安全带，减少事故伤害的数量，从而允许政府降低用于公共卫生保健的税收（值得注意的是，这种影响忽略了本书第十四章中涉及的道德风险问题）；新机场设施的建设使该地区所有公司的业务前景得到改善；改善运输基础设施，能够调动应急服务和武装部队进行救灾，从而提高国家安全。一些正面外部性作为另一项活动的意外附带利益而存在，但与负面外部性不同的是，公共干预可以在私人市场自然提供的活动之外提高产出。

　　外部性的本质在于，它们的创造者在计算生产成本和收益时没有将其包括在内，因为这些成本和收益并不包含在价格体系中。卡车运输公司不向高速公路上的司机收取运输延误的成本，这意味着司机没有动力去考虑他们行为的全部社会成本。当然，司机们会计算在拥挤的道路上空转时的燃料成本，并考虑时间延迟的机会成本；但所有这些都只是私人成本，因此负外部性没有定价。同样，考虑在偏远地区建设新港口的矿业公司，也不会因为当地人可以更好地获得应急物资去该地区要求分摊成本。因为这样做是徒劳的，矿业公司没有考虑港口所创造的额外社会效益，他们只会考虑建造码头的投资回报，这是一种私人利益。那么问题在于，如何让外部性创造者考虑他们所创造的负（正）外部性的全部社会成本（效益）。

在考虑负外部性的社会成本方面时，可以提出一些建议。负外部性是指个人或公司将成本强加给社会，但并没有将该成本视为运营成本。那么政府可以激励个人或公司考虑超出私人成本的外部成本，例如，在居民区使用汽车，私人成本是燃料、时间、保险和维护成本，而构成社会成本剩余部分的额外成本则以空气和噪声污染的形式由居民承担。

政府可能会意识到，因为开车的人没有充分考虑开车的成本，所以应该对开车的人征税。这种税可能是对燃料征收的，也可能是对保险费或许可证征收的附加费。在任何情况下，最优税收等于居民所遭受的产生驾驶负面影响的货币成本。当然，评估这些物品的适当价值并不容易①。但这足以说明，某种税收会减少驾驶量，从而在一定程度上消除负外部性（见图 8.2）。

需求曲线是司机在特定时间内（比如每年）在相关道路上进行不同次数的行驶所得到的 MPB。它被称为 MPB，是因为它代表了司机每多出行一趟的货币价值。由于边际效用递减的概念，曲线向下倾斜，这意味着第一

---

① 虽然评估这些外部成本的价值并不容易，但税收或附加费的征收也并非易事。税收或附加费必须只针对外部性创造者。当然，与城市司机相比，农村司机对驾驶外部成本的影响较小。通过这种方式，最优征费不应该在所有司机之间保持一致。

所有边际用户的外部成本可能是恒定的，在这种情况下，单位税或附加费是合理的。然而，每个边际创造者的外部成本可能会增加（见图 8.2），在这种情况下，对价值征税（从价）或分级使用费是可取的。尽管如此，如果驾驶量是其外部成本的真实指标，那么燃油税将优于对保险费或执照的附加费。当然，道路通行费也与驾驶量直接相关，是燃油税的一种用户费用替代方案。事实上，通行费可能会考虑车内乘客数量等因素——这是拼车的一种激励措施。这样的激励措施并不像燃油税那么容易产生。收费站的收费员可以评估进入道路的车辆的几个属性，而在加油站征税上基本是盲目的。

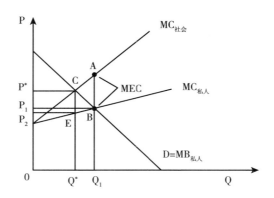

图 8.2　征税对消除负外部性的作用

次出行比第二次更有价值，第二次比第三次更有价值，依此类推。司机只考虑他人行为的私人成本，面对的是向上倾斜的 MPC 曲线，因此我们可以认为司机每次额外出行都面临更高的维护和保险费用。市场机制导致出行量等于 Q_1，而司机的成本为 P_1。但是，如果司机进一步考虑每次出行的社会成本，边际成本曲线将向上移动到 MSC 曲线的位置。这些对社会的额外或边际外部成本（MEC）相当于在私人选择数量 Q_1 时 A 和 B 之间的货币差额。

如果政府征收的税或使用费等于这两条曲线在任何其他量上的差，那么司机最终会以 P^* 为代价选择数量 Q^*，而这恰好是社会最优数量。在这一点上，最后一次选择出行的 MSC 等于它的边际效益。从这个意义上我们看到政府是如何解决外部性问题的。值得注意的是，政府征收的税相当于 $P^* CEP_2$，可以用来减轻负外部性的有害影响和以区域 ABC 为代表的无谓损失。

公共行动所固有的问题之一是负外部性是真实存在的还是仅仅是金钱上的问题。当卡车和汽车共享道路时，需要根据实际情况来正确定义此时发生的外部性类型。如果将移动的汽车和卡车视为不同市场交易的一部分，那么每种车辆类型在道路上的存在相对于另一种而言都是第三方，这意味着卡车造成的拥堵确实是负的真实外部性；就汽车出行而言，反之亦然。如果人们希望把相关市场看作是道路本身的服务，那么实际上汽车和卡车都是同一市场的一部分，这意味着从一种车辆类型到另一种车辆类型的拥堵影响不是真正的外部性，而是货币外部性。从这个意义上来看，双方都不是对方的第三方，也没有无谓损失①。

　　为了更清楚地区分真实外部性和货币外部性，考虑收费站前汽车排队延误是货币负外部性的来源。相比之下，一群鸭子过马路造成的延迟是一种负的真实外部性。

　　政府很难正确评估真实外部性的价值，无法征收适当的税。政府可能不像居民自己那样有效地找出 MSC 曲线的位置。有时私人市场可能能解决外部性问题，这就是科斯定理的本质，它说明了一个解决外部性问题的市场是可能实际存在的②。

　　私人解决外部性问题所需要的是：（1）明确界定产权；（2）谈判解决方案所涉及的交易费用是不存在的；（3）参与谈判的人不多。如果满足这三点，我们可以带着图 8.2 回到前面的例子，看看科斯定理是如何应用的。居民有权拥有清洁的空气和没有噪音的环境。因为司机违反了这一权利，居民会根据他的出行次数向他收取成本的货币价值。因此，司机被收取的费用等于线段 AB（正好等于政府将收取的税）。司机的反应是减少行程，直到 MSC 与边际效益相等，再次达到最佳行程数（Q^*）。他削减开支是因为他不会在 Q_1 支付这笔费用，因为他的总成本（包括费用）AQ_1 超过了他的收益 BQ_1。

　　但是，科斯定理带来了一个重要的转折：假设开车的人有权按自己的意愿使用道路。在这种情况下，居民可以支付给驾车者一笔金额，最多相当于线段 AB 的价值，以使其不选择边际出行 Q_1，司机会接受这种"贿赂"吗？除非这个金额超过了他在第 Q_1 次出行的净收益。司机在第 Q_1 次的净收益就是他的 MPC 和收益之间的差异。因为差额是零，任何"贿赂"都会诱使他放弃这次出行。"贿赂"将一直持续到出行次数降至最佳水平（Q^*）。请注意，根据科斯定理，虽然产权定义明确，但不需要分配给任

---

　　①　公共道路上的磨损，可能会影响车主碰巧使用该道路时的维护成本，这可能被视为所有道路使用者对自己造成的另一个负面货币外部性。

　　②　关于科斯定理对经济理论的意义的直接而彻底的讨论见于：Coase R. The Firm, the Market and the Law［M］. Chicago：University of Chicago Press，1990. Suffice it to say that Coase's analysis is far richer than the simple Coase Theorem to which he is often associated.

何特定的人或群体，以产生最佳结果。拥有明确界定的产权只是奠定了一个谈判过程的基础。

科斯定理是对现实的抽象，在现实世界中，受影响的居民数量可能非常多，以至于谈判非常耗时。事实上，谈判过程的安排是一项交易成本，很可能是巨大的。然而，这些观点并不意味着私人解决方案是不可能的，这只是意味着产权的初始分配将是关键，而这个过程将更加复杂。

第二节　公共供给

上一节表明政府能够纠正外部性问题，并允许出现社会最优结果。政府在任何行业的存在和干预都是重要的，因为政府不需要像私营企业一样遵守同样的规则。一个解决司机外部性的公共解决方案是"道路收费"。随着电子技术的进步，可以建立无人收费系统来管理网络中的特定链路，或地理上确定的区域。从概念上讲，这些收费可以应用于一个不断变化的模式，以对超过 Q^* 的汽车供应收费（见图 8.2）。这些想法普遍遭到政客们的抵制，因为新税收很少受到欢迎[①]。

政府有征税的权力，联邦政府拥有印刷钞票的权力，这意味着它们不必担心破产或不盈利。假设私营企业的目标是简单的利润最大化，在这种意义上，假设企业首先感兴趣的是实现效率。但令人惊讶的是，政府参与提供商品和服务的目的不仅仅是为了提高效率；相反，它的另一个愿望是一个相互冲突的目标，即对整个社会的公平。当然，公平的定义是一种价值判断，公平是以牺牲效率为代价的，反之亦然。

在交通运输业，政府的存在表现为：对运输服务的提供者和使用者征税，旨在控制如何提供服务的规章，透过公共工程项目提供若干运输基础设施，直接拥有某些交通设施。在运输方面有公共部门和私营部门的混合，例如，私营卡车运输公司和公共汽车公司使用公共提供和维修的道路

---

① 伦敦金融城为管理其中央商务区的交通而制定的收费系统是一个在国际上受到关注的有趣例子。

系统，私营航空公司使用公共空域。公共和私营部门是否存在最佳组合？本书第十三章将给出回答。

如果发现破坏性竞争或垄断的证据，政府可以管制或接管一个行业。当然，有些政府出于民族自豪感，希望保持对"关键"部门的控制，以获取政治利益，但工业国有化的时代早已过去。尽管如此，北美的大多数城市公交系统仍然是公共垄断的。政府监管垄断的基本原理见第七章。

在破坏性竞争下，公司可能会在生产过程中偷工减料，提供更低的价格以削弱竞争对手。当然，这种策略有两个影响：（1）产品的质量可能被削减到危险的程度；（2）这种削价的动力意味着只有最精干和最激进的公司才能生存下来，这使得该行业只有少数公司可能会像垄断企业一样希望开始提价，这将导致行业内其余公司的就业不稳定。政府可以通过对行业进行监管来防止这些后果，这些具体的监管标准规定了质量水平的下限，并要求申请经营许可证，只允许那些能够证明他们是市场上重要竞争者而不是所谓的"野鸡"公司进入。

政府也被要求提供公共产品，因为市场不会对非排他性的产品适当地定价。空域绝对是一项公益事业，而空域不被拍卖给私人航空公司可能是件好事。虽然政府实际上并没有提供空域，但它确实就飞机在飞行过程中如何行为制定了规定。

私营企业可以提供某些基础设施，如道路，如果他们能够以收费的形式向用户收取费用，并使道路具有排他性。那么道路的所有者将需要足够的交通流量，给他们必要的收费收入，以实现积极的投资回报。这对主要的公路路段可能是可行的，但收费将无法支持少量使用的农村公路的成本。有生存能力的农业部门收益证明了公共提供这些道路是合理的。

第三节　边际和平均成本定价

上一章已经指出，如果垄断是私人主动行为，它就不能达到经济效率。图 7.8 的第二张图中显示，社会最优情况是 MSB = MSC。人们可能会注意到，由于价格与边际成本相等，实现了配置效率，但除非 ATC 曲线正好穿过 MSB 和 MSC 的交点，否则生产效率是不存在的。事实上，如果 ATC 恰好在交点以上，垄断者就会亏损。

对于需要与自然垄断共存的政府来说，这成了一个问题，如公用事业，因为这是创造这个行业的唯一途径。例如，仅为了竞争而让三套电力传输系统服务于同一地区是没有意义的[①]。因此，问题就变成了如何规范自然垄断，以便做到两点：①达成社会最优解决方案；②垄断者得到了"公平的回报"。这方面的选择突出了边际成本定价和平均成本定价的区别。

边际成本定价包括为最后提供的单位设定与供应 MSC 相等的价格。在图 7.8 的第二张图中，P^* 表示当公司是垄断企业时，在这方面设定的价格。建立垄断所带来的社会收益的一种方法是强制实行边际成本定价（见图 8.3）。图 8.3 中的 P^* 表示强制垄断的管制边际成本价格。为了便于标注，MSC 曲线被画成一条水平线，表示与自然垄断相关的规模经济的存在。

不受监管的企业希望利润最大化，而拥有垄断或监管垄断的政府更希望社会总福利（TSW）最大化，其定义如下：

$$TSW = TR + CS - TSC \tag{8.1}$$

其中：TR = 总收入；CS = 消费者剩余；TSC = 社会总成本。

因此，在可选择的价格和数量下，TSW 是企业和消费者获得的总社会效益减去生产该数量的社会成本。边际成本定价有助于最大化 TSW。图 8.3 的上图显示，在垄断定价下，输入适当的数值，TSW 可表示如下：

$$P_M bQ_M 0 + abP_M - P^* dQ_M 0 = abdP^* \tag{8.2}$$

---

① 值得注意的是，造成这种垄断的"天然屏障"会随着技术的进步而发生变化。例如，在无线手机技术出现之前，电话系统被认为是自然垄断的。虽然手机公司塔的网络优势确实限制了竞争对手的数量，但多家公司可以竞争运营。同样，铁路刚出现时是垄断的，即使有多家铁路公司，铁路仍将拥有部分网络，在其中享有绝对垄断的服务。随着牵引拖车卡车和铺设公路的出现，多式联运的竞争减少了铁路是唯一选择托运人的数量。因此，除了少数专属托运人（通常是煤炭和粮食等原材料生产商）外，铁路在大多程度上仍可被视为自然垄断存在争议。

在边际成本定价下，TSW 可表示如下：

$$P^* c\, Q^* 0 + acP^* - P^* C\, Q^* 0 = acP^* \qquad (8.3)$$

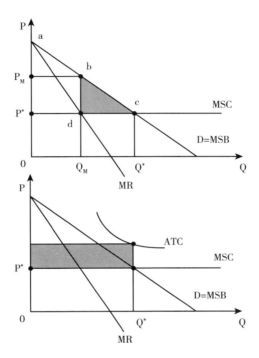

图 8.3　强制垄断的管制影响

TSW 在边际成本定价（bcd）下更高，这是已经讨论过的垄断所造成的福利损失。图 8.3 的下图显示了在规模经济下的平均总成本曲线。可以看出，如果采用边际成本定价，垄断者所遭受的损失将等于阴影面积。换句话说，在这种情况下，社会最优在私人看来是不可行的。由此，政府将不得不补贴这家公司，或将其国有化，并采用一般税收收入弥补损失。

假设政府采用边际成本定价政策，则需要解决一些问题：一个问题是确保企业使用的边际成本包括所有的社会成本，这意味着所有的负外部性必须通过产权内部化，或者必须按适当的税率征税；另一个问题涉及长期成本和短期成本之间的选择。在边际成本定价中，应该使用长期边际成本还是短期边际成本？如果我们假设资本是固定的，那么短期成本将在固定的生产能力下存在。从长远来看，由于企业在扩张期间抬高了资本成本，成本可能会更高①。区分长期和短期的边际成本定价是很重要的，因为所有的运输方式在短期内都面临一些产量限制。

短期成本似乎低于长期成本，导致在边际成本定价下设定不同的价格。结果如图8.4所示，市场将在短期和长期条件下考虑边际成本定价。

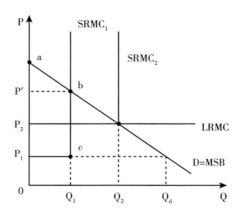

图8.4　边际成本定价下的需求曲线

在 Q_1 的产量约束下，$SRMC_1$ 曲线成本保持不变，因此，短期内成本是无限的。LRMC 比 SRMC 曲线更高，因为我们假设产能扩张涉及额外成本。使用 SRMC，边际成本定价将在短期内对所有即将到来的产出收取 P_1 的价格，这将导致 $Q_d - Q_1$ 的超额需求。在这种情况下，价格被设定为等于边际成本，但请注意，价格不等于在 Q_1 时的 MSB；相反，必须通过定量供给来消除过剩需求。当产量为 Q_1 时，MSB 等于设定的价格 P_1'。

利用式（8.1）比较两种方案下的 TSW，可得：

配给的短期 MC 定价：

$$P_1 c Q_1 0 + abc P_1 - P_1 c Q_1 0 = abc P_1 \qquad (8.4)$$

无配给的短期 MC 定价：

$$P_1' b Q_1 0 + ab P_1' - P_1 c Q_1 0 = abc P_1 \qquad (8.5)$$

TSW 在这两种情况下是相同的，但没有配给制的结果是有利的，因

---

① 虽然在第三章中讨论了"块状"，但产量限制的进一步概念是基础设施和交通领域所独有的。同样，使 SRMC < LRMC 表明该章的典型规模经济讨论有些简单化。虽然表明最优规模是在集合中的最小 SRATC 处确定的，但图4.8表明需求曲线实际上在最优规模的确定中发挥了作用。

为：①允许公司获得更多的收入；②允许所有消费者都能获得 Q_1 单位，支付的金额更接近其 MSB；③当价格为 P_1 时，进入市场的消费者不再觉得有必要这样做；④从长期来看，额外的收入会激励企业扩大产能。

从长期来看，由 LRMC 得出：公司将产量扩大到 Q_2。给定价格 P_2 允许在不需要定量配给的情况下进行边际成本定价。关于长期边际成本定价需要注意的一点是，虽然 LRMC 在技术上是固定的，但最优数量是需求决定的，在这种情况下，不可分割（或块状）的东西如远洋船舶容量或机场大小可能不会正好达到 Q_2。因此，企业和/或政府必须从长期决定，次最优性是由于产能过剩还是产能不足而减弱。

需要考虑的另一种边际成本定价情况涉及不能持续使用产能的情况。产能基础设施的不可分割性因高峰和非高峰利用率而加剧。这使得基础设施的供给类似于联合产品问题。对于运输设备，如轨道车和拖车车队，以及码头和港口设施，这类情况是正确的。假设 LRMC 表示由于技术不可使用的特定产量（Q^*）；相当可用产量的选择涉及稍微大一点的产量（Q_2）或稍小一点（Q_1）。那么问题就变成了是供给过多还是不足（见图 8.5）。

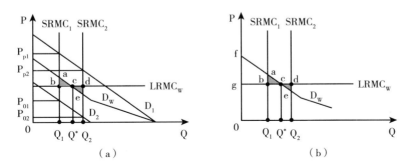

图 8.5　不能持续使用产能的边际成本定价

高峰（D_1）和非高峰（D_2）需求曲线按其利用份额平均，形成加权需求曲线 D_w。如果三角形 abc 的面积大于三角形 cde 的面积，那么产量 Q_2 优先于 Q_1。图 8.5（b）中显示了原因。fcg 为处在 Q^* 产量时所产生的消费者剩余，但由于无法实现 Q^* 产量，较小 Q_1 的消费者剩余等于 fabg，因此放弃了 abc，而消费者剩余为更大的 Q_2 fcg − cde。减去 cde 部分是因为在 Q^* 到 Q_2 的范围内，LRMC 超过了 DW 给出的边际收益，这意味着消费者在该范围内面临负盈余。生产者剩余为零，因为 LRMC 是一条水平线。因此，如果 abc > cde，那么在 Q_1 点放弃的消费者剩余必须超过维持在 Q_2 的负盈余，这意味着后者是一个比前者更有效的产能水平。

在图8.5（a）中，明显的价格变化体现了提供更大社会效益所需要付出的成本。价格在高峰和非高峰时期都在下降。高峰期间损失的收入似乎可以通过增加客流量来弥补。然而在非高峰时，较低的价格处于需求曲线的缺乏弹性部分，而总收益在较高的产能水平上会较低。这可能会低于生产的可变成本，因此在非高峰期，运营商会选择收取更高的价格，如 P_{01} 和等于 $Q_2 - Q_1$ 的闲置产能。这个话题将在第九章再次讨论。

如果政府出于某种原因希望监管垄断，但又不希望它由于额外税收以支付补贴的政治困难而蒙受损失，那么以平均成本定价的形式达成妥协是可能的。在这种情况下，公司可以获得"公平回报"，因为它的经济利润为零。零经济利润意味着在支付给所使用的生产要素的费用之外没有额外的东西——当这些费用为零时，企业并不会受到损失（见图8.6）。图8.6显示了平均成本定价是如何运作的。

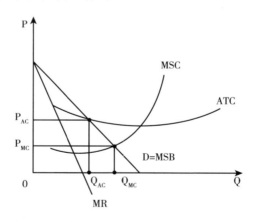

图8.6　平均成本定价下的情况

价格 P_{AC} 和产出 Q_{AC} 为公司提供了这种"公平回报"，但没有实现社会最优，因为它处于边际成本定价（P_{MC}）之下。在 Q_{AC} 和边际成本定价下生产的较大数量 Q_{MC} 之间，MSB > MSC 意味着一些消费者愿意支付超过额外产出的成本，但此时的价格会失去市场。

当上述情况发生时，即使是边际成本定价和平均成本定价之间的妥协也是存在的，因为企业可以建立一个两部分的定价政策。重要的是，如果公司面临平均成本下降的情况，边际成本所造成的损失将由部分消费者而不是政府来承担。为同一商品制定两种价格是一种价格歧视形式，更多的内容将在本书第十章中讨论。一个由两部分组成的定价示例如图 8.7 所示。

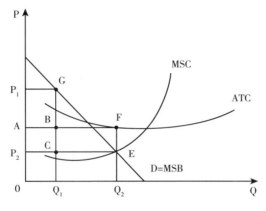

图 8.7　"两部制"定价策略

较低的边际成本定价 P_2 向"边际用户"收费，而 P_1 是向那些愿意付费的消费者收费的。高价支付方补贴公司，这样公司就可以向边际用户收取较低的价格。这些边际用户需求（$Q_2 - Q_1$），从而产生 BCEF 的损失。公司从设定到 Q_1 的高价中获得的利润数量是 P_1GBA。这是因为提供的全部产量（Q_2）的平均总成本由 A 点给出，ABQ_10 是该总量 Q_1 部分的总成本，而 P_1GQ_10 是上述利润的相应总收入。

对于允许这种定价政策的监管机构来说，诀窍在于确保公司设定 Q_1 使得 P_1GBA 的利润不超过 BCEF 的损失。同时，公司必须能够将对其产品有需求的消费者分成高需求者和低需求者。换句话说，高价格可以向具有相对缺乏价格弹性需求的用户收取，因为他们需求数量的百分比下降被价格更大的百分比上升所补偿，这意味着总收入的增加。运输公司必须弄清楚哪些用户群体更依赖其服务，但也要记住谁有能力支付。在这方面，铁路可以向散装货物托运人收取较低的每重量等级的价格，并为制成品托运人节省较高的费用；航空公司可能会对商务旅客收取更高的价格，而对普通旅客收取更低的价格。

练习题

1. 如果邻居的行为造成了他人财产价值的损失，可以利用法院系统从邻居那里获得赔偿，如一位邻居建造了一座新建筑，挡住了他人房子的入口。但是，对于因汽车行驶造成的空气污染而遭受的损失，个人不能使用法院的赔偿制度。

（1）绘制一个由汽车和卡车造成的空气污染影响的模型，并解释为什么政府必须在保护个人免受空气质量损失方面发挥作用。

（2）解释为什么政府可能没有必要参与汽车和卡车司机相互造成的交通拥堵问题。

2. 为了实现配置效率，必须使价格与边际成本相等。这一结果是在高度竞争的市场中获得的，但在存在自然垄断或其他市场失灵的某些情况下，政府必须使用监管权力来设定价格。

（1）绘制一个适当的模型，并解释说明对受管制行业实施边际成本定价的问题。

（2）解释当边际成本定价不可行时政府可以采取的其他选择。

3. 汽车的使用费由个人支付。除了这些私人成本，汽车还会产生噪声和影响空气质量。因此，环保主义者希望对化石燃料征收碳税，以减少空气污染，减缓气候变化。

（1）绘制一个合适的模型，并解释说明对汽车司机征收额外费用的理由，并说明这种碳税需要多少才能达到社会最优。

（2）解释汽油价格的变化（上升或下降）将如何对碳税的最佳价值产生影响（如果有影响的话）。

第九章
交通运输的时空定价

由于市场受到时间、地点和货物价值差异的影响，运输中的定价是复杂的。此外，运输服务是资本密集型、能源依赖型的，并且是在一个不太完全竞争的市场中提供的。因此，运费在提供服务的最大价值和提供服务的最低成本之间变化。服务定价的价值通常被称为"按市场承受的价格收费"。这也可以被认为是基于需求的定价，适用于承运人享有"卖方市场"的情况。然而有时，承运人面临一个"买方市场"，在这个市场中，货运价格因车辆供应过剩而被压低。接下来的问题是，运营商能从市场上获得多少承运人的成本。此类运费的范围可以从完全分配的成本到"自付费用"成本。

本书讨论了影响运输服务成本的生产因素，考虑了运输定价的需求方，其中需求方的空间和时间条件决定了承运人的策略。

第一节　前程与回程定价 *

实际上，各种运输方式提供的所有运输服务都要求操作者和/或其设

---

* 本节分析参考：Felton J. Impact of ICC Rate Regulation upon Truck Back Hauls ［J］. Journal of Transport Economics and Policy，1981，15（3）：253－267.

备返回出发地。客运通常需要往返，而货运则不需要。公约将派生需求较大的贸易方向列为前程方向；交易量较小的方向是回程。运营商需要被迫考虑二级回程市场的性质。

在货物运输中，承运人试图寻找货物运回其起点或路线上的下一个目的地，而不是空运返回。在没有回程的情况下，前面的托运人必须承担整个往返的费用。回程托运人的可用性可能但不一定会降低前托运人的成本。这取决于回程托运人对承运人在维持空载回程过程中产生的成本的贡献。如果有这样的运输，并且托运人和承运人都同意该运输条款，那么这是对资源的有效利用。本节开发了一个回程定价的经济模型，解释了由出发地和目的地托运人支付的往返费用的份额。

区域间模型（来自第三章）被扩展到考虑互惠贸易（见图 9.1）。地区 A 是产品 f 的出口商和产品 b 的进口商。B 区是其唯一的贸易伙伴。过剩供给和需求曲线描绘了产品 b 在产品 f 的相反方向上移动的派生需求。那么问题来了：将产品从 A 运到 B 的运价是否等于将产品从 B 运到 A 的运价？图 9.1 表明情况并非如此。将 b 运输到 A 的派生需求小于将 f 运输到 B 的派生需求。假设产品 f 和 b 可以使用相同的运输工具，将产品 f 从 A 运送到 B 需要的车辆将多于将产品 b 从 B 运送到 A 所需的车辆。

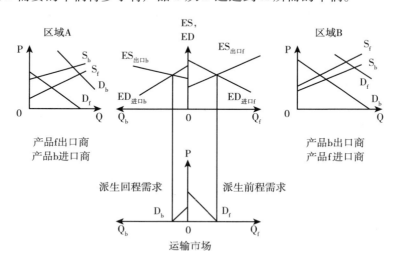

图 9.1   考虑互惠贸易的运输市场区域间模型

车辆的前程运输导致一次且仅有一次的回程运输。假设前程总是满载的；回程可能是也可能不是沿返回路径的空程。往返的生产是经济学家所说的联合生产的一个例子，因为这两种运输的比例是固定的 1：1。我们现在可以回到区域间贸易模型，考虑这个市场的回程需求。

为方便起见，图 9.1 下部的前回程需求曲线绘制在图 9.2 的同一图表上。假设前程需求（D_f）超过回程需求（D_b），因为就承运人而言，前者代表了货运的主要市场。在任何给定价格下，回程需求比前程需求更具价格弹性，因为前者的曲线总是低于后者，无论两条曲线之间的相对斜率如何，这一结论都成立。

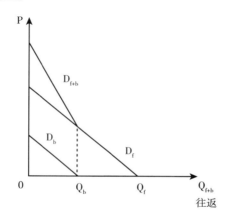

图 9.2　考虑互惠贸易的运输市场的前回程需求曲线

给定一个联合生产过程，将两条需求曲线垂直求和，可以得到一条联合需求曲线（D_{f+b}）。垂直求和的原因是，对于每一次往返，支付它的边际意愿是前面的托运人和回程托运人的意愿之和。如图 9.2 所示，联合需求曲线在回程需求的最大数量对应的数量上相交。

贸易商品的构成可能会扭曲贸易路线上双向交通的平衡。有些产品需要高度专业化的设备（如冷藏车辆、伐木拖车等），导致进口到原产国的物品可能不利于在出口途中使用的设备。这方面的一个例子是像谷物、钾肥和煤炭这样的原材料的批量处理，进口此类火车的车厢在出口运输时通常是空的。同样，许多散货远洋运输船仅携带压载水单向行驶。

假设车辆有能力在两个方向上找到负载，如图 9.3 所示。该模型表明，运输的一些前、回程成本可以分离。为了简单起见，边际成本被认为是恒定的。请注意，前程加空回程（MC_{f+be}）的边际成本与装载回程（MC_{bl}）的边际成本不同。

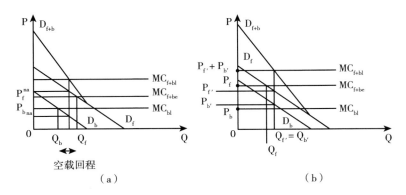

图9.3　车辆有能力双向负载的情况

　　装载回程的成本包括什么？当然，一辆满载的车辆会经历更多的磨损，以及一些额外的燃料消耗和额外的装卸时间，但最大的费用可能是放弃的机会和待命成本。如果不能立即得到回程货物，车辆和操作人员就必须等待。车主可能会自掏腰包支付司机在停留期间的餐费和住宿费，以及寻找返程负载的营销成本。机会成本是为了获得更高的前方载重而选择使用车辆。车辆等待低回报回程的时间可以用来返回，接受下一个前程的货物。

　　联合需求（D_{f+b}）是两组托运人的边际支付意愿的垂直和，并将其与装载的往返总边际成本（MC_{f+bl}）相比较。从这个联合量出发，每个行程的最优价格可以由单个需求曲线决定。图9.3（a）显示空载回程发生的原因是前程数量（Q_f）超过装载的回程数量（Q_b）。

　　由于竞争的存在，前程和回程装载的边际成本不能在两个市场共同需求的基础上划分。前程运输所需的运费在补偿此数量的已装载退货的可用低运费中不适用（na）。承运人可以从前程市场获得的运价 P_f 等于承载前程和空载回程返回的边际成本（MC_{f+be}）。市场上的公开竞争将迫使价格降至 P_f，而到 Q_f 时卡车将会上路。

　　同样，联合确定的回程率（na）也不适用，因为它低于装载回程的边际成本（MC_{bl}）。对于这些回程货物，承运人至少要求 P_b 抵消他们的边际成本。因此，一些运营商将简单地接受 P_f 并空载返回。贸易平衡是解决这个问题的关键。交通流量的不平衡使得货运价格无法根据联合需求来确定。相对于回程的需求，对前程的需求过于强劲。

图 9.3（b）说明了交通流量更加平衡的情况。在这种情况下，回程需求 D_b 更接近前程需求 D_f。满载回程率由回程需求决定，确保没有空载回程。事实上，卡车在回程上的竞争抬高了其可用的价格，从 P_b 到 P'_b 仅覆盖了装载回程的边际成本。在 Q_f 处，前程和后程的装载数量相等。随着回程需求的增强，没有哪家运营商能够获得支付单程成本（MC_{f+be}）和空车返程成本所需的费率。前程费率从 P_f 降至 P'_f。

图 9.3（b）说明，随着交通线路变得更加平衡，回程承运人开始承担往返成本的更大份额，前程的部分成本现在由回程托运人承担。虽然即将出现更大的联合数量，但此时的前程市场没有任何变化。然而，从定义上讲，回程托运人支付的费用仍低于前程托运人。

值得注意的是，这一分析只涉及承运人的私人成本，而忽略了与道路上更多空卡车相关的负面外部性。如果装载车辆的总里程增加，社会就会受益。通过减少空载回程，运输成本降低，将鼓励贸易专业化，而车辆减少将减少拥堵和空气污染。例如，一辆空卡车消耗的燃料大约是一辆满载卡车的95%。给空卡车加油对空气污染的影响较小，并可能减少拥堵和交通事故。

这个模型具有完全信息的假设，这样每一辆可用的卡车都能找到等待装载的货物。实际上，返回的空卡车数量超过了满足前程需求所需的数量①。

还有一个问题是监管，政府的规定可能会阻止对回程市场的充分开发。私人卡车运输，即托运人拥有自己的卡车，可以属于这一类别。允许私人交付到各个目的地，但私人承运人许可证的灵活性不如出租承运人在回程上征求独立货物的灵活性。例如，发生在国际或跨境市场，即限制海

---

① 这是通信和运输相辅相成的另一种情况。自 1990 年以来，互联网服务的出现可帮助托运人和承运人相互定位，或利用经纪服务预订货物。类似地，连接卫星的车辆可以更快地重新定向到回程负载源。

运，沿海航行涉及外国承运人仅在东道国境内运输货物，并引发了国内工作保护和其他政治热点问题[①]。当然，沿海运输可能性的增加将使外国承运人能够在有关国家的回程中从事更多活动。

在实践中，卡车运输公司经常试图通过使用三角形路线来避免底薪回程运输，这样他们可以在三段行程中获得更好的装载。在美国，地理和人口为三角形路线提供了许多机会，但在加拿大，人口中心是沿着美国边境延伸的。如果包括跨界的加拿大—美国货运，三角路线是可行的。在许多跨国界市场上，沿海路线约束限制了这种选择，但有些路线仍是可行的（见图9.4）。图9.4展示了一个常见的例子，在这个例子中，加拿大卡车司机把货物从大草原运到美国中西部，然后把美国货物运到安大略南部，在那里他们可以把货物运到加拿大西部。

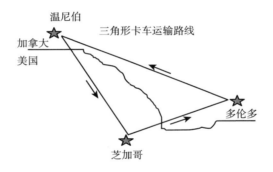

图9.4　卡车路线三角剖分

三角形路线使加拿大承运方避开了加拿大西部到安大略的交通路线，这是一个长期的回程市场。从温尼伯到芝加哥的车道也面临着回程费用，但它比五大湖北部的回程时间短，回程费用高。类似的三角形航线还有从加拿大沿海省份开始运行的。卡车司机把海鲜和土豆向南运到纽约，然后装上大量的干货，向西北行驶到多伦多或蒙特利尔，最后向东行驶回到海滨地区。

---

　　① 外国承运人在远洋船舶、航空公司和卡车运输活动中的沿海航行活动受到各国政府的高度监管，表面上是为了保护国内承运人。Stephen Blank & Barry E. Prentice 提供了北美沿海航行的现状 "NAFTA at 20: Time to Open the Internal Borders of North America to Cabotage." In Research in Transportation Business & Management，2015.

第二节　高峰负荷定价

当对一种商品或服务的需求随时间推移而不一致时，可以采用高峰负荷定价。很容易看出交通供应是如何受到高峰负荷问题的影响的：城市中所有的交通方式都受到每天"高峰时间"的影响；与秋季和冬季相比，在特殊假期（如圣诞节）和夏季，运营商的使用率更高，这就是所谓的季节性需求。当然，由于经济的周期性，随着时间的推移，所有交通方式都在不同程度上面临需求的高峰和低谷。然而，高峰负荷定价是在需求的变化上的，是以有系统的每天、每月或季节性的情况下使用，这可以从上面提到的两个例子中看到。不同的基于时间的需求曲线（峰值和非峰值）可以类似于基于位置的差异（如前程和回程需求）进行建模。

高峰负荷的问题有两个可能的来源。运输服务由公共或私人基础设施提供支持，这些基础设施虽有相关投资，但在高峰消失时不容易部署；也就是说，供给在短期内是不可分割的，而需求肯定不是。在高峰期和非高峰期，公司将不得不承受短期内的某些固定成本[①]。另一个高峰负荷问题的来源是，当特定的运输工具（如公共汽车、卡车等）面临意外的需求激增时。例如，一场大丰收对轨道交通的需求远高于平均水平，或者像奥运会这样的特殊事件会使城市交通需求翻倍。

需求高峰造成的经济困境是容量管理和顾客服务之间的权衡。高峰和非高峰需求之间的差异越大，管理供应链的能力或提供一致水平的顾客服务就越困难。图 9.5 展示了顾客服务和产能利用率两个层次的模型。这些图说明了从当年 8 月开始到来年 6 月结束的作物年度的季节性需求模式。在模型 A 中，产能的建立是为了使全年的顾客服务达到最大化和一致。然而，这也会使成本最大化。用于满足高峰需求的设备和人员越多，就会有更多闲置设备和人员在年底未得到充分利用。这些闲置产能的成本必须全年提供资金。

---

① 当农民抱怨时，铁路部门喜欢提醒农民，他们无法建造一座教堂来容纳整个复活节礼拜的会众。

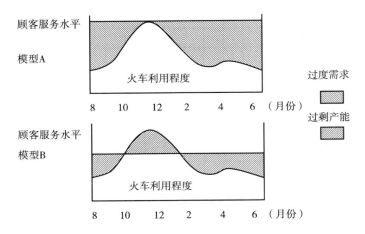

图 9.5　客户服务和容量管理给出的季节性需求模式

在图 9.5 的模型 B 中,产能被设置为满足"高平均需求"①。在高峰期,一些托运人收到的客户服务水平低于非高峰期托运人。然而,将峰值分散开来也降低了提供服务的成本。货主愿意支付的顾客服务质量,以及承运人能够提供的顾客服务水平,是通过供求关系的相互作用来确定的。通常情况下,运力是为了满足"较高的平均需求",而不是满足可能的最大峰值需求,因为托运人愿意以较低的价格换取较低的顾客服务水平。

如果政府监管或公司政策实行忽视市场需求的固定价格,情况就会变得更加复杂。在这种情况下,必须采用某种方法在高峰期对稀缺的供应进行配给。其中一种选择是以先到先得的方式提供服务。

忽略高峰负荷所造成的困境如图 9.6 所示。高峰和非高峰需求是不同的。管理价格在高峰时期让需求大大超过目前的能力。当然,过度的需求导致用户不断抱怨系统的公平性及对他们效率的影响。

在非高峰时期,管理价格高于市场均衡出清价格,在这种情况下,市场均衡出清价格为零。因此,操作员只剩下闲置或未充分利用的车辆。现在,经营者可能会因为效率低下而受到批评。"先到先得"的分配政策还有另一个长期存在的问题,被称为"幽灵订单",如果用户知道他们在高峰负荷期间可能会缺少服务,他们就会过度订购,以确保在不可避免的供

---

① 高平均需求可以代表平均需求加上一个标准差。

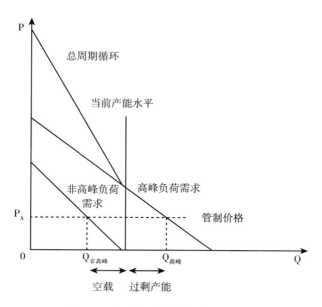

图 9.6　忽略高峰负荷所造成的困境

应配给中获得足够的份额。虚假订单向运营商发出有关真实市场需求的误导信号，并为不参与此游戏的人注入更多不公平因素。

另一种解决高峰负荷需求问题的方法是利用定价机制来分配供给①。随时间而变化的价格有助于缓和依赖时间的需求影响，并允许以最佳方式利用给定的能力水平（见图 9.7）。图 9.7 说明了使用价格分配峰值负荷的经济学原理。

数量（Q）可以是在特定的一段时间内由公共汽车或飞机运输的乘客。让需求曲线 D_1 代表（较高的）运输服务高峰需求，D_2 代表（较低的）非高峰需求。单位容量的维护成本是 CB，这意味着容量是可整除的，因此从长远来看，任何容量都可以在这个恒定成本下选择。在短期内，给定和固定水平的生产能力的单位运营成本是 CQ_c（假设 QC 是当前的生产能力）。当然，任何较小单位的 $Q < Q_c$ 也将以总成本 BQ_c 运行。

---

① 这两种选择的许多例子可以在交通中找到。在一些机场，法规的权力被用来对乘客登机口的分配进行配给。通常，这些机场登机口是根据过去的活动分配给航空公司的。其他机场使用拍卖系统来确定登机口。

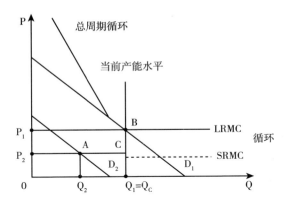

图 9.7　"峰谷"定价机制分配峰值负荷的影响

　　结果表明，最理想的结果是高峰用户为 Q_1 支付 P_1，而非高峰用户为 Q_2 只支付 P_2。请注意，对价格无弹性需求的用户组收取的价格较高。峰值用户吸收整个 P_1BQ_10 成本的原因是当前的容量是为了满足他们的高需求而构建的。Q_c 这个选择的容量水平的成本恰好等于峰值用户的支付意愿，这意味着 P_1 实际上是提供服务的 LRMC。非高峰用户只面临给定容量水平（P_2AQ_20）的运营成本，因为他们从不接近容量限制。实际上，他们提供周期性服务支付的 SRMC 等于 P_2。当然，SRMC 只在容量限制的左边有效。一旦达到容量限制，SRMC 将成为垂直的竖线。

　　如果非高峰需求增长过快，超出了图 9.7 中的 C 点，则非高峰用户将无法被容纳，进而提出由非高峰用户分担部分容量维护成本的情况。Q_c 这种情况如图 9.8 所示。

　　为简单起见，假设高峰和非高峰时段分别为每天 12 小时。考虑每天 24 小时存在的 A 和 B 成本，必须在两组需求者 D_1 和 D_2 之间进行最优分配，这两组需求者的使用时间分别为 12 小时。LRMC 被分解为维持给定产能所需的投资（B）和运营成本（A）。

　　在每个峰期和非峰期的持续时间相等的情况下，可以将两条需求曲线垂直求和，得到表示对给定能力水平的总支付意愿的联合需求曲线。因为这个问题涉及 B 在两组用户之间的最佳划分，所以让运营成本（A）为零会更方便一些。为了便于比较，图 9.7 中的（C）点已在图 9.8 中进行了适当的定位和标记。现在非高峰期需求较高的最佳容量为 Q'_c，高峰期用户

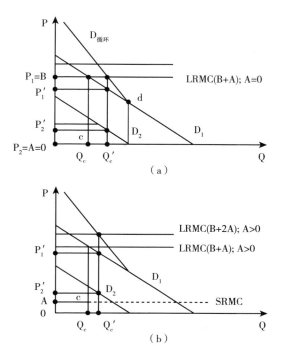

图 9.8 非高峰用户将无法容纳，并提出由非高峰用户分担部分容量维护成本的情况

支付较低的价格 P_1'，非高峰期用户支付较高的价格 P_2'。因为：

$$(P_1' + P_2') = (A + B);A = 0 \qquad (9.1)$$

边际效益等于边际成本，这意味着最优状态已经出现。当然，如果社会成本和利益被纳入成本曲线和需求曲线，就会出现社会最优。现在，如果营业成本为正（即，$A > 0$），假设两组用户在 24 小时内的总成本为 2A，即总成本为（2A + B）。因此，对于 $A > 0$，式（9.1）可变为：

$$(P_1' + P_2') = (2A + B),or(P_1' - A) + (P_2' - A) = B \qquad (9.2)$$

要清楚地遵循这个推理非常重要。联合需求曲线实际上是一个两期需求曲线，因此，它只能与两个周期的 LRMC 进行比较。两期 LRMC 是两类需求在整个周期中所面临的成本之和：A 为非峰期，（A + B）为峰期。图 9.8（b）显示了 $A > 0$ 发生时的最优价格。通过比较图 9.6 和图 9.7，如果水平线 $P_1 = Bd$ 相交 D_1 的右边点，在图 9.8（a）中，B 的用户必须支付所有峰值如图 9.6，因为非高峰用户不再要求容量数量。

　　最优高峰负荷定价方案意味着没有座位是空的。非高峰用户能够也愿意支付高于 SRMC 的价格，高价格限制了高峰时期对可用空间的需求。假设高峰负荷定价问题中的两条需求曲线是相互独立的。在现实世界中，峰值价格（P_1）的变化可能会影响非峰值用户的偏好，这意味着需求曲线 D_2 会做出响应。这样的结果要求分析师估计高峰和非高峰用户需求的交叉价格弹性，以便衡量需求曲线的移动可能。当然，用户在高峰和非高峰使用之间的吸引力取决于设定的价格，公司就很难将用户分成这两类。关于这个问题，将在本书关于价格歧视的第十章中有所阐述，这种需求依赖关系将使模型进一步复杂化。

　　在实践中，LRMC 既不可见，也不容易测量。幸运的是，如果市场有足够的竞争，就有可能用拍卖市场来近似这个理论结果。美国和加拿大的铁路也在使用这样的拍卖系统来分配火车车厢，托运人可以通过保证预订系统竞标铁路车辆，同时该系统对托运人和承运人都有绩效要求①。

专题二：加权需求曲线

　　当峰值和非峰值需求在不相等的持续时间内存在时，必须计算加权需求曲线（D_w）（见附图 2.1）②。附图 2.1 是两条持续时间相等的曲线的加权需求。

　　加权需求简单地说就是将 1/2 权分配给 D_1 和 D_2 的每一数量的支付意愿的总和。在加权需求曲线与加权 LRMC 交点处确定最优容量；即（1/2）（B + A）是两组用户中任意一组的适用成本的加权平均值。

---

　　① 伯灵顿北部圣达菲公司提供运输证书项目，联合太平洋公司提供汽车供应券项目，加拿大太平洋铁路公司提供 PERX 项目。每个项目都有其独特的特点，但都是在有保障的汽车安置服务的基础上运行的，这些服务的价格是通过拍卖确定的，允许根据托运人的需求分配部分车队容量，余下的机队运力分配给专线穿梭列车或单车列车服务，以及一般运价/配送服务。在大多数情况下，仍按先到先得的原则分配普通关税/配送车辆，但这些货主在需求高峰期克服了车辆供应的最大风险。

　　② 展示这种技术的开创性文章是：Williamson O. Peak-Load Pricing and Optimal Capacity under Indivisibility Constraints [J]. American Economic Review, 1966, 56: 810 – 827.

例如，如果希望指定一种情况，即高峰使用持续时间的 2/3，而非高峰使用持续时间的其余 1/3，则必须计算新的加权需求曲线。从这一点出发，分析与上述相同。

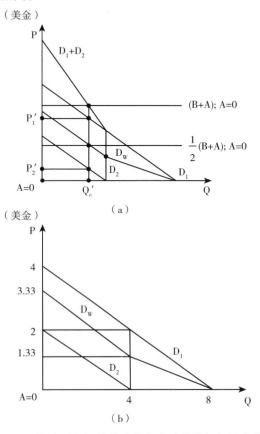

附图 2.1 持续时间相等的峰值和非峰值的加权需求曲线

寻找峰值和非峰值价格需要纳入加权 LRMC，即 A = 0 时，（1/2）（A + B）。当然，在图 9.6 中，它的值仍然是（1/2）（A + B），因为权重的平均值是 [（1/3）+（2/3）]/2 =（1/2）；确实（1/2）（A + B）是所有可能的峰和非峰权重的情况，因为两者的权重都是 1/2，因此和是 1。

练习题

1. 阿尔伯塔省政府决定再给每个居民一张 400 美元的支票，让他们分享石油财富，预计大多数人会很快把这笔意外之财花掉。

（1）绘制一个合适的模型，并解释说明这种"慷慨"对进口货物运输到阿尔伯塔省的需求影响。

（2）进口的增长会对阿尔伯塔省的出口产生影响吗？解释可能发生这种情况的条件。

2. 中国是世界上最大的消费品制造国，以多式联运海运集装箱（20英尺和40英尺）出口货物，从中国到北美的集装箱运输需求大大超过了回程，且有一半的集装箱运回中国时是空的。

（1）绘制一个适当的模型并解释说明中国和北美之间的太平洋航线上集装箱运输需求的性质。

（2）请解释模型的经济学原理，以及为什么随着人民币相对美元升值，返回中国的空箱数量可能会下降。

3. 美国对货物运输的限制意味着，如果一辆加拿大卡车将货物运往美国，又找不到回加拿大的货，便只好空着回去。加拿大卡车司机被禁止装载来自美国和目的地都在美国的货物。加拿大对美国承运人在跨境运输方面施加了相互限制。

（1）绘制一个合适的模型来解释取消这些限制将如何影响美国和加拿大之间的运输成本。

（2）解释为什么取消这一限制可能不会对一些跨境市场的运费产生任何影响。

4. 加拿大将冷冻薯条装在冷冻火车车厢里运往墨西哥。南行（到墨西哥）的运费很高，因为75%的火车车厢是空的。一组墨西哥冷冻食品加工者主动提出利用一半的空车。

（1）假设铁路公司接受报价，绘制适当的模型来说明需求前后的情况。

（2）相对于固定成本，铁路的可变成本较低。这将如何影响铁路从墨西哥向北行驶的汽车和冷藏车的运费？

5. 消除北美自由贸易协定（NAFTA）国家（加拿大、美国和墨西哥）之间的航空运输壁垒最具说服力的经济理由是：提高效率，扩大贸易，减少负外部性。

（1）使用适当的经济模型和例子，解释允许北美自由贸易协定国家的承运人相互进入彼此的国内市场竞争将如何降低运输成本和刺激贸易。

（2）北美自由贸易协定国家之间所有运输方式（海运、空运、铁路、卡车）的运输范围的扩大将如何影响多式联运竞争和负面外部性。

6. 卡车司机经常使用三角路线，而不是在同一条路线上往返于出发地和目的地之间。

（1）绘制适当的模型来说明观察到的行为的经济原理。

（2）运输限制如何影响相邻国家之间的卡车路线模式？

7. 在9月份收获季节开始后，对火车运输小麦、油菜籽和其他谷物的需求迅速增加，直至圣诞节。随后，粮食运输量开始下降，夏季几个月的运输量很少。尽管粮食运输量的变化很大，但由于政府规定，铁路对每吨粮食收取相同的价格。因此，在高峰期间，铁路车厢按照改良的"先到先得"的原则配给货主（粮食公司）。

（1）使用适当的经济模型来分析解释为什么配给制受制于粮食运输商对他们从铁路获得的服务质量的长期抱怨。

（2）替代管理配给的办法是解除市场管制，让铁路车厢根据供求进行分配。在高峰期间，运费会随着需求而增加，在非高峰期间则会下降。描述让价格决定哪个托运人得到一辆火车的利弊。

8. 每天"高峰时段"发生的汽车交通拥堵问题与高峰电价问题有着密切的联系。

（1）使用一个或多个合适的模型，解释为什么征收公路/高速公路通行费就像一个高峰负荷定价政策，而忽略交通拥堵就像一个有管理的道路定价政策。

（2）解释为什么高速公路收费可以是解决交通拥堵的社会最佳方法，但一般来说，它们是不受欢迎的。

9. 在加拿大和美国，夏季旅游旺季和特殊假期的机票价格通常要高于一年中的其他时间，这似乎不公平。正当大多数人想旅行的时候，航空公司却抬高票价。

（1）绘制一个适当的模型并解释评估这种可变定价政策的公平性和效率。

（2）解释为什么政府可能不愿意就消费者对高票价的投诉采取行动。

第十章
运输产品定价

正如前文已经讨论过的，运输服务的定价可以从自付费用（AVC）到市场承受的任何价格或价值定价。然而，在某些情况下，价格也可以以实物形式支付，如骑自行车和开车。对于骑车者的隐含价值，忽略锻炼的益处，是他们自付费用驾驶汽车和骑自行车所花费的额外时间之间的差额。同样，时间的内在价值，以及部分额外运营成本，是汽车司机为陷入繁忙时段的交通拥堵而付出的代价。

运输中的产品定价也可能涉及市场细分，不同的消费者可能因相同服务的价格较高或较低而受到歧视。运输行业普遍采用价格歧视和相对收益管理来增加承运人的总收入。

第一节　交通拥堵成本定价

在拥堵成本下的定价是一个相对的高峰负荷定价问题。高峰负荷定价涉及的市场划分，分为重度用户和轻度用户，他们在市场上的存在时间是分开的。拥堵成本的产生主要有以下几个方面：（1）常见道路上的速度—

流量关系；（2）与车辆使用有关的速度—成本关系。

这两点是相关的，因为交通流量与车辆生产率有关。利用率损失与机会成本有关。在交通高峰期间，拥堵成本最高，而在非高峰期间，交通可以顺畅地流动，不会对利用率产生可衡量的拥堵影响。

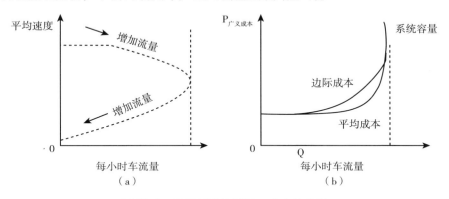

图 10.1　流量与平均速度、成本的关系

在某一点之后，给定交通方式的流量和平均速度之间的关系是负的（见图 10.1)[1]。图 10.1（a）中显示了给定数量的车道和给定路面质量的道路。当越来越多的车辆进入道路时，经过道路上某一点的车流必须平均减慢。随着道路上增加的交通流量接近系统容量，所有车道迟早会变得拥挤，因此司机会减速。请注意，这是速度—流量特性的工程关系。当其达到系统能力后，如果继续有车辆进入，则平均速度和过某一点的流量都会进一步下降。

---

① 更正式的介绍参见：Vickrey W. Congestion Theory and Transport Investment ［J］. American Economic Review, 1969（59）：251 – 260. 当交通量在容量的 50% ~ 90% 时，每辆车平均延误的函数形式写为 z，如下所示：

$$z = t - t_0 = (1/s) - (1/s_0) = ax^k \qquad (10.1)$$

其中 t 是行驶给定距离所用的实际时间；t_0 是在非常轻的交通条件下所需的时间；s 是车辆在流动中的平均速度；a 和 k 是常数参数；x 是交通流量。由于完成给定距离所需的时间增加，流量的增加会导致平均延迟的增加。所需时间的增加来自较慢的速度；也就是说，如果 $t > t_0$ 则 $s < s_0$。

从每辆车的平均延迟来看，如果假设流（x）中的每辆车都将经历相同的延迟（z），则在给定流中分布的总延迟为 zx。这种延迟相对于流量的变化写成全导数如下：

$$d(zx)/dx = z(dx/dx) + x(dz/dx) = z + x(dz/dx)$$
$$= ax^k + xakx^{k-1} = ax^k + kax^k = (1 + k)z \qquad (10.2)$$

当流量增加一辆车（dx）时，将使更大流量的总时间延迟增加 $(1 + k)$。额外车辆每延误一分钟，其余车辆平均延误 k 分钟。那么 k 的值是多少？在轻度拥堵情况下，它可能是 2，这意味着时间延迟根据等式（10 – 1）随交通流量的平方而变化。更高的拥堵级别意味着更高的 k 值。

　　当然，随着速度的下降：（1）车辆每公里的运营成本上升；（2）出行给定距离所需的时间也会增加，从而增加了出行的机会成本。这体现在图10.1（b）中。广义成本这一术语将在本书中得到更充分的阐述，但它包括对司机的时间（机会成本）的补偿及驾驶汽车的实际成本。这些都是拥堵的私人成本。注意，边际成本（MC）和平均成本不会在有足够的汽车相互交互之前上升。然而，一旦交通开始拥堵，成本就会迅速上升。如果交通流量增长达到图10.1（a）下侧的状态，那么边际成本和平均成本将开始垂直上升，甚至可能向后回落。

　　交通拥堵的社会成本会增加私人成本。由于频繁的启停和怠速，发动机的工作更加粗犷，可能会产生额外的污染，以及由于拥塞导致其他人无法进入道路而造成的时间延迟成本。交通流量减少但更加不稳定对事故率及道路维护的影响尚不清楚。

　　对于拥堵的道路，显而易见的工程解决方案是使其更宽，以便有更多的车道来容纳交通。实践表明，没有一项道路建设计划能够建造出一条摆脱拥堵的道路。然而，原因相当微妙。考虑一个有关队列和吞吐量采用的速度—流量关系的例子①：想象一排滑雪者，每个人都在成对地等待轮到自己使用滑雪缆车。在任何给定的时间内，希望使用升降机的滑雪者人数都是固定的：从缩短队伍的角度来看，增加升降机的速度是否有意义？无意义。事实上自相矛盾的是，加快升降机的速度反而会使排队的时间更长（见图10.2）。

　　让我们想想为什么。假设在前一对滑雪者离开后，一对滑雪者需要固定的时间来调整自己的位置。如图10.2所示可以得出结论，载荷率与滑雪升降机的速度无关。当然，有人甚至可能政变说，为提高升降机速度，需要增加对应的抬升力，为此需要更多的准备时间，这意味着装载时间可能会增加，但这一影响将被忽略。卸载速率也将是常数，并等于加载速率。固定人群分为三组：（1）升降机；（2）入站滑雪者；（3）排队的队列。因此，滑雪场会形成一个循环的活动流程。

---

　　① 例子参考 Schelling T. Micromotives and Macrobehavior［M］. New York：W. W. Norton and Co.，1978. 它提供了一个关于微观经济学和人类互动问题的精彩讨论。

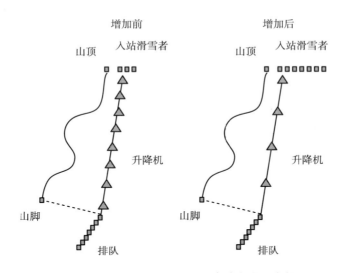

图 10.2 加快升降机速度是否会减少排队人数

在装载和卸载速率恒定的情况下，进入滑雪场的时间与升力到达顶部的速度无关，在任何给定的时间内，无论上升的速度如何，都有相同数量的滑雪者在上升和下降。从所有三个阶段的固定总人数中减去滑雪阶段的固定人数，其余两个阶段的人数不变。但是使用电梯的搬运时间减少了，因为电梯将人们运送到顶部的速度更快了，而且，考虑装卸时间是恒定的，使用中的椅子间隔得更远了。在同一时间点，滑雪下山的人数相同，但在电梯上的人数却有所减少，唯一能保持平衡的地方就是现在更长的队伍。总之，提高电梯速度只能减少提升时间，而不能减少延迟。

考虑一下上面这个例子的含义。如果只拓宽众所周知的拥挤道路的一部分，整个道路的拥堵会减少吗？不会。一个瓶颈被消除了，车辆只会加速，直到在前方较窄的路段撞上下一个瓶颈。事实上，这个瓶颈，就像滑雪缆车的排队一样，将会比以前更加拥挤，因为更多的车辆能够更快地到达。滑雪过程作为一个封闭的系统，意味着在上升过程中付出了"代价"，而下坡过程是"自由的"。

在某种程度上，人为造成的拥堵问题是以司机在经过事故现场时呆呆地看着的形式出现的，因为这些司机在观察事故时减速了。这样一来，即使是在北行车道上，发生在南行车道上的事故也会使车辆减速。看热闹可能只需要几秒钟，而排队等候的人可能要花上几分钟。对一些司机来说，当他们看到事故的时候，事故可能已经被清除了，但这是他们要冒的风险。早期的看客们给他们身后的每个人强加了一种外部成本，而前者不需要考虑这一点。

最后考虑，在繁忙的道路上有障碍物（如垃圾桶），迫使司机减速并绕过它。无论是从个人的角度还是从社会的角度来看，任何一个司机都没有动机把车开到一边并把它移走。在个人意义上，司机忍受着减速缓行直到到达障碍物，一旦绕过障碍物，无论是否将其移动，司机都将恢复正常行驶速度。从社会意义上讲，清除障碍为其他司机创造利益，却没有得到补偿。那么，为什么现实世界中有些人会做出这样的善举呢？这将是出于非金钱原因，如利他主义或对"黄金法则"的信仰。也许为了推卸责任，人们会问：有多少司机会在经过这个利他主义者的时候，比如扔一个便士给他，来给他小费？

考虑一个相关的例子。一辆汽车正行驶在多车道高速公路的高峰车流中。司机注意到他自身行驶的道路缓慢，就在那个时候决定换车道。这是一个很好的策略来处理高峰负荷拥堵吗？答案更有可能是否定的，换道不能保证缩短驾驶员的驾驶时间。事实上，由于某条车道相对于其他车道变慢而换车道可能不是最优的，因为同样变慢的司机也会有同样的想法。当有足够多的司机转向另一条车道时，它就会减速，而之前减速的车道就会开始加速。

驾驶员所面临的问题是计算变道的边际效益与 MC 之间的差异。如果驾驶员认为边际效益为正，那么他就有理由换道。这样做的代价是需要额外的注意力及应变可能发生的事故，而好处是可以节省时间。请注意，这个计算涉及司机的感知成本和收益，也就是说，他计算的可能是也可能不是在另一条车道上实际发生的情况。在他的计算中，一个很好的附加因素是他对在他前面的车道上的其他司机是否已经决定换车道的感知。我们的司机不会想成为一个边际司机，他只是成功地在另一条车道上减速，时间量等于他刚刚换开的车道的时间量。只有那些在他之前的边际切换者才会实现时间增益。当所有车道以相同的速度行驶时，系统就会达到平衡。

当机场跑道拥挤时，可能涉及三种形式的成本：第一，起飞和降落的时间延误可能会给乘客造成时间损失；第二，由于飞机在跑道上额外的空转时间和可能绕行跑道等待许可，飞机的运行成本可能增加；第三，作为回应，航空公司可以增加为该机场服务的机队规模。第三点需要更多的解释：随着拥堵的增加，在给定的机队规模下，每段时间内完成的行程数量会下降，这意味着机队每段时间的收入也会下降。为了阻止收入的下降，可以增加一架额外的飞机，以增加航空公司完成的旅行次数。当然，负外部性已经发生，因为这家航空公司进一步增加了其他航空公司面临的拥堵成本，包括它自己在使用机场时所面临的拥堵成本。

航空公司增加机队的决定取决于机队获得的边际收益（MR），这架边际飞机的贡献超过该飞机的 MC（包括它造成的进一步拥堵）。然而，如果这架额外的飞机可以在另一个不拥挤的机场使用，机队的收入肯定会增加。我们可以区分货币外部性和真实外在性。如果人们认为每架飞机都是同一市场的一部分，那么拥挤仅仅是一种货币外部性，是用户必须接受的价格。但如果每一辆车都被认为是一个独立的市场交易的一部分，那么拥堵就是一个真实的外部性，需要加以考虑。选择是主观的。

货币外部性并不妨碍政府在市场中发挥有价值的作用。考虑拥堵成本问题（见图 10.3）。在这种情况下，拥塞在每一时间段 Q_1 的车辆流量处开始，并且随着数量的进一步增加，问题变得更糟。例如，由于道路上多了一辆车导致交通拥堵加剧，车速会下降，因此每一辆新车进入道路，每次出行的广义成本就会上升。因此，所有已经上路的汽车的平均成本也将上升，这是一个负外部性的拥堵来源。在现有道路通行能力和交通流量均衡时，经济成本为 DC。考虑这个成本，汽车司机可能会很乐意支付相当于 BA 的通行费，并在较少拥堵的道路上行驶。

如果不考虑拥堵成本，私人市场将以 P_p 的价格和 Q_p 的数量结算。适当考虑拥堵成本后，最优价格和数量将分别为 P^* 和 Q^*。超过 Q^*，出行中包含拥堵的 MC 就会超过出行对司机的边际社会收益。如果不考虑其他司机的这些活动成本，那么在进入道路时对第 Q^* 辆汽车征收 AB 规模的税（或道路通行费），以及对前一辆车的类似税将迫使私人 MC 函数（MC_p）与包含拥堵的 $MC(MC_p + MC_c)$ 保持一致。

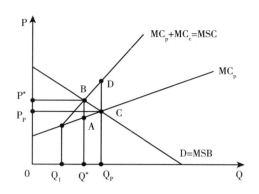

图 10.3　拥有成本与通行费

从 Q_p 到 Q^* 的交通流量减少带来的净社会收益来自运营成本（Q^* BDQ_p）的降低，而收益损失来自 Q_p 和 Q^* 之间的边际驱动因素将使用该道路（Q^*BDQ_p）。因此，由于交通减少而产生的净社会收益是阴影区域 BCD。

在上述引用的航空公司案例中，一家私人航空公司与其他航空公司以总流量 Q^* 运营，但该私人公司不受其造成的拥堵的影响，反而希望在其机队中增加一架飞机，因为当添加额外的飞机时，有 $MSB > MC_p$。如果航空公司本身没有意识到其产生的与 AB 相等的拥堵成本，或者没有意识到由于自身造成的政府对其他航空公司不评估税收，那么这家航空公司将增加那架额外飞机的成本。

高峰负荷问题和拥堵问题有可能发生在同一条道路上，也就是说，道路可能一直都很拥挤，在高峰时段更是如此。在这种情况下，为了合理定价，需要采取两部收费制，这实际上不过是一种税收，用于解决两个不同的问题。每辆车每高峰/非高峰的费用需要考虑高峰负荷问题，按照行驶距离收费以解决拥堵问题。在这方面，燃油税不是最优税，因为它可能考虑到距离，但它与高峰/非高峰无关。停车费用在这里也不是最佳的，因为这些费用可能会根据高峰和非高峰分时段收取，因此不能考虑在停车场行驶的距离。

在收费公路上，峰值问题可以在时间相关的基础上征税，通过计算入口和出口点，可以对距离问题征税。拥堵税将在出口时使用标有入境点的票支付。在这方面，收费公路可以同时最优地解决拥堵和高峰负荷问题①。就出入热门地区的收费系统而言，只需向一个方向收费，因为从另一个方向走的人已经被"捕获"了。换句话说，如果人们排一次队就能收取同样的钱，那么排两次队就没有意义了。

第二节　价格歧视

　　高峰负荷定价问题表明，当高峰用户和非高峰用户可以根据各自的需求曲线相互分离时，运输服务的最优定价是如何发生的呢？这属于联合产品的定价，因为如果在不同时段提供了非高峰服务，那么就无法同时提供高峰服务。当企业能够将消费者分成不同的需求类别，能够同时对同一种服务收取不同的价格时，就构成了价格歧视。虽然这个词听起来可能是消极的，但从经济上讲，它仅仅意味着企业有动机向不同类别的消费者收取不同的价格，从而将一些消费者剩余转移给自己。当然，企业需要市场支配力才能做到这一点，这就是为什么从事价格歧视的企业类型不是完全竞争企业。

　　为了对相同的产品（尺寸、质量等）收取不同的价格，价格歧视政策必须存在三个条件才能有效。首先，必须存在不同的细分市场（即它们必须具有不同的需求特征）。其次，识别群体的有效手段必须可用且可执行。最后，集团必须不能进行套利（即不能允许支付较低价格的集团将其"特权"转让或出售给支付较高价格的集团）。

一、三级价格歧视

　　如果企业面对的是产品的整个市场需求，或者如果一小群企业能够有

---

　　① 最优收费虽然是为解决拥堵道路而定价的有效方式，但实施起来绝非易事。如果车辆造成的拥堵每天或每小时都在变化，那么收费也必须如此。如今我们可以使用电子标签，可以避免收费站的问题，还可以即时修改收费。更大的障碍是政治上的，政府已经表现出非常不愿意使用通行费来管理拥堵问题，因为他们担心在下次选举中会遭到强烈反对。目前，伦敦拥堵收费的成功正在受到密切关注，这可能会鼓励其他司法管辖区的公民领袖尝试某种形式的收费来减少交通拥堵。

效地合作，市场需求可能会被细分为不同类别的需求者。当然，在城市交
通中有不同年龄和收入水平的旅客，航空旅行由商务旅行者和临时旅行者
组成，而卡车和铁路运输则面临着大宗货物和制成品的运输。在某种程度
上，这些需求者是不同的，他们为服务付费的意愿也可能是不同的，这就
是为什么他们的需求可能是不同的。假设以该企业或企业集团作为垄断企
业，那么在价格歧视下的定价将发生如图 10.4 所示的变化。

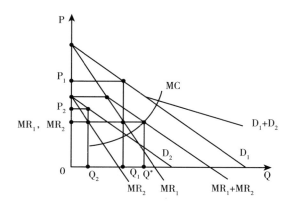

图 10.4　三级价格歧视

　　市场分为两个需求子部分，D_1 和 D_2，每个子组件都有自己的 MR 曲
线。MC 曲线确定了两个子市场的成本。利润最大化公司将设置最优数量
（Q^*），其中 MC 等于两条 MR 曲线的水平总和（$MR_1 + MR_2$）。同样，在
每个市场（Q_1 和 Q_2）中售出的最后一个单位将各自带来相同的 MR。需要
注意的是（$Q_1 + Q_2$）$= Q^*$。例如，如果 MR_1 超过 MR_2，那么公司的收入将
通过向第一类销售更多商品而向第二类销售更少商品而增加。

　　通过将价格设置为特定需求曲线上对应的点，并从个体数量中获得第
一类和第二类的个体价格。请注意，价格越无弹性的一类需求者（第一
类）收取的价格越高。一般的结果是，如果企业希望利润最大化，在价格
歧视下设定的价格应该与需求的价格弹性成反比，这就是所谓的三级价格
歧视。直观地说，如果面对两类需求者，应该设定更高的价格，并且在这
种价格溢价不会被更大百分比的需求下降所抵消而导致收入下降，根据定
义，在这种情况下，需求更具有价格弹性。关于这个结果的证明，请参阅
本章末尾的附录。

即使可以确定具有不同价格弹性的组，将其细分为子组别也并不总是容易的。公司设计了一些巧妙的方法让不同阶层的人展示自己。例如，假设航空公司意识到其乘客由两组不同的人群组成：商务旅行者和休闲/度假旅行者。航空公司知道，商务旅行者喜好航空旅行所允许的速度因素，因此预计这一群体的需求的价格弹性更小，在价格歧视下，应该收取更高的票价。简单地询问购票者的航班是商务航班还是休闲航班，如果其透露是商务航班，就收取更高的费用，这一举措不会长久，因为商务出行者最终会流行起来，并声称自己是休闲旅行者。

解决这个问题的一个方法是提高每个人的价格，并通过在满足某些条件的情况下提供折扣来降低休闲旅行者的价格。在折扣航空公司出现之前，大型航空公司会做广告，对包括周六晚住宿在内的往返机票降价。这一方法是有效的，因为普通旅行者更倾向于在周末停留，而商务出行者通常只需要在工作日停留。航空公司还观察到，如果雇主希望员工使用减价机票，员工可能会要求支付加班工资。来自国内折扣航空公司的竞争破坏了这种形式的航空公司价格歧视，因为他们开始为所有人提供低价机票，包括价格弹性较低的商务出行者。然而，"周六晚"定价系统仍然适用于洲际航班。

当然，航空公司的价格歧视并没有消失，反而变得更有创意了。现在，根据处罚时间和额外津贴，各个子部分被分开。此外，航空公司还对过去免费的旅游项目提供了完整的收费清单。例如，预留座位、餐费和行李费都要收费。"点菜"服务的提供以前被纳入门票，使其价格策略的元素与三级价格歧视相匹配。互联网预订增加了价格竞争的透明度，因为客户只需点击几下手指就可以轻松比较每家航空公司的产品，因此对这种方式的需求得到了加强。

二、二级价格歧视

二级价格歧视是一种弱势形式，因为市场细分的条件不完全。已知存在不同的消费者需求，但无法直接识别群体成员。因此，公司不得不依靠某种自我认同的方法。二级价格歧视的一个例子是购买数量折扣，即用较

低的价格诱使那些本来不会进入市场的人购买商品或服务，效果如图 10.5
所示。

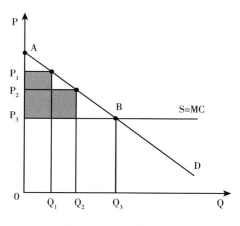

图 10.5　二级价格歧视

如果我们有效地设置了统一的价格，结果将是：价格为 P_3，销售量为
Q_3，且存在 ABP_3 的消费者剩余。但是，如果企业对该总数量收取三种不
同的价格，它将获得等于阴影区域的消费者剩余。实际上，Q_1 以 P_1 的最
高价格卖出，（$Q_2 - Q_1$）以 P_2 的价格贴现，而（$Q_3 - Q_2$）以 P_3 的价格
"按成本"出售。二级价格歧视的一个常见例子是食用土豆的营销：一袋
装有 5 磅土豆的价格通常是一袋重 20 磅土豆的两倍。这是因为卖家歧视小
家庭和没有地方储存土豆的人[1]。

零担卡车载货承运人是以这种方式为他们的服务定价的。因为出货量
增加的尺寸，它们有离散的重量类别，以提供每磅更低的价格。一旦货物
的大小超过半辆卡车的装载量，它们的运价将接近卡车装载量。另一个例
子是在航空公司购买机票。一些航空公司提供 30 次或以上航班的通票，票
价固定，低于购买单次机票的平均价格。

---

① 　对一袋 20 磅土豆的需求也可以被视为位于正常需求右侧的"全有或全无"需求曲线。在
较低的价格下，消费者得到全部或全部不提供，他们是否消费土豆与卖方无关。卖家很乐意从市
场上移除这些易腐烂的库存。另一个二级价格歧视的例子是出售体育赛事的季票。球馆老板知道
一些座位可能会空着，所以他们愿意为更大的数量打折，以从不买票的人那里获得更多的消费者
剩余。

三、一级价格歧视

一级价格歧视要求垄断权力，涉及向每个用户收取其最大的支付意愿，又称拉姆齐定价。拉姆齐规则假设垄断者受到法规的约束，经济利润为零，价格是根据个人需求价格弹性的倒数来设定的[①]。需求越缺乏弹性，加价就越高。在这种情况下，一个有效的结果出现了，即整个消费者剩余被垄断企业占用，垄断企业可以根据长期边际成本（LRMC）来设置产量，并避免通常与垄断相关的福利损失。

矛盾的是，自然垄断是低效的，除非它们确实能够完全实行价格歧视。图 10.6 给出了自然垄断模型。自然垄断的一个关键条件是使长期平均总成本（LRATC）在整个相关需求中不断下降。原因是因为如果 LRATC 随着企业规模的扩大而不断下降，领先企业可以继续收购竞争对手，从而获得更低的成本，直至只有一家企业，垄断仍然存在。

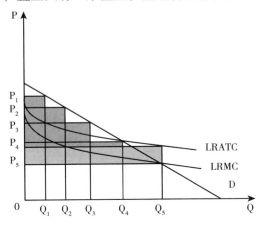

图 10.6 自然垄断

LRMC 曲线与 LRATC/需求交点右侧的需求相交意味着垄断无法盈利，也无法实现配置效率。如果自然垄断者被迫以 P_5 的价格提供数量 Q_5，那么垄断者将遭受等于 LRATC 与其在 LRMC 收入之间的浅色区域的损失。

---

① Ramsey Frank. A Contribution to the Theory of Taxation [J]. Economic Journal, 1927 (37): 47－61.

垄断者的拉姆齐定价从其他四个用户中提取不同价格，每个价格都是根据买方的需求价格弹性确定的。价格歧视将深色阴影区域所代表的消费者剩余转移给垄断企业。价格歧视的收益交叉补贴了提供最优数量所固有的损失。如果定价为垄断者带来零经济利润，那么它就是最优的。

在多产品公司的情况下，拉姆齐规则要求改变公司产出的价格，以使所有价格按比例变化。假设一条铁路有两种产品散装轨道车（A）和集装箱服务（B），并且数量是在 MC 定价 QA^{MC} 和 QB^{MC} 下生产的。以 QA 和 QB 的产量对 A 和 B 收取的拉姆齐价格应该产生零经济利润。这要求，如果发生任何变化，则 $QA^{MC}/QB^{MC} = QA/QB$。如果散装运输（产品 A）的需求比集装箱（产品 B）更缺乏弹性，那么价格的变化需要散装铁路车辆相对于其 MC 更大的增长。在实践中，拉姆齐定价面临许多问题，其中最重要的是准确估计需求弹性。

拉姆齐定价法已用于海运和铁路运输。关于运输行业价格歧视的论据很有力。一个有趣的悖论是：如果由于多式联运的竞争，铁路价格因距离而不同，社会可能会更好。弗里德曼（Friedman，1988）提出了铁路与河线竞争的例子[①]。在这种情况下，位于河流上的城市可以选择驳船或铁路，而远离河流的城市只能依靠铁路。可以理解的是，当前往竞争激烈的河流城市的短途运输的每英里运费高于长途运输的每英里运费时，位于离河流中间位置的托运人可能会觉得他们多付了钱。然而，铁路基础设施的成本很高，如果没有价格歧视，铁路的收入可能不足以证明不在河上的中间位置服务的轨道投资是合理的。这个多式联运竞争的例子将在本书第十一章进一步探讨。

在实践中，一级价格歧视很少见，且通常不受欢迎，有时甚至是非法的。一个完全价格歧视的例子是票贩子为他的每张票举行单独的拍卖。如果这样的事情不违法，黄牛就会有动机以标价购买所有的门票，再在网上拍卖。不过，这样没有效率损失，对黄牛来说，这可是一笔大买卖。

一级价格歧视的另一个例子是制药公司的定价政策。有趣的是，通信的进步，特别是互联网，削弱了这些大公司的市场力量。就制药公司而言，一

---

① Friedman, David D. In Defense of the Long - haul/Short - haul Discrimination [J]. The Bell Journal of Economics, 1979 (10): 2.

级价格歧视是基于国家的。像美国这样高收入国家的公民与较贫穷的非洲国家公民相比，同样的药品要收取更高的费用。消费者能够通过互联网药店跨越国界获得药品，这对药品生产国实施拉姆齐定价的能力构成了挑战。

综上所述，一级和二级价格歧视是相关的，因为它们涉及单一的市场需求曲线。一级价格歧视是对相同或相似数量的商品或服务的多个买家设定不同的价格，试图获取整个消费者剩余。二度价格歧视更加笨拙，因为只获取了一部分消费者剩余，因为卖方只能根据单一市场需求曲线的不同批次的商品或服务进行价格歧视。最后，当卖方能够将消费者划分为不同的子市场，并为每个子市场设定单独的价格时，就会出现三级价格歧视。

第三节　收益管理

收益管理是航空公司为了使收益最大化而制定价格的一种方法。收益管理不是纯粹的价格歧视，在某种程度上，产品可能有质量上的差异，只是生产成本高一些。例如，航空公司提供的头等舱有更宽敞的座位、热餐和一些酒精饮料补给。他们知道高收入的乘客可能会被势利的吸引力所吸引，而不是真正的价值，从而购买更为昂贵的头等舱座位。

航空公司还知道乘客群体具有不同的需求弹性（商务旅客与休闲旅客），但他们无法在预订时识别每个群体的成员。他们可以通过征收或免除变更费在一定程度上将这些群体分开。然而，最大的区别是出行时间的灵活性。休闲旅行者可以提前几个月计划他们的旅行，而商务出行者可能不得不在最后一刻做出出行决定。这也包括返回日期的灵活性，商务人士可能希望根据所提供的机会缩短或延长他们的出行，而休闲旅行者更可能有固定的旅行计划。

随着出发日期的临近，航空公司试图通过不断改变价格获取每个旅客愿意支付的最大金额。随着航班日期的临近，机票价格会上涨，因为航空公司知道商务人士更有可能在最后一分钟出行，因此会支付更多的费用。为了防止商务人士提前预订和在最后一刻更改机票，航空公司对更改低成本机票实施了重大罚款。航空公司预订系统内的销售收益管理系统如图

10.7 所示[①]。航空公司利用计算机算法根据预订的机票数量来管理每种价格的可用座位数量。预期的预订基于每个出发地—目的地的历史模式，实时观察实际的预订情况。

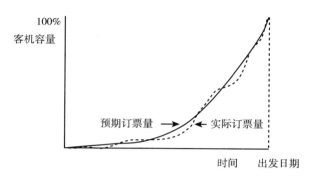

图 10.7   机票销售收益管理系统

航空公司可能希望在出发前三周售出 1/3 的座位，但如果没有达到这一目标，计算机将自动降低票价，并将票价保持在较低水平，直到实际订票量赶上预期。相反，如果提前四周到达这个目标，票价就会上涨，直到实际和预期相符。当然，电脑的程序会随着出发日期的临近而提高票价，因为它们知道商务旅行者更有可能在出发前一周以较高的价格订票。

收益管理也被旅行团、酒店和越来越多的铁路公司所使用。邮轮预订系统可以关闭和开放空间，例如，预订系统可以关闭二等舱服务，只向公众提供一等舱和三等舱。在出发前两周，二等舱的座位可能会重新开放，而三等舱的座位可能会关闭，如果它们现在已经超过了历史上的销售模式，那么通过提高和降低可用空间，航空公司可以减少舱位类别之间的变化，迫使更多乘客接受更高价格的票价，同时最大限度地提高运力。

即使需求能够成功分离，也不能保证消费者不会"降低"他们的偏好。如果需求的交叉价格弹性高，那么较低阶层的价格小幅下降可能导致消费者进入该阶层而远离较高阶层。考虑把运载工具内的席位分成三类，如图 10.8 所示。每个类都有自己的供应 MC。这可能涉及飞机、火车或游轮上的不同

① 本书很好地描述了航空公司如何使用收益管理来设定机票价格：Tretheway Michael and Oum Tae. Airline Economics：Foundations for Strategy and Policy ［M］. Canada：Centre for Transportation Studies, University of British Columbia, 1992.

住宿类型。运营商可以征收"改签费"，以防止乘客更换更便宜的车票。

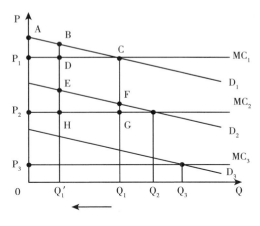

图 10.8　三等级乘客舱位

当高端用户消费 Q_1 时，P_1 的价格为他们保留了 ACP_1 的消费者剩余。假设切换器的数量足够小，使得 D_1 和 D_2 中的偏移是微不足道的。但是对于中端用户来说，P_2 的价格可能会诱使 $Q_1 - Q_1'$ 的高端用户切换到中端，从而获得剩余的 EFGH 而不是 BCD。即使 EFGH > BCD，也不确定是否会发生这种转换。如果确实如此，那么公司的收入肯定会下降。转换的趋势是基于交叉价格弹性。价格的确定必须让高端用户展示自己的身份。

专题三：价格歧视

在价格歧视下，价格与需求的价格弹性成反比。首先必须证明 $MR = P[1 + (1/E_d)]$，其中 E_d 是需求价格弹性。

一般来说，对于 1 单位量的变化，有 $MR = P + Q\Delta P$；对于一个无限期的变化 ΔQ，有：

$$
\begin{aligned}
MR &= (\Delta TR/\Delta Q) \\
&= (TR_2 - TR_1)/\Delta Q(P_2Q_2 - P_1Q_1)/\Delta Q \\
&= [P_2(Q_1 + \Delta Q) - P_1Q_1]/\Delta Q \\
&= (P_2Q_1 + P_2\Delta Q - P_1Q_1)/\Delta Q(Q_1\Delta P/\Delta Q) + P_2 \qquad (\text{附 3.1})
\end{aligned}
$$

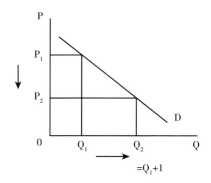

换句话说，$MR = P + (\Delta PQ/\Delta Q)$。

第二项乘以 $(P/P) = 1$ 得到：

$$
\begin{aligned}
MR &= P + (\Delta P/\Delta Q)(P/P)(Q/1) \\
&= P[1 + (\Delta P/\Delta Q)(Q/P)] \\
&= P[1 + (1/E_d)] \quad\quad\quad\quad\quad\quad\quad\quad (\text{附} 3.2)
\end{aligned}
$$

现在，如果：

$$
MR_1 = MR_2
$$
$$
P_1[1 + (1/E_{d1})] = P_2[1 + (1/E_{d2})] \quad\quad\quad (\text{附} 3.3)
$$

但如果需求 1 比需求 2 价格无弹性，结果将是 $|E_{d1}| < |E_{d2}|$，或者，因为非吉芬商品的价格弹性是一个负数，$E_{d1} > E_{d2}$ 的意思如下：

$$
[1 + (1/E_{d1})] < [1 + (1/E_{d2})] \quad\quad\quad\quad (\text{附} 3.4)
$$

要看到这个 $E_{d1} = -1$ 和 $E_{d2} = -2$ 然后从式（附 3.4）得到 $[1 + (1/-1)] < [1 + (1/-2)]$ 或 $0 < 0.5$。现在，如果式（附 3.3）要保持给定的式（附 3.4），需要 $P_1 > P_2$。因此，价格越缺乏弹性的商品应该获得更高的价格。

练习题

1. 一个城市宣布了一项新的现金票价政策，将迫使所有乘客支付相同的 2.25 美元的现金票价。学生和老年人将不再享受折扣，并且除了门票和通行证。

（1）绘制一个合适的模型并解释说明为什么单一票价政策不太可能增加人们的收入。

（2）解释这些模型，并概述像 Transit 这样的垄断企业的定价规则，如何使收益最大化。

2. 大多数人不喜欢在午夜（"红眼"航班）或早上6点（"早鸟"航班）乘坐飞机，航空公司向在这些时间出行的乘客提供最低票价。

（1）思考航空公司在一天开始和结束时向旅客收取低票价的逻辑是什么？飞往一些主要机场枢纽的"红眼"和"早鸟"机票价格如此之低，以至于航空公司无法支付全部成本。根据经济逻辑并绘制适当的经济模型来解释你的答案。

（2）解释为什么航空公司提供这些航班到他们的机场枢纽？

3. 新机场航站楼的建设已经超出了预算，机场管理局需要其能得到的每一美元来偿还债务。他们就机场停车的定价策略征求了你的意见，并给出三种类型的停车用户：①短期用户，他们来机场接送乘客，停留两个小时或更少；②出差1至4天的；③需要停车一周以上的休闲旅客。

（1）使用下面的模型来解释机场如何及为什么通过向每个用户群收取不同的价格来最大化其停车收益。

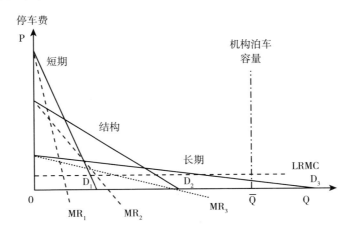

（2）为了赚更多的钱，机场正在考虑增加他们的停车场容量。你将如何决定？投资更多的停车位是否是一个明智的决定？

4. 产量管理和价格歧视都是为了通过向不同的客户收取更高或更低的价格来增加收入。

（1）绘制一个合适的模型并解释说明如何利用收益管理增加航空公司的收入。

（2）解释产量管理和价格歧视之间的区别，以及使用这些方法所需的条件。

5. 在短期内，铁路的运力或多或少是固定的，他们利用运价来定量分配空间并决定其收入，这些运费率因所运货物的类别而不同。需求弹性更大的产品比需求弹性更小的产品收费更高，即使它们在火车上移动的距离相同，占据的空间也相同。

（1）绘制一个合适的模型并解释说明这种定价策略对铁路的好处。

（2）解释使这种定价策略发挥作用的必要条件，优化结果的规则，以及为什么该结果对铁路和社会有益。

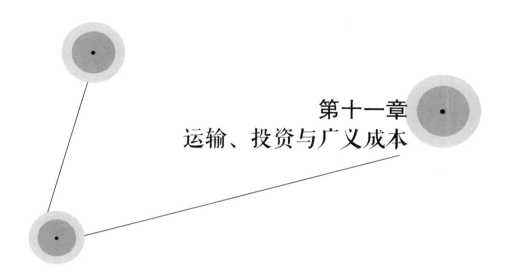

第十一章
运输、投资与广义成本

已有对运输服务市场的分析，忽略了许多有关提供这些服务的基础设施的细节。上一章将交通基础设施的容量内生化，但仅此而已。投资基础设施的决定是运输过程中的第一个组成部分。本章将着眼于作出投资决策的标准。

第一节　成本效益分析（CBA）和基础设施投资

公路和铁路是提供地面运输的投入；桥、运河和灯塔是水船运输的投入；机场航站楼、跑道和空中交通管制是航空运输的投入。所有这些投入可能需要数年时间才能完成，一旦建成，将在此后的许多年里为所有者和整个社会提供源源不断的利益。如果从投资中获得的预期收益超过其预期成本，那么预期收益是可以预测的，并且可以认为该投资是有利的。成本—收益分析（Cost-Benefit Analysis，CBA）是从谁获得收益谁支付成本的问题中抽象出来的一种技术，可以用来严格确定投资的有利性。虽然 CBA 的要求是具体的，但现实世界中的应用程序很少能够满足这些要求，因此在决策过程中使用 CBA 更像是一门艺术而不是一门科学。

值得注意的是，上面提到的所有交通基础设施的例子都是纳税人出资的。与卡车和飞机等私人运输公司的流动资产和短期资产不同，这些资产的寿命长且固定①。私营企业被假定有一个动机，即利润，并成为最终投资的唯一"用户"。企业在投资决策中只考虑自身的收益增加/成本节约和支出。这个机会要么符合私人 CBA 的一些税后投资标准，要么就不被考虑。

社会性 CBA 考虑的是一组更大的标准，考虑的是社会利益，如安全、美观和机动性。政府不用盈利，也不用担心纳税。因此，社会 CBA 的指标与私营企业的 CBA 是不同的。然而，更有价值的政治支持项目总比财政部的资源可以资助的要多。在这方面，CBA 不仅用于量化基础设施项目，而且根据项目的优先级和重要性对项目的资金进行排名。

CBA 的步骤包括：（1）列出与项目整个生命周期相关的所有成本和收益，包括机会成本和任何正外部性和负外部性；（2）货币化所有的成本和收益；（3）使用适当的贴现率将随时间流动的所有成本和收益贴现到现值。如果贴现收益的总和超过总贴现成本，则该投资被视为符合考虑条件。下面将更详细地解释每一个步骤。

在汇总给定项目的成本和收益清单时，重要的是不要重复计算其中任何一个。例如，美化一个空地，建立一个公园，周围房屋的价值可能会因为靠近它而增加。计算公园的使用权价值及住房价值的增长将被重复计算，人们必须选择其中之一。

从某种意义上说，项目的成本比收益更容易列举出来。当然，负（正）外部性的存在使成本（收益）的列举本身变得困难，让我们暂时忽略掉这些外部影响，这样成本更容易被看到，因为承担一个项目所需的支出，意味着特定的生产要素将在特定的时间内被消耗掉。

在许多社会性 CBA 中，货币成本（利益）可能无法直接获得。在这些情况下，我们会使用一种主观的社会价值，即影子价格。例如，节省旅行时间（VOTT）的价值，这通常是交通基础设施投资的最大单一收益。估算适当的 VOTT 面临两个问题。首先，VOTT 可能会随着路程的长短而

---

① 货运铁路和管道是例外，因为它们私下提供自己的基础设施。

变化。其次，VOTT 可能因个人交通用户而异。本书用假设的响应曲线和人口分布来说明这两个概念，如图 11.1 所示。

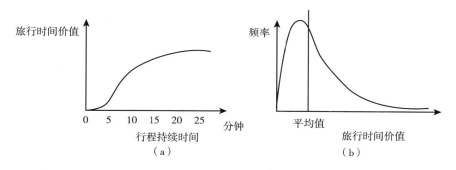

图 11.1　旅行时间价值

图 11.1（a）说明了第一个问题，假定短期内的小收益迅速上升，随后减缓到较低的增长率，这种 s 形曲线很难验证，但在文献中被普遍接受。距离弹性（距离增加 1% 对应 VOTT 增加）对于超过 10 分钟的行程，估计在 0.25 到 0.35 之间①。

图 11.1（b）说明了第二个问题，即找出用于计算收益的平均 VOTT。由于低收入人口比高收入人口多，VOTT 的分布可能会因收入而向左倾斜。如果考虑为新的基础设施改善提供资金，这是一个特别重要的考虑因素，因为为节省时间而付费的意愿很容易被高估。在实践中，分析师通常会选择一个代表时间价值的指标，如最低工资率或平均行业工资率。尽管以这种方式选择影子价格有被高估的风险，但让时间节省一个零价值可能会更糟糕。

收益可能有点棘手，因为规划者应该只计算那些增加经济价值的收益，而不是仅将财富从其他地方重新分配到这个项目所创造的收益。从某种意义上说，CBA 报告的收益清单是有司法管辖背景的，这应该是任何评估 CBA 报告优点的人心中的警告。理想情况下，经济学家希望看到的是能够增加全球总财富的收益，也就是说，一个项目在一个地区的收益与另一

① Waters, William. Issues in Valuing Travel Time for Calculating the Total Social Costs of Transportation [M]. Canadian Transportation Research Forum, Proceedings Issue：43rd Annual Meeting, 2008：60-71.

个地区的货币成本相等，因此不会被贴上收益的标签，因为财富只是被重新分配了。这一点也凸显了私人 CBA 和社会 CBA 的区别。

考虑下面的例子：假设拓宽一条公路会增加沿这条公路的公司的利润，这是项目的收益吗？如果该项目的资金来自一般所得税收入，那么利润的增加，就必须与那些在其他司法管辖区没有高速公路，但却为其提供了资金的人所经历的收入损失进行权衡。因此，收益将略低于企业总利润。但是，如果经济正在经历充分就业并且国民收入没有进一步增加，那么该管辖区的所有收入增加（在这种情况下是商业利润）只是从其他人那里进行了重新分配而已，当更宽的高速公路增加公司盈利能力时，仍不会产生任何经济效益。

另一个例子是：一个机场成为主要的交通枢纽，而其他机场则处于劣势。位于枢纽机场或附近的企业当然会受益，但这一好处必须被其他机场的业务损失所抵消。如果枢纽机场的规模扩大，在客流量增加时使旅客更容易到达和离开机场，那么这就创造了新的价值。如果机场所有者使用更多安装自动售货机的一些资金，例如，他们的收入不是一个机场的收益，因为没有采取任何措施增加机场的枢纽价值，此外，这个机场的存在并不会使经济更好地为自动售货机生产零食。那么，在这个机场购买的零食只是在一对一的基础上，以牺牲其他地方的用户为代价，转移给它的用户。

最后，考虑一个使用原本会失业的劳动力项目。政府不支付的失业保险福利不进入 CBA 框架，因为它们严格来说是一种转移。棘手的部分是工人工资的正确标识。他们在项目中的工资将成为雇主的成本，他们需要创造财富，否则就会被闲置。因此，社会 CBA 会将这些工资作为影子价格，表明创造就业对社会的好处。

我们需要记住的是，成本和收益的清单是主观的。再考虑公路拓宽工程，这节省了出行时间，那么这种收益应该如何衡量？通过高速公路进入所有企业的产出都增加了吗？这表明人们对工作有一种偏爱，这意味着高速公路的价值来自更快的通勤，从而提高生产率。也许旅行的好处应该用休闲来衡量。高速公路拥挤程度的降低可能会导致人们更渴望娱乐，而不是更渴望更快的上班。这就需要努力评估更多的农村出行所带来的好处。

当然，对工作或休闲的偏爱是重要的，因为一个单位的休闲是以牺牲一个单位的工作为代价的，反之亦然。就成本而言，更宽的高速公路可能会给周边地区带来更多的污染。这种成本应该如何衡量？它可以通过发病率/死亡率的增加或环境破坏或两者兼顾的增加来衡量。但是，必须估算出具体由公路污染造成损害的成本，且这项任务并不容易。

在将成本和收益货币化时，计划者需要为社会 CBA 获取这些成本和收益的社会价值。在私人 CBA 中，他们只需要具体到供应商和需求者。上面的讨论揭示了这样做的困难。虽然对外部性的核算和对未在市场上出售的货物和服务的估价是两个最困难的方面，但即使在可销售的货物和服务方面也有某些扭曲现象，必须加以考虑。政府税收、补贴和管制的行为是扭曲的根源，因为必须从所支付的市场价格中扣除所有适用的税收，以消除企业将部分或全部税收转嫁给消费者所造成的扭曲。

对项目征税会扭曲其真正的社会成本，而税收收入只是转移到了另一个关注点。类似地，如果政府补贴航空公司，以激励其使用特定机场，以确保其枢纽地位，这一效应将建立在航空公司的需求曲线或 MSB 使用该机场上。有了政府的支援，应该下调 MSB。这项工程的补贴来自从另一家公司筹集的资金。如果市场需要征税或补贴，在大多数情况下，该市场的价格是扭曲的，不代表生产要素的机会成本，而这些生产要素本可以在不使用税收和补贴的其他市场中使用。因此，必须消除政府干预造成的财富再分配的影响。

另一个扭曲的来源是市场垄断。回想一下，垄断定价是不具有社会效率的，因为垄断者设定的价格高于 MSC。例如，如果用于拓宽公路的投入是从垄断供应商那里购买的，那么这些价格是按市场价值计算的，还是应该使用一个较低的影子价格来表示投入的较低 MSC？如果项目的投入需求不改变经济中可用的要素总量，而只是将其中一部分从使用它的其他公司中转移出去，那么市场价格将被用来衡量成本。在这种情况下，市场价格是投入的真实机会成本。

如果项目的投入需求意味着投入的垄断供应商将向经济提供更多，那么影子价格将不得不在成本核算中向下调整，因为只有那些使用额外因素的 MSCs 是机会成本，而不是实际支付的价格。也就是说，如果所讨论的投入是制造的（即不是初级投入），那么被转移到这些高端投入生产中的低端投入可能会在其 MSC 的其他地方定价，这大概是因为它们会在竞争性市场上出售。当有垄断需求者时，供给价格包含的溢价等于单位垄断利润，而该利润不属于那些可能在不可能垄断的市场中使用的社会成本。从某种意义上说，垄断价格的作用就像向消费者征税一样，收入流向了垄断者，而不是政府。

在计算运输项目的社会 CBA 时，安全是另一个困难的话题。人们如何通过消除一条危险曲线来衡量拯救生命的价值呢？如果被问及这个问题，大多数人会声称自己的生命价值是无限的。但是，如果将无限的价值作为收益包含进来，那么每个项目都符合 CBA 标准。在实际操作中，每一条可能获救的生命都包含了一个主观价值，如 630 万美元①。

货币化问题的另一个方面是如何合理地计算成本和收益的流动。为了将成本和收益的流动转换为等价的现值（PV），必须对这些流动进行折现。考虑到未来收到的 1 美元相当于今天收到的略少于 1 美元。为什么？因为投资者有机会从其投资中获得复利。如果年利率是 10% 那么下一年得到的 1 美元就相当于用今天的货币来表示，为了得到下一年的 1 美元，今天需要投资的金额大约是 0.91 美元。由于特定年份的成本流量相对于收益的货币价值是不需要统一的，因此将这些流量折现为它们的 PV 当量，就可以对它们进行适当的比较，以确定净收益是否确实发生。

在任何给定年份，我们可以得出流量的 PV 及其未来价值（FV）与贴现率（利率）之间的关系如图 11.2 所示。注意在本例中，贴现率是 5%，而不是上面的 10%。在贴现率较低的情况下，1 美元的现值在 0.9524 美元时较大。这在 CBA 计算中是很重要的一点，贴现率越高，未来几年返还的收益价值就越低。

在上面的例子中可以看到：明年初作为成本或收益收到的 100 美元 PV，在折现率为 5% 的情况下，相当于今天收到的 95.24 美元。在这种情况下，贴现率（r）越高，成本或收益流的 PV 就越低，因为回报率越大，

① 资料来源：Lisa Heinzerling, Frank Ackerman. Cost-Benefit Analysis of Environmental Protection [M]. Georgetown Environmental Law and Policy Institute, Georgetown University Law Center, 2002.

实现未来货币所需的现货量就越少。因此，r 的选择非常重要，如果它太高，项目的收益流 PV 可能太低，若放弃前期成本，r 的选择太低则将产生相反的效果。在交通基础设施建设中，通常情况下，大多数成本是预先的，而收益需要时间才能发挥作用。

$$PV = \sum_{i=1}^{n} \frac{FV_i}{(1+r)^i} \quad \text{其中：}$$

PV = 现值

FV = 未来价值

r = 贴现率

n = 投资年限

i = 年份

$$\text{e. g.} \quad PV = \frac{\$100}{(1+0.05)^1} = \$95.24 \qquad NPV = 净现值$$

$$NPV = \sum_{i=1}^{n} \frac{B_i - C_i}{(1+r)^i} - k \quad \text{其中：} BI = 收益$$

Ci = 成本

k = 初始成本

NPV ≥ 0　代表项目可接受

图 11.2　PV，FV 与 r 的关系

在选择"适当"的贴现率时，有一些要点需要考虑。该比率应反映在融资资金的机会成本中，并以次优选择的回报率表示。我们的出发点是观察经济中可用的名义利率，并去除通货膨胀溢价以达到"实际"利率[①]。例如，如果名义利率为 8%，通货膨胀率为 3%，那么实际利率将被设定为 5%。根据成本和收益流的持续时间，长期或短期利率可以提供适当的基准利率。使用实际利率的好处是，人们不必根据预期的通货膨胀率增加未来成本和收益流的价值，这可能包括预测未来 20 年的通货膨胀率。如果排除通货膨胀的影响，误判的风险就会小得多。

税收对投资的影响使私人 CBA 的问题复杂化。假设一个私营部门的公司承担了这个项目，说明企业需要利润，且需要商业利润，这些利润按 50% 的税率征税，这意味着公司将只保留这些利润的一半。假设该公司希

---

　　① 　如果使用名义利率而不调整通货膨胀溢价，则贴现率会更高。这将使计算偏向于在生命后期支付更多回报的项目。为了提供与"实际"利率相同的答案，所有成本和收益都必须增加预期通货膨胀率。

望以8%的名义利率借钱进行项目投资，他们计算了3%的通货膨胀率，得到了5%的实际贴现率。然而，该公司将要求项目的税前实际回报率至少为10%，以使投资具有可行性，这一点如图 11.3 所示。税收扭曲了借款人看到的适用利率（10% + 通货膨胀）和贷款人收到的适用利率（5% + 通货膨胀）。

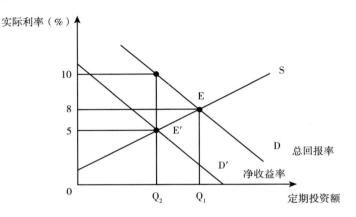

图 11.3   税收对实际利率、投资的影响

如果 1 美元的借款期限是一年，那么 1.05 美元（缩水）必须在一年内偿还。因此，若一个项目获得了 1.10 美元（10% 的实际回报率），那么其中 0.10 美元利润的一半将用于纳税，剩下的 0.05 美元用于偿还贷款。如果不对利润征税，均衡利率为 8%，而项目的回报等于向借出资金的储户支付的利率。在投资税为 50% 的情况下，投资基金的需求曲线（D）向左移动，由于政府税收，投资者的实际（净）回报较低。E′处的新均衡表明税后利率为 5% 加上通货膨胀，而税前利率为 10% 加上通货膨胀[1]。

就所借资金的社会价值而言，实际贴现率是 5% 还是 10% 比较合适？答案取决于这些资金原本会用于什么地方。如果它们被投资到其他地方，那么 10% 的总回报就是这些基金的机会成本。如果这些资金被用于消费（而不是储蓄），那么机会成本就是储蓄回报，即 5%。一旦确定了市场税率并消除了税收扭曲，适当的社会贴现率很可能会低于私营 CBA 中选择的

———————

① 从技术上讲，这种税是从价税，其效果是净回报需求曲线将比总需求曲线更平坦。然而，我们在分析时将其保持不变。

贴现率，从而反映出私营企业所考虑范围以外的社会收益。在贴现率较低的情况下，相对于前期成本，未来收益的 PV 越高，项目就越有可能被接受。从这一意义上说，私人 CBA 和社会 CBA 的推荐不同。

对 CBA 的批判，本书提出三点。

第一，CBA 考虑了净收益流，但并不只考虑谁受益谁承担基础设施项目的成本。其对整个社会的净利益仍可能会留下一批失败者。那些希望用一种主观形式的公平来缓和 CBA 严格效率的规划者，需要在特定的成本和收益上增加权重。例如，相对于成本而言，在经济萧条地区建造海港的好处可能会比在快速增长的地区得到更多的重视，这一决定是基于计划者的价值判断。

第二，政治方面可能会影响公共部门所进行的项目的可接受性。即使该项目净 PV 为正，也可能是资本密集型的。因此前期成本导致项目早期的净收益为负，一旦项目完成，且唯一的成本是与维护相关的，那么净收益就变为了正。出于预算方面的考虑，政府可能会批准那些能带来更快回报的项目，尤其是在选举临近的时候。从最直接的意义上说，一个政府可能会对长期项目抱有偏见，因为其净收益可能会累积到其他民选政府手中，即一个政府支付成本，另一个政府获得利益。

第三，确定项目在贴现期结束时的残值。经过大约 20 年的折现后，任何进一步产生的收益流 PV 都趋近于零。那么，如果一个基础设施的使用寿命为 40 年或更长，那么该如何计算它的剩余价值呢？这是桥梁、大坝、铁路车辆和管道的一个统一的重要问题。除了考虑其较短的剩余寿命外，更换一座立桥的成本花费是值得的。与此同时，在 20 年的时间里会发生大量的技术变革，剩余资产的价值可能远远低于为满足现代需求而设计的资产①。残值的计算需要人员的分析判断，这将使 CBA 从科学走向艺术。

任何 CBA 都需要面临动态调整的问题：在做出决定之后，事情就变了。如图 11.4 所示，该图显示了在一项建议拓宽一段拥挤的公路的工程下，预计会产生的福利影响。在这种扩大的情况下，预计所有用户的时间

---

① 这种技术变革的一个例子发生在有盖的漏斗车上：在 100 吨漏斗车达到其 40 多年使用寿命的一半之前，引入了更高效的 110 吨有盖漏斗车。新车降低了所有现有 100 吨车的残值，因为任何出售二手车的尝试都会获得基于 110 吨铁路车的生产率折扣。

和燃料成本的旅行成本都将下降。此外，我们也将鼓励任何额外（即边际）用户使用更宽的高速公路，从而受益于较低的旅行成本；并且可以假设这种增加的使用量已包含在规划者做出的实际宽度决策中。

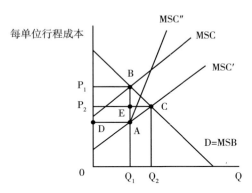

图 11.4　公路拓宽福利影响

边际社会成本（MSC）包括所有的社会成本，例如，由于交通过滤到这条高速公路而远离其他任何高速公路而导致污染净额增加，当它向上倾斜时，表明拥挤正在边际上发生。在项目进行之前，有效用户费用由当前均衡使用的每单位公路使用的社会成本给出，即在每时间段 Q_1 的使用下的 P_1。

由于节省了出行成本，在更宽的公路下预计会出现一个较低的 MSC，这就得到了每单位 P_2 的社会成本使用 Q_2。随着高速公路变宽，第一季度用户的成本节省是 P_1BAD（用户的消费者剩余增加）。当然，这假设用户只被收取为其提供道路的 MSC 而不是应用于 Q_2 的费用。在 P_2 统一收费的情况下，P_1BEP_2 是消费者剩余的增加，P_2EAD 是生产者剩余的增加，出行的增加是（$Q_2 - Q_1$），这些出行的净社会收益等于消费者剩余减去成本：$Q_1BCQ_2 - Q_1ACQ_2 - ABC$。

在此基础上，政客们可以授权拓宽道路，却发现一旦交通适应新的环境，ABC 的大小大大低于预期。错误可能在于对交通流的假设过于简单化，认为交通流是外生的，因此基础设施不会产生诱导或衍生需求。但如果这种需求确实存在，那么对 CBA 的净收益估计将是不正确的。如图 11.4 所示，增加的流量可以使曲线转向 MSC″，而不是 MSC′。

　　在开放系统中工作的问题并不简单。1950～1980 年，洛杉矶大量修建高速公路，但这并不能解决交通拥堵问题。它们在投资决策中提出了一个悖论①。比如两条免费的高速公路，它们代表了郊区和城市中心之间的可选交通方式。A 公路宽而蜿蜒，B 公路直而狭窄。使用 A 或 B 的车辆将能够分别在 t_A 或 t_B 分钟内通过。

　　假设高速公路被用作出行而不是兜风，我们有理由推断拥堵将在 B 上建立，直到 t_B 上升并在 $t_0 = t_A$ 处相等。仅就出行时间而言，普通用户在 A 和 B 之间变得无动于衷。于是便产生了问题：是否有进一步基础设施投资的情况，从而拓宽 B 高速公路？不，那没有必要。要了解原因，假设 A 在当前交通流量下仍有大量过剩产能。如果 B 被加宽以增加其容量，交通流量将被重新分配，使得两条高速公路保持相同的行驶时间，即 $t_0 = t_A$。总结下来，这项投资是浪费的，因为当出行时间被狭义地定义时，它不会节省出行时间，而且也没有好处，这一点如图 11.5 所示。

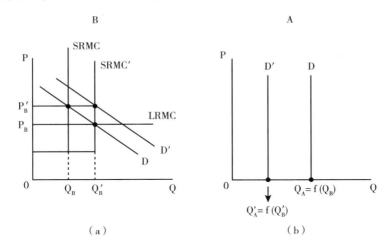

图 11.5　高速公路 B 加宽后的影响

　　如图 11.5 所示，图 11.5（a）描述的是高速公路 B，图 11.5（b）描述的是高速公路 A，数量（Q）表示单位时间内车辆行驶的次数。需要注意的一点是，只要两条高速公路都允许免费进入，价格（P）更多的是包

　　①　这个问题最早是在 Pigou A. C. The Economics of Welfare ［M］. London：MacMillan and Co.，1924. 中讨论。

括时间在内的社会成本，而不是直接向用户收费。

在图 11.5（a）中，扩大项目旨在将产能从 Q_B 扩大到 Q'_B，以实现长期均衡。也就是说，我们在需求等于提供的长期边际成本的情况下，提供了一种能力。问题是 A 线的使用量是 B 线的函数。B 线提供更多容量会使 A 线的使用需求向左移动。A 的需求是完全没有价格弹性的，因为其使用量仅取决于 B 的当前容量。高速公路 B 拓宽让更多人愿意在 B 上行驶，需求的增加推动需求曲线 D 移动到 D'。因为只有当足够多的汽车进入 B 以将其（时间）成本推回到扩大之前的水平时，这个过程才会停止（即到 P'_B）。

这里出现了一个问题，因为两条高速公路都可以免费通行，如果 B 确实拥有 P_B 的通行费，那么 A 的用户就不会那么快地切换到 B。实际上，A 的用户是将所有不愿意支付 P_B 的用户供 B 使用。请注意，由于 $P_B < P'_B$，如果收取通行费，将沿 B 节省时间，这就是收费在解决拥堵问题方面很有用的原因。

请回想一下，在本书第十章中，速度和流量的关系对拥堵成本的分析是至关重要的。有人可能会认为，即使在 CBA 实施之前，这样的项目也不可行，因为部分公路的拓宽只会使瓶颈沿着该公路向前推进。有人可能会说，加宽工程分阶段进行，但这意味着整条高速公路最终都会加宽。对项目的每个分项进行单独的 CBA 而不了解整个项目的性质将导致最终的混乱。当然，正如第十章滑雪升降机的例子所示，仅提高封闭过程的一部分效率并不会提高封闭过程的整体效率；相反，一个或多个其他地区的拥堵将会恶化。在实施 CBA 之前，了解项目提出系统的基本过程是非常重要的。

最后，CBA 更多的是对效率的分析，而不是对公平的分析，因此，在这方面，它可能显得"无情"。当然，经济学中一个常见的假设是：和企业都关心自己的利益，政府应该控制个人、企业和市场，以实现某种社会福利。如果一家汽车公司发现某一类汽车存在潜在的致死缺陷而不召回它，这难道是错误的吗？假设它进行了一次私人 CBA，发现导致死亡事故的概率是这样的：通过责任赔偿的预期成本低于召回和修理的成本。那么不召回还是错的吗？当然，从私人的角度，公司不召回产品并允许死亡事件发生是有效的。

也许原告发起集体诉讼的能力使他们的努力能够更好地协调，这样汽车公司就会觉得法庭和解太大了。当然，这是政府允许司法系统更能响应社会需求的一个例子。福特汽车公司曾辩称，不应让其在美国全国召回144000 辆可能有挡风玻璃、雨刷器缺陷的水卡普瑞汽车，因为根据美国政府自己的交通统计数据显示，有 144000 辆汽车往返于福特经销商处，可能发生的事故多于在有缺陷的零件仍在流通的情况下预计会发生的事故，而这些有缺陷的零件仍在流通①。

对运输基础设施的投资可以对多式联运竞争产生影响。CBA 研究通常是在项目与经济其他部分分隔的情况下进行的。基础设施投资可以改变相互竞争的运输方式之间的消费需求份额，或如拓宽两条道路之一所述的运输路线。下一节我们将考虑多式联运竞争，并解释广义成本的概念。

第二节　联合运输的竞争

多式联运竞争是指运输行业内各子行业之间相互竞争的活动。在城市交通中，汽车、公共汽车和出租车为人们的出行而竞争。在货运方面，铁路、汽车运输、驳船、空运和远洋船舶运输提供相互竞争的服务。当然，每种运输方式在特定地区和特定季节都有其相对优势。例如，当密西西比河开放通航时，运往墨西哥湾的谷物铁路运费与驳船运费相匹配。但当冬季的驳船结束时，谷物的运费就会翻倍。这种运费率的波动可能导致托运人要求政府进行监管。具有讽刺意味的是，如果不允许铁路运费上涨，在没有补贴的情况下，多式联运竞争在一年中剩下的时间里将无法持续。

考虑铁路、城际卡车运输和驳船服务之间的成本关系。铁路模式面临的固定成本（TFC）最高，因为整个铁路基础设施是由铁路提供的。城际卡车运输中最昂贵的基础设施是道路系统，但它由政府提供，与汽车和公共汽车共享。从这些车辆运营商收取的燃油税被用于建设和维护道路系统。

---

① 这个案例在 Rhoads S. The Economist's View of the World ［J］. Cambridge：Cambridge University Press，1985. 中讨论。

　　燃油税收入不一定指定用于道路建设和维修费用，也不太可能反映全部使用费用。卡车运输通常是由汽车司机交叉补贴的，因为如果他们只需要承受汽车和轻型卡车的轴重，道路的建设标准就会低得多。

　　驳船系统的固定成本最低，因为几乎所有的船舶改进费和维护费都是由纳税人支持的。铁路和驳船的可变成本低于卡车，因此，每一种运输方式都有不同的总成本（TC）和比较优势，这些成本和优势随运输距离的不同而不同。

　　铁路、卡车和驳船运输的成本与路程的关系如图 11.6 所示。仅就成本而言，距离 x 是"关键"，因此在铁路运输和卡车运输之间，托运人将无动于衷。x 轨道左侧的卡车运输具有成本优势，x 轨道右侧的铁路运输具有成本优势。正是由于这些原因，长途运输的长度越长，铁路运输就越受青睐。然而，如果有河流路线，驳船可以提供比卡车或铁路更低的运费。

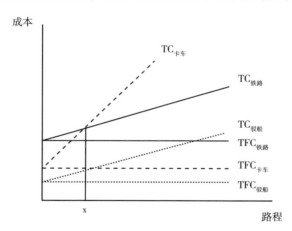

图 11.6　不同类型运输方式成本与路程的关系

　　多式联运竞争强调了一个基本原则，即一种运输方式的需求量不仅取决于该方式的用户价格，而且还取决于其他方式的用户价格。这样的竞争可能会导致运费看上去异常，在这种情况下，距离并不会导致更高的运费（见图 11.7）。考虑如图 11.7 所示的情况，其中一条铁路与一条提供驳船的服务河流平行。位于 A 和 C 的城市可以使用驳船服务，但位于 B 和 D 的城市必须依靠铁路。

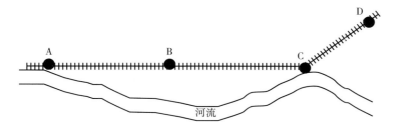

图 11.7　距离所导致更高运费的情况

运费可能会随着距离的增加而增加（见图11.8），但这取决于铁路与驳船系统竞争的意愿/需求。铁路可能需要在 C 点提供与驳船价格相等的运费。在远离 C 点的地方，铁路可能会与驳船卡车服务的价格相匹配，或者它也可能决定提供一个从 C 点返回由铁路收取费用的地方的综合价格。从图 11.8 中可以看出，B 点的铁路费率可以是 y（综合费率）或 x（上升的铁路费率）。如果收取 x 价格，那么 B 点的托运人可能会抱怨他们受到歧视，因为 C 点的 z 价格更低，尽管它的距离更大。

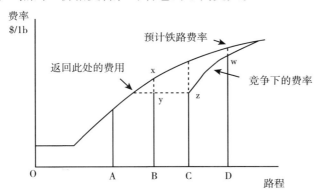

图 11.8　运费随距离增加而增加的情况

弗里德曼认为，歧视性的运费率不仅是合理的，而且可能有必要对铁路基础设施做出适当的投资决策①。再现了弗里德曼（Friedman）的模型（见图 11.9）。固定成本是沉没的，铁路运价是根据需求价格弹性设定的（拉姆齐定价）。虚线表示从 A 到 B 到 C 的每段铁路的价格高于相关的可变

① Friedman，David D. In Defense of the Long-Haul/Short-Haul Discrimination [J]．The Bell Journal of Economics，1979（10）：2．

成本 V_{AB}，V_{BC}，V_{AC}。例外是从 A 到 C 的运费率与驳船运费率 BAC 竞争：如果 BAC 的价格低于 DAB 或 DEC 的最高价格，那么铁路就是在进行短途/长途价格歧视。在短途运输中获得的额外收入是必要的，以抵消向 B 点提供基础设施的固定成本。

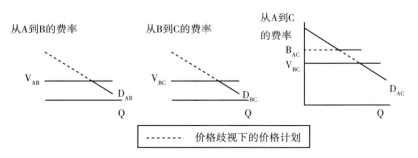

图 11.9　合理的歧视性运费率

我们必须记住，这一分析仅基于成本。但可能出现的情况是，由于卡车在送货上门、速度和其他质量特性方面具有多用途性，因此，如果通过铁路或驳船运输的距离较便宜，那么托运人愿意支付额外的费用用于卡车运输。

希望使用特定方式的旅客或托运人将考虑在服务的用户成本中增加对这些"其他费用"的个人估价。这一总成本被称为广义成本，肯定超过了单纯基于货币的用户成本。正是由于这个原因，公共汽车票价的降低可能不会促使许多汽车使用者放弃他们的汽车，因为对他们来说，涉及公共交通的时间成本占他们广义成本计算的很大比例。下面将进一步探讨这一点。

在城市环境中，公共汽车和汽车之间的多式联运竞争采取了为公共汽车服务提供某些便利的形式，如快速服务、优先交通车道和更高的频率，所有这些都是为了降低总体成本中的时间成本部分。在同样的意义上，客运铁路和航空竞争也可以用同样的眼光去看待。为什么市场没有把所有的机会成本都考虑进去，让用户价格等于广义成本？答案在于运输市场的本质。正如本书第二章所讨论的，运输基本上是达到目的的一种手段，对这种服务的需求是派生需求。从某种意义上说，用户确实会为他们花在出行上的时间支付费用，因为在某种程度上，他们放弃了工作，享受了闲暇。即使所有的广义成本都不会直接定价，用户也会考虑它们，因此，实际上，需求量更多地是广义成本的函数，而不是用户价格的函数，表示如下：

$$G_x = G(P_x; C_{1x}, \cdots, C_{nx}) \tag{11.1}$$

$$Q_{dx} = Q(G_x; G_y; G_z) \tag{11.2}$$

式（11.1）表明，模式 x 的广义成本是其用户价格（P）和各种机会成本（C）的函数，这些机会成本表示如时间、质量和可靠性。式（11.2）表示模式 x 的完整需求函数，表明需求数量不仅是用户价格的函数，而且是该模式和所有其他可用模式（x，y，z）的广义成本的函数。

假设用户价格低于广义成本，分析以下多式联运竞争的例子。考虑两个城市（A 和 B）可以通过铁路、汽车和航空方式到达，因此城市 A、B 之间的客流由这几类交通方式分担。假设乘客对待所有模式都有一定程度的可替代性，这些模式的市场如图 11.10 所示。请注意，我们不需要特别指明 A 和 B 作为出发地或目的地，而是使用市场上正在销售的一套模态基础设施。从这个意义上说，铁路旅客公里和总汽车公里可能是完成 A 到 B 或 B 到 A 旅行的数倍。高速铁路基础设施投资并建设完成后，出行的广义成本下降。虽然乘客票价可能更高，但节省的时间更大，广义成本从 GR 降至 GR′。

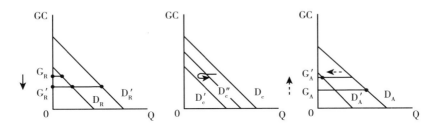

图 11.10　可替代性模式

数量（Q）表示沿 A 到 B 路线每段时间内任何地方的出行次数。可以看出，不仅铁路的一般成本（GR）下降，需求曲线也向右移动，因为新的乘客被这种高价铁路的服务所吸引。因此，铁路取代了这些交通方式。当然，这正是式（11.2）的一般含义。但是，空中出行的减少可能导致航班的减少，将进一步导致空中出行的一般费用（G_A）提升及加强铁路需求曲线的右移。

在找到新的均衡之前，调整过程可能会有几轮的相互作用。例如，现在的高速公路已不再那么拥挤，因为许多司机放弃汽车而选择火车，更快的出行时间降低了对汽车的需求，这可能会将汽车需求转向 D''_c。对于类似的出行，如果空中出行和汽车出行之间的可替代性十分接近，本书可以假设汽车出行的需求发生了某种右移。

若考虑铁路服务的额外需求，它的总成本会因为新的基础设施变得拥挤而上升吗？如果是，那么调整过程将继续，如果不是，那么市场已经稳定。请注意，如果投资转向公路基础设施，那么铁路模式就会像图 11.10 所示的航空模式那样受到影响。同样，航空模式也会受到私家车模式的影响。

最后，考虑在使用普通道路的城市环境中，汽车和公交车对乘客出行的竞争性质，见图 11.11，最佳模式划分要么是严格的公交出行，要么是没有混合的私家车出行①。

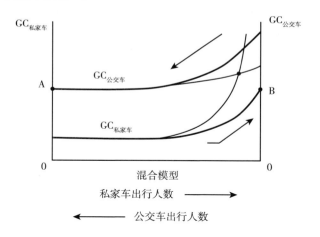

图 11.11　私家车与公交车的竞争

从起点 A 出发，表示所有出行者都乘坐公共汽车，没有私家车可用。$GC_{公交车}$（图 11.11 中从右到左）表明，相对于公共汽车使用的广义成本，存在车队经济，因为更大的使用量会导致两点：首先，投放更多的公共汽

①　Mishan. Interpretation of the Benefits of Private Transport [J]. Journal of Transport Economics and Policy, 1967 (1): 184 – 189.

车使得乘客的等待时间降低；其次，由于停靠的次数减少，速度增加。另外还意味着，要么每辆公交车的乘客数量由于投放更多公交车而减少，要么公交车的服务频率允许乘客根据自身的使用情况进行分类，例如，高峰期的公交车更多位于中心商业区，而同一线路的非高峰期公交车则主要位于购物中心或沿途的其他企业。假设公交车自身不会导致拥堵问题，那么 $GC_{私家车}$ 总是低于 $GC_{公交车}$，因为人们在使用私家车时不用等待，并且路线更直接。

当私家车开始在道路上行驶时，虽节约了总成本，但会使道路发生拥堵，并且这种节约总是使公共汽车处于不利地位，因为私家车拥堵也会影响公共汽车。最优的解决方案是继续到点 B，因为那里根本没有公共汽车使用。当没有任何车的时候，点 A 是最优的。结论是，最优的混合是一个极端的解决方案，有时被称为"边缘解决方案"。

当然，为避免由于汽车造成的拥堵，公共汽车会被分开到特殊的车道，这是可能的，$GC_{公交车}$ 会落在相关的范围和 $GC_{私家车}$ 将上升至相同的范围，因此出现了如图 11.11 中较细的线所示的"内部解决方案"。换句话说，除非汽车司机堵在路上时看到有空座的公共汽车从他们身边经过，刺激了他们，否则他们没有动力换车（$GC_{公交车} > GC_{私家车}$）。

关于 CBA 和广义运输成本的最后一句话涉及经济上可行的项目（正的 CBA）和那些在财务上可行的项目之间的区别。如果一个新的快速交通系统将交通分流到新的公共交通系统所创造的汽车司机时间节省的价值结合起来，那么新的快速交通系统的 CBA 可能是被保障的[①]。然而，如果快速交通项目只提供乘客的费用，就不可能产生足够的现金流来资助开发和支付其运营成本。快速交通系统为汽车司机创造了一个正外部性，这被纳入了 CBA 中。如果不能以收费的形式直接从汽车使用者那里获得这一好处，那么唯一的其他选择就是通过税收系统将资金转移给公共交通供应商。公共交通补贴的理由将在本书第十三章进一步探讨。

---

① 在 CBA 研究中，我们为道路使用者（汽车和卡车）节省的时间分配了一个价值，该值是由拟议的交通系统带来的。在某个时间价值上，任何交通计划都可以看起来很经济。对司机所带来的真正价值只能通过对道路系统收费来准确评估，就像在英国伦敦市中心所做的那样，并了解司机的反应。

练习题

1. 一个快速公交特别工作组建议为从大学到市中心的快速交通巴士提供专用路权（公交专用路）。目前，街道上公共汽车、汽车及其他交通工具混杂在一起。

（1）绘制一个合适的模型并解释说明公共汽车专用车道的论点。

（2）另一种替代政策是向私家车司机征收拥堵费，迫使更多的人乘坐街头公交车。解释为什么在减少拥堵方面，收取拥堵费可能不如建造专用巴士通行权来得成功？

2. 假设政府为运输卡车引入了一个新的道路定价系统，该系统代表了它们所造成的负外部性的成本。此外，对卡车收取更高的公路费用也对多式联运竞争产生了影响，特别是铁路和航空模式。

（1）绘制一个适当的模型并解释说明对负外部性收费的卡车进行评估的经济原理。

（2）使用适当的经济模型来解释改变卡车运输的成本可能会如何影响其他竞争的运输方式，如铁路。

3. 铁路的经济性使他们在长途旅行中具有成本优势，因为它们非常省油，而短距离使用卡车则比较便宜。

（1）使用适当的模型解释说明如果柴油价格翻倍，铁路和卡车运输的竞争距离将如何变化。

（2）尽管自2005年以来柴油价格不断上涨，但没有多少货运从卡车转向铁路。你将如何解释这一观察结果？

4. 边境上一座有50年历史的大桥拥堵不堪。平均过马路时间比必要时间长30~45分钟，车辆怠速过多会造成污染。政府正在考虑建一座新桥。现有桥梁位置便利，而新桥将增加至少15分钟的车程。

（1）使用适当的模型，解释是否应在这些桥梁上收取过路费，以管理两条交叉路口的交通。

（2）你被雇来对这座新桥的经济可行性进行公益成本分析。描述你的方法并列出五个可能影响你工作准确性的问题。

5. 节省出行时间常常被用来证明公共投资对铁路立交桥、桥梁和快速交通扩建的合理性。

（1）用一个或多个合适的模型解释为什么 VOTT 对个人和不同的情况会有如此大的差异？

（2）对平均时间价值的低估或高估会如何扭曲公共成本效益分析？

6. 请想象一下，你被雇佣来，帮助 CBA 建设一个与主要城市街道平行的快速交通系统，其中城市的动力来自汽车的负外部性和快速交通的社会效益。

（1）绘制适当的模型或使用实例描述与快速运输投资的 CBA，计算相关的下列问题：①贴现率的选择；②影子价格；③重复计算成本或收益；④残值；⑤价格扭曲。

（2）CBA 的风险之一是预测的事件可能不会发生。举例解释通勤者的反应如何最终减少研究设想的快速交通投资的收益。

7. 目前，多伦多—渥太华—蒙特利尔路线上的高速客运铁路服务的建设已被提出，如下图所示。这将使铁路乘客的旅行时间减少一半，以前只比公交票价高一点的铁路票价现在只比飞机票低一点。

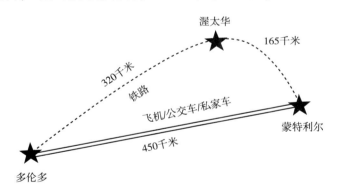

（1）绘制一个适当的模型并解释说明高速铁路的建造和运营对多式联运竞争的影响。

新的铁路服务能够在135分钟内从多伦多行驶到蒙特利尔，相比之下，飞机仅需要50分钟，公交车或汽车需要360分钟。解释是巴士公司还是航空公司更有理由担心高速铁路对自身的影响。

8. 通常情况下，运费会随着距离的增加而增加，因此距离市场较远的社区支付的费用要高于距离市场较近的社区。

然而，运费可能受到基础设施的可用性和多式联运竞争的影响。

（1）绘制一个合适的模型并解释说明交通基础设施如何扭曲网站价格。

（2）解释多式联运竞争如何降低一些离市场较远的地点的运费成本。

9. 非现金成本在运输供需中起着重要作用。请你解释广义成本的概念，并使用适当的经济模型说明在下列情况下广义成本如何影响需求：

说明联合运输的竞争、道路拥堵、公共交通的定义，并解释广义成本和外部性之间的区别。

第十二章
位置及土地安置

　　土地安置模式可以看作是交通网络的另一面。交通基础设施的建设是为了满足人口的需求，但土地的安置布局直接受到交通成本和可行性的影响。在美国大平原和加拿大大草原上，铁路建设先于拓荒者。该地区开放后，只要拓荒者能在五年内进行改良，就可以获得免费的土地。由铁路推动的定居地创造了对铁路服务的需求，可以将农产品运送到出口市场。

　　运输和定居之间的关系也可以反过来。例如，在追求克朗代克淘金热（1897 年）的过程中，育空地区在交通基础设施建设之前就被确定下来了；三年后，铁路建成了[①]。虽然出境货物是黄金还是粮食仍有一定的区别，但区位理论意味着相同的决定。

　　区位理论是以价格差异为基础的。在这种情况下，市场价格和运输成本决定了土地的价值。本章的前半部分考察地租理论与土地资本化。下半部分考虑工业区位和门户城市和贸易走廊的建设。

---

　　① 怀特帕斯（White Pass）和育空（Yukon Route）铁路于 1900 年完工，从阿拉斯加的斯卡格威（Skagway）到育空的怀特霍斯（White Horse）。

第一节　场地租金

　　可以在实物市场（交易发生地）确定的商品价格或价值，与企业在最终生产点确定的价格或价值之间进行区分。市场价格（P_M）可以看作是消费者面对的价格，而场地价格（P_S）表示货物在运输到现货市场之前的价值（见图 12.1）。图 12.1（b）中的锥形图是市场价格与场地价格间的关系。假定运输费用在各个方向上是相同的，但随距离而变化。在这一模型中，单价定律（LOOP）起支配作用，每一个价格都与运输成本有关。

　　当生产场地和实际市场之间的距离为 d_1 时，图 12.1（a）中的 P_{S1} 等于市场价格 P_M 减去到市场的运输成本 T。请注意，场地价格函数随着距离的减少而下降，这意味着每多花一美元在运输上，下一美元花费的距离可能会更大。这就是为什么图 12.1（b）的市场"足迹"会在较低的价格下扩大。

　　T 以相对于距离的下降速度而上升，如图 12.1（a）所示，这是因为其与燃料、司机和装运/卸货有关的成本在一个给定的运输中随着距离的增加而增加，比例小于一比一。

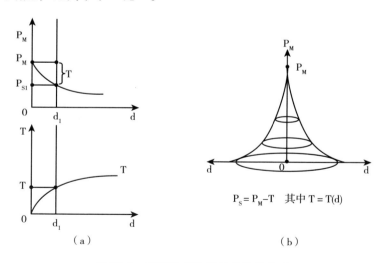

$$P_S = P_M - T \quad 其中\ T = T(d)$$

（a）　　　　　　　　　　　　（b）

图 12.1　市场价格和场地价格的关系

　　一倍的距离不应有两倍的燃料消耗，因为一个恒定的空转时间可能是所有的行程长度①。

　　在处理空间经济学（位置和空间的经济学）时，场地价格的概念很重要。假设供应商能够将全部运输成本转嫁给消费者，其仍然必须支付租用运输的初始成本，或者如果是内部生产，则必须将成本作为生产要素。场地价格实际上是生产价值的净运输成本。当面临在几个实体市场中选择出售产品时，供应商在使用租赁运输时所考虑的场地价格是使公司收入最大化的价格。

　　在完全竞争的市场结构中，商品的市场价格在所有的实体市场中都是不变的。但是，由于各个公司的市场距离不同，每个实体市场的价格也会不同。供应商将选择运输到允许最高场地价格的市场。

　　三维空间是有用的，因为它可以显示公司在面对实体市场的多重选择时将自己置于何处。为了使分析尽可能简单，我们考虑当有两个实际市场选择时，企业先决定一个地点，如图 12.2 所示。该图中所画的椭圆表示从 P_M 轴的市场中心到所有等距生产点的等高线，这些被称为等值线。等值线上的所有点代表等值场地价格的集合。

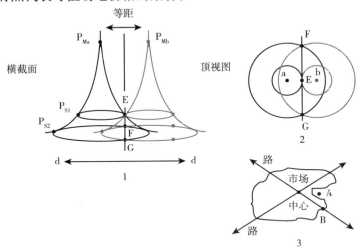

图 12.2　面临不同场地价格的公司的空间顺序决策（1）

---

　　①　长距离的旅行可能包括高速公路旅行，这比短距离的城市旅行更节省燃料。此外，司机的工资在某些方面与行程长度无关，如保险和其他员工福利。最后，在给定的运输尺寸下，与装卸相关的成本对所有行程都是共同的，与长度无关。总而言之，运输的平均总成本（ATC）随着距离的增加而下降，这是本书第五章所讨论的操作"经济"之一。

　　为了更好地掌握面临不同场地价格的公司的空间顺序，如图 12.2 的 1 图所示，该图给出了两个地点价格锥顶的顶视图。点 E 将平分直接在市场 a 和 b 之间绘制的直线，即沿着两者之间的最短运输路线。F 点和 G 点与两个市场中心的距离相等，FEG 线代表所有点对的集合，其中希望向两个市场供应的公司的场地价格将相等。

　　请注意，上述的市场比较和随后我们要进行的市场比较是基于同一种策略，即每家公司都希望有效供应两个实体市场。当然，由于两个市场对每种商品的市场价格相同，公司最理想的选择是只供给其中一个市场，而不供给另一个市场，那么假设它的战略实际上不是向两个市场供应。

　　图 12.2 的 3 图作为分析的注意事项。虽然本节的其余部分将场地价格视为同心模式，但只有在整个地区的运输基础设施保持不变时，价格才合理。当然，这可能适用于在公海上的航空运输或远洋船舶，而现有的公路或铁路基础设施会使场地价格向特定的人口中心倾斜。网站价格表面的形状变得不规则，尽管 A 点比 B 点更靠近市场中心，但在图 12.2 的 3 图中，A 点的地皮价格要低于 B 点的地皮价格。说明 B 点比 A 点更受欢迎，因为有一条路把它连接到了市场中心。

　　为了充分摆脱完全竞争模型的限制性假设，假设商品在市场 b 中的市场价格低于 a 中的市场价格。造成这种情况的一些原因可能是：在市场区域具有管辖权的政府 a 对在那里销售的商品征收销售税；a 中的收入水平较高，这有助于抬高该市场的价格。希望向这些市场提供相同商品的各种公司将如何安排自己的策略？显然它不是一条直线，与市场等距。但是由于 LOOP 认为市场价格的差值必须等于运输成本的差值，如图 12.3 所示。

　　在图 12.3 中，点 E 与图 12.2 相比，表明公司会把自己放在更靠近市场 b 的位置，而不是 a。为什么？因为在 a 和 b 之间的中点，在 a 中赚取的网站价格将大于（b），如图 12.3 的 1 图中 H 点所示。因为公司会将自己定位在服务于两个市场之间不受影响的位置，所以他们可以向 b 靠近。

　　图 12.3 的 3 图中显示出在 a 中，随着距离的增加，T 上升（或地块价格下降）的越来越少，而在市场 b 中，随着远离它的距离减小，T 下降

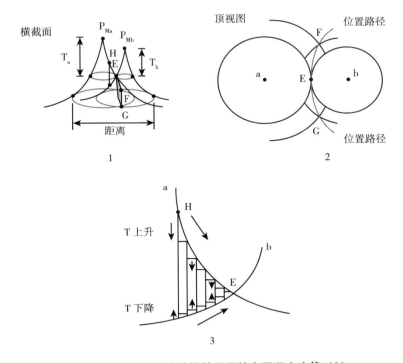

图 12.3　面临不同场地价格的公司的空间顺序决策（2）

（或地块价格上升）得越来越多，这显然说明了接近市场 b 时边际改进缘由：一旦两个市场的净收益（场地价格）相等，如点 E 所示，这个过程就会停止。等值线的交点轨迹形成，数学家称之为双曲线的一半，显示了具有不同场地价格的公司希望在两个市场之间保持稳定的最佳位置。

　　图 12.3 的 1 图中阴影部分的外边界和 2 图中通过点 E、G、F 的虚线都表示这条双曲线的位置路径。最后要注意的一点是，如果 P_{Mb} 下降，双曲线轨迹更接近 b，如果再继续下降，双曲线轨迹将开始环绕它，如图 12.4 所示。

　　上述描述是有道理的，因为一旦 b 的市场价格下降到与场地价格相等时，运输成本就会下降为零，因为没有一家企业愿意承担将其产出定价超出市场的成本。如果企业希望为市场提供供给，那么他们会把自己定位为 b 点。为了设想图 12.4 中涉及的横截面，将市场 b 想象为位于市场 a 的大城市旁边的一个小镇。在 G 点，在镇上还是在城市里销售对企业来说是无差异的。

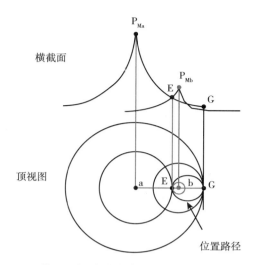

图 12.4　面临不同场地价格的公司的空间顺序决策（3）

随着场地价格的背景已经确定，我们就可以探索场地租金的定义了。事实上，场地租金与经济租金是相同的。经济租金是固定的生产要素（如土地）所产生的收益。例如，一块土地显然是固定在地球表面的一部分，即使它的使用价格为零也可以使用。这样，固定土地的机会成本为零，任何为使用而支付的正价格都是高于机会成本的溢价，这将被称为经济租金。更具体地说，土地价格是由需求决定的，如图 12.5 所示。

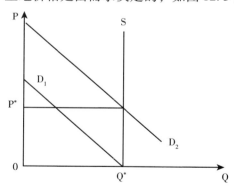

图 12.5　土地租金的需求价格曲线

当需求曲线是 D_1 时，土地的均衡价格为零，经济租金也为零。如果需求曲线平移到 D_2，那么 P^* 的均衡价格就是经济租金。请注意，需求虽决定了土地的价格，但其可用数量恒定为 Q^*。

　　场地租金被定义为企业产出的最大回报（场地价格乘以总产出）减去在给定场地生产过程中使用的所有可变因素的总成本。当然，这一差异是在假定只有正常利润的情况下，才在生产过程中使用固定因素的总成本。因此，经济租金和场地租金是同义词。而且，虽然土地是一个固定因素，但它不一定是一个特定地点唯一的固定因素；例如，工厂规模被认为至少在短期内是固定不变的。

　　场地租金和土地价值之间的联系如图 12.6 所示。考虑一家完全竞争的公司，其场地价格为 P_S^*，如图 12.6（a）所示，与实物市场的距离为 d^*。如果有人想购买位置 d^* 的土地，所有者至少需要图 12.6（b）中阴影区域所代表的未来场地租金流（经济租金）的净现值。根据业主的贴现率和期望，这将代表他对土地的要价。

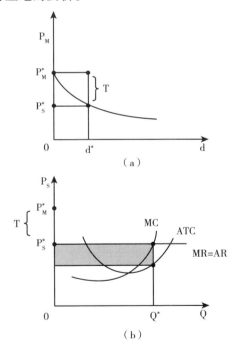

图 12.6　场地租金和土地价格之间的关系

　　图 12.6（b）中小阴影区域是利润矩形，或在 d^* 地点赚取的场地租金，因为平均总成本（ATC）本质上是每单位 Q^* 的机会成本。离市场中心越近，场地租金越高。位于较远处的公司将面临较低的场地价格，这意

味着图 12.6（b）中阴影部分的利润矩形将变小。这是有道理的，因为靠近市场中心的公司面临更低的运输成本，当面对固定的市场价格时，公司将获得更大的场地租金。

请注意图 12.6（b）中显示的完全竞争企业与本书第七章中开发的企业之间的差异。在这两种情况下，公司都取给定的市场价格，但在图 12.6 中，经济利润是基于场地价格（Ps^*）来衡量的，即给定的市场价格（P_M^*）减去适用于该地点的运输成本（T）与实物市场的距离（d^*）。

场地租金表面是在距市场不同距离处可用的经济利润或场地租金矩形的集合，如图 12.7 所示。场地租金 S_1 是可能的最大利润矩形。显然，如图 12.7 所示，这将发生在距市场中心零距离的地方。在距离 d_4 处，场地租金 S_4 为零，这表明场地价格等于 ATC，因此经济利润为零。任何超过 d_4 的距离都不会覆盖 ATC，但只要覆盖平均可变成本，考虑到土地的固定成本和任何其他固定因素，可使短期内损失最小化。从长远来看，至少就相关商品的生产而言，超过 d_4 的那些土地将不再使用。

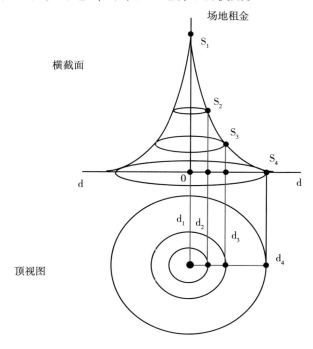

图 12.7　场地租金锥

场地租金面比场地价格面更合适，因为后者的属性包含在前者中，而且，前者允许企业的成本结构也被考虑在内。选址将基于场地的盈利能力，而不仅仅是获取的场地价格，因为场地价格只考虑运输成本，而场地租金考虑所有固定、可变和运输成本。一个公司生产两种不同的商品供给给不同的市场，我们可以为每一种商品建立场地租金锥，并以类似于上面显示的场地价格的方式确定场地租金相等的位置。

任何会改变任何给定距离的利润矩形大小的因素都会适当地扩大或收缩场地租金面。如果给定的市场价格上涨（下跌），在其他条件不变的情况下，场地租金面积将扩大（收缩），场地价格将上涨（下跌），因为每单位距离的运输成本及所有其他成本都将假定为常数。如果生产要素的使用本身受到运输成本的影响，那么投入市场场地距离越远（越近），成本曲线就会越高（越低），从而使经济利润越低（越高），并收缩（扩大）场地租金曲面。

为了生产多种商品而划分站点的方式是相当简单的。考虑土地的三种等级（A、B、C）和三种商品（1、2、3）作为土地等级可能的生产用途（见图 12.8）。为简单起见，图 12.8 中绘制了二维线性场地租金函数，但下面的结果完全适用于三维曲面。

请注意，每种商品的场地租赁功能在每种土地类别中具有相同的斜率，但具有不同的场地租金（因为它们具有不同的垂直截距）。同样的斜率假设表明，每单位距离市场的运输是相同的，这意味着每个地点的运输基础设施和地形是相同的。这种假设是为了简单起见而使用的，但也很容易放宽。图 12.8 的（a）（b）（c）三图显示的每个地块租金函数的不同高度仅表明，不同的土地质量导致了每个商品在距离每个市场中心给定的距离上的不同地块租金。

在每一类土地上经营的每家公司或一组公司将采用能提供最大场地租金的商品组合。每个土地类别的场地租金函数的上限给出了在特定土地场地中生产每种商品的最佳位置。从技术上讲，由于每个土地类别中商品 1 的场地租金函数具有相同的斜率，因此 d_{1B} 表示与 A 类和 C 类中垂直轴下方的商品 1 功能相比，d_{1B} 距离市场中心更远。这就是为什么顶视图面板在图 12.8 中有一条在 B 类处向外延伸的等值线。

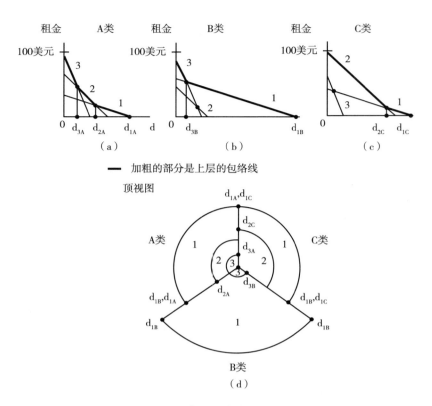

图12.8 不同类型土地的场地租金函数

更复杂的是，本书将引入相互竞争的实物市场，作为这三种商品的替代运输点。需要考虑的主要因素是土地质量，例如，伐木必须在林地上进行，煤矿开采必须在有煤矿的地方进行。离生产点越远的实际市场，场地租金明显越低。有了可选的实物市场，在两个市场的情况下，不同类别土地的地租包线将根据两个市场之间的距离而定。使用图12.3的1图作为参考，每个市场将拥有一个场地租金包络空间，而不是一个场地价格空间，其交点如E表示间距和要生产的商品的选择（见图12.8），网站租金包络线包含多个货物。请注意，企业为土地阶层选择的商品越多，场地租金包络线就会变得越平滑、越不扭曲（见图12.9）。例如，图12.9显示了与市场X和Y相关的场地租金包络线，其中A级土地围绕前者，B级土地围绕后者。

A类和B类场地租金包络线直接取自图12.8。需要注意的是，B类的场地租金包络线是从右到左阅读的，因为考虑到 d* 处的土地类别边界，场地租金包络线经历了结构性破坏。此外，如果市场 X 和 Y 之间的距离足够长，以至于边界的一侧或两侧的包络线到达水平轴，那么就生产而言，该距离轴上之间的空间将是"无人区"。如图 12.9 的下半部分中，生产边界被绘制为直线，而不是为简单起见而绘制为同心线。

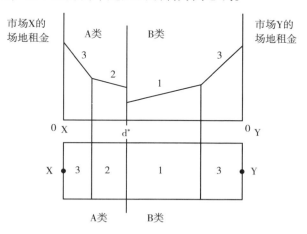

图 12.9 竞争实物市场的场地租金包络线

此处提到但未探讨的最后一点是，无须指定与市场中心同心的土地质量，它们在市场中心周围形成不规则的地块租金边界反映市场区域土地质量的任何突然变化。在图 12.2 的 3 图中已经提到，即使是预先存在的基础设施也会使场地价格等高线的形状不规则。

第二节 工业区位

场地价格和场地租金的讨论突出了它们在土地利用决策和生产地点决策中的重要性。本节考察生产地点的决定，在分析企业规模时，一个关键的假设是：所有的投入都在生产地点可用。这相当于，假设企业必须运输到企业所在地，且投入的运输成本为零。如果运输成本不为零，则需要调整企业的最优规模，以反映运输到工厂地点的长期平均总成本（LRATC），如图 12.10 所示。

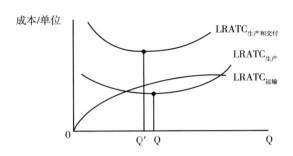

图 12.10   考虑运输距离的企业的长期平均总成本

在微观经济学理论中，企业的最佳规模是其在生产 LRATC 上的最小点，由 Q 的位置给出。这考虑了集中生产的工厂规模和无人站运输成本。为此，我们现在添加一种对生产要素供需相互作用的空间的感觉。假设主要输入的供应在这个空间中是均匀的，并且空间本身在地形上是一致的。举一个例子，位于森林区域中间的锯木厂是最佳的工厂规模。它所带来的是锯木厂生产规模的扩大，原木必须从森林边缘运输到更远的锯木厂，这就是运输成本——LRATC 的用武之地。随着运输距离的增加，锯木厂消耗的每单位原材料的平均运输成本更高，这就是运输成本曲线上升的原因。

如果运输成本是距离的常数函数，则运输 LRATC 将是一条直线。运输 LRATC 的曲率反映了运输速度与行驶距离逐渐下降的原因。通过这种方式，生产中的规模经济有所缓和，因为公司面临的全部成本由交付 LRATC 所示的生产和运输曲线的垂直总和给出。最佳比例显示在曲线最小化的位置，如 Q′所示。只要总运输成本随着生产规模的增加而上升，最优的工厂规模就小于单独生产的规模。

如果原材料的可用性和运输成本在任何地方都相同，那么生产工厂的最佳规模将是相同的。现实情况是，原材料的可用性可能因土壤、气候、资本和管理而异。原材料必须运输得越远，在其他条件不变的情况下，运输 LRATC 上移越多，工厂的最佳尺寸向左移动得越远（见图 12.11）。图 12.11 说明了收集成本在资源可用性方面有所不同。对于稀少的供应与密集的资源可用性，收集成本会随着距离的增加而迅速增加。这有助于解释在生产规模中观察到的一些差异①。

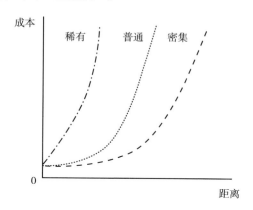

图 12.11　原材料手机成本与运输距离的关系

　　上述从生产的角度讨论了原材料的位置，但消费者必须做出类似的决定，即生产者决定在哪里定位和生产产品，以及消费者决定在哪里生活和工作。我们注意到，消费者和生产者之间的位置差异大致是工人和雇主之间的位置差异，因此可以将消费者位置选择问题包含在生产者位置选择问题中，这种位置差异将通过竞争市场表示为更高的公司的劳动力成本以补偿上班时间的增加。我们知道，消费者选址问题更加困难，因为，虽然生产者选址的动机是生产力和场地租金，但消费者的决定是基于有时会在便于合理地进入工作场所的位置和提供工作场所的位置之间做出冲突的选择，而合理数量的休闲机会、郊区的增长表明了消费者位置问题的某些方面。尽管如此，本部分的重点完全是工业或生产者的选址问题。

　　企业生产过程的完整视图包括：（1）生产过程中所需要素的采购；（2）利用这些要素生产产出；（3）将产出分配到实物市场。这一过程需要有一个相对于投入产出的实物市场的最佳生产地点，在这个地点中会出现运输成本的取舍。也就是说，离消费市场较近的地点将降低分配的运输费用，但是，如果生产过程取决于土地，如采矿，那么采购和分配费用就面

――――――――――――

　　①　乙醇工厂说明了运输成本和加工厂规模之间的相互作用。如果玉米乙醇工厂位于美国中西部，那么玉米乙醇工厂的最佳规模可能非常大，因为那里的玉米平均产量超过每英亩200蒲式耳。位于加拿大西部的小麦乙醇工厂的小麦产量低于每英亩50蒲式耳，其在与玉米乙醇工厂相同的规模上将没有竞争力，因为其必须从更大的地区获取谷物投入。

临取舍。

位置问题如图 12.12 所示。假设原料和成品市场之间的运输是基于最有效的路线进行的。公司可以在资源市场和消费市场之间的任何地方选址。运输成本曲线是采购和配送成本曲线的垂直之和。请注意，采购成本曲线是从左到右读取的，而分销成本曲线的读取方式则相反。最不利地点是运输总成本最大的地点，最有利地点是运输成本最小的地点。

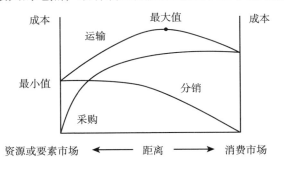

图 12.12　企业的位置问题选择

在上述例子中，对于给定的单位距离，采购成本曲线比分销成本曲线上升得更快。因此，当企业相较要素市场更靠近消费市场时，运输成本会更高。从图 12.12 中曲线得出的假设是，运输要素比运输最终货物更昂贵。运输成本曲线在要素市场位置或附近最小，因此成为最优位置。如果分销成本曲线上升得更快，则消费者市场可能最优位置。如果运输成本占产品最终价格的很大一部分，那么生产过程的重量/体积增加或减少会影响最优位置。减轻重量/体积的过程可以节省运输成本，因为它靠近原材料的来源。一个具有历史意义的关于生产转移的例子发生在牛屠宰场。曾经有一段时期，所有的牛都被运往城市屠宰和分配。随着冷藏运输的出现，肉类加工业将屠宰场的位置转移到饲养场附近。这样就使得盒装牛肉浓缩程度更高，且其运输成本比活牛低得多。

向原材料中添加大量空气或水的过程通常位于最终市场附近，因为这些输入是可以免费获得的，软饮料装瓶就是一个例子。这种糖浆与水混合后会被运往当地的灌装厂。对于一些原材料，加工过程决定了其位置。制作一磅冷冻薯条大约需要三磅生土豆。因此，这些加工厂位于马铃薯田附近。但是，薯片体积大且易碎，所以土豆需要被运到人口集中的地方进行加工和分销。

　　一些生产过程既不是重量/体积减少，也不是增加。因此这些过程被称为"自由行业"，因为加工设施可以位于任何地方，如蜂蜜和油籽破碎机。在这两种情况下，加工各自的最终产品（纯蜂蜜/蜂蜡和食用油/粗粉）在重量和体积上与原材料大致相同；位置可能取决于终端市场的地理分布。如果两种最终产品的运输方向不同，那么靠近原材料站点的位置可能会受到青睐。

　　工业区位问题的一个变种问题是转运点。

　　转运涉及在运输过程中转换的运输方式，例如，当远洋货轮的货物在港口装载到卡车或火车车厢时。公司会希望把地点设在转运点，以便进行进一步的加工，以避免在不同模式之间卸货和重新装货的费用。特别是，如果加工减少了重量，或获得了另一种经济优势，转运点可以是一个首选地点[①]。这就是为什么历史上城市是在海港周围形成的，因为工业生产发生在货物聚集的地方。在转运点进行加工的最佳位置模型如图 12.13 所示。

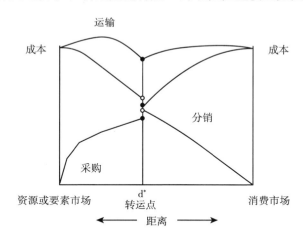

图 12.13   企业在转运点进行加工的最佳位置模型

　　图 12.13 中的假设与图 12.12 中的假设相同，只是转运点成为除原材

----

　　① 举个例子，北美的一个港口将 ISO 集装箱转运到 53 英尺长的卡车拖车和国内集装箱中。三个 40 英尺的集装箱可以转运到两个 53 英尺长的拖车上。如果托运人也可以在转运点对库存进行一些分类和混合，那么他们也可以减少内部配送仓库之间的交叉运输成本。

料来源地或最终消费者所在地之外的第三种加工选择。转运点的装卸成本导致采购和配送成本曲线在距离两个市场（d*）处发生垂直移动。

注意在图 12.13 中，d* 处两个曲线的上部均是镂空的。从这个意义上说，一旦距离超过转运点，配送和采购成本就会上升，因为装卸费用将被包括在内。对于该产品，转运点的总运输成本最低，是加工的最佳地点。从简单的意义上说，转运现象解释了为什么城市化和经济增长发生在交通关口和贸易走廊沿线。例如，海港几乎是运输门户，但在地理特征和政治障碍导致货物聚集的地方，也可以发现内部门户。

第三节　门户、枢纽和贸易走廊

运输门户和贸易走廊是历史事实，也是运输经济学不可或缺的组成部分。从亚历山大和马赛这样最早的港口，到今天的鹿特丹或上海，一个港口的成功取决于它作为周边腹地的转口港和它在贸易走廊上的位置。由于技术进步和国家经济命运的变化，贸易路线可以随着时间的推移而改变。从中国到罗马的古丝绸之路，在骆驼商队的路线上创造了许多富有的城市。这些政治单位权力的崩溃和帆船的出现终结了丝绸之路。当前，我们正努力再现这条从中国到欧盟的贸易走廊。

交通总是寻求最简单、最短、成本最低的路线，而土地沉降模式决定了交通基础设施的位置。运输通道和贸易走廊存在于更广泛的联系和节点网络中。该网络由公路、铁路、航空或水运等相互竞争的运输方式组成，这些运输方式相互形成了连接，并汇聚在枢纽城市和门户城市，这些城市是节点，贸易走廊是促进两个或多个门户城市之间货物流动的任何通道。

布格哈特（Burghardt）开发了一个门户城市模型，为贸易走廊的入口点提供了一个有用的框架[①]。布格哈特假说基于城市在不同规模和功能的层次结构中的位置和作用。大城市有规模经济能力提供更高层次的服务，

---

① Burghardt A. F. A Hypothesis about Gateway Cities ［J］. Annals of the Association of American Geographers，1971，61（2）：269-285.

如上诉法院和专业教育，而小城市则做不到这一点。在这个等级体系中，最顶端的是拥有国内和国际金融服务和娱乐业的城市。作为最大的配送中心，这些城市主导着商业，并充当着向内陆较小社区运输的枢纽和门户。

经常听到人们宣称他们的城市是交通枢纽或门户，但其实还是有区别的。从最简单的意义上说，交通枢纽作为轴辐式网络的一部分工作，各种运输路线或辐条具有共同的连接，用于合并或配送货物。交通枢纽和门户城市如图 12.14 所示。枢纽城市可能位于两条或更多条主要走廊上，相对于其圆形腹地，流入和流出枢纽城市是多向的。门户城市有漏斗状的腹地，位于一条主要走廊的一端，该走廊为进出其区域的交通提供服务。

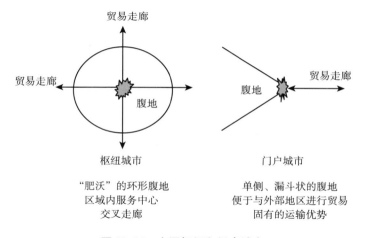

图 12.14　交通枢纽和门户城市

布格哈特观察到门户城市位于其经济区域的地理极端，并将其地理位置归因于地理剪切带或一些贸易壁垒。门户城市位于过渡点，一边是"肥沃"的锥形腹地，另一边是"贫瘠"的区域。肥沃的一面有着发达的多式联运基础设施网络，贫瘠的一面是一条狭窄的贸易走廊，其提供长途运输服务，连接门户城市和另一个遥远的市场门户。

交通通过门户城市汇集，因为它位于一个战略位置，使得沿着陆地走廊或海路可以将运输成本降至最低。这可以被定义为"阻碍最小的路径"。门户城市的流入和流出并不是全方位的；相反，预先确定的方向取决于服务特定经济区域的贸易走廊。门户城市可能因其地理或经济特征而有所区别。远洋港口显然是门户城市。蒙特利尔、纽约、温哥华和洛杉矶是门户城市，它们的港口连接着跨洋市场和北美内陆——一个海陆连接。

更难区分的是位于欧洲大陆中心的门户城市。内陆门户城市可以在大陆创造合适条件的地方出现。例如，门户城市的位置可以由山脉、沙漠、河流和内陆海洋确定。阿尔伯塔省卡尔加里市的地理位置和面积得益于山口，这为穿越落基山脉的铁路提供了一个相对平缓的通道。卡尔加里是将货物从不列颠哥伦比亚省运往西部草原肥沃腹地的门户。

在加拿大西部早期定居期间，曼尼托巴省温尼伯市作为通往东部草原的交通门户而建立。凭借贫瘠的加拿大地盾，温尼伯市通过一条连接蒙特利尔和欧洲的长廊将大草原的贸易汇集起来。农业生产在温尼伯市进行整合，以便运往加拿大中部，并建立了一个大型仓库配送中心，用于将制成品从加拿大中部向西移动到大草原。温尼伯市位于红河的位置是因为交通必须在该点转运。当横跨河流的铁路桥建成并确定贸易走廊的路线时，温尼伯市的确切位置更加明确。

惠贝尔观察到，北美的贸易走廊路线随着铁路的建设而固定下来[1]。虽然汽车和卡车更加灵活，但已经有铁路服务中心后来更希望与公路连接。在北美，铁路基础设施面向的是更强大和更直接的东西走廊，而不是南北走廊。即使在没有固定基础设施路线的航空旅行中，在北美向东/向西飞行通常比向北/向南飞行更容易和更快。这反映了门户位置的另一个来源——政治边界。

政治边界创造了门户机会，因为货物和承运人必须停下来办理证件、检查和旅行批准。主权国家还实施限制外国竞争的法规（海运限制），并支持将货物转移到国内运输系统。与海港一样，贸易集团内部的主权边界促进了土地定居模式和就业，从而为国际贸易服务。目前还不清楚卡尔加里市或温尼伯市是否会发展成为主要城市，如果美国和加拿大的边界并没有限制更南部城市的范围的话；同样，如果美国海关通关不困难的话，墨西哥的新拉雷多市和德克萨斯州的拉雷多市几乎不可能存在。

① Whebell, C. F. G. Corridors: A Theory of Urban Systems [J]. Annals of the Association of American Geographers, 1969 (59): 1-26.

区域的大小和可用交通服务的范围决定了门户城市和贸易走廊的等级。远洋港口不断相互竞争，以吸引航运公司。机场运营商试图吸引航空公司的注意。城市努力提供公路基础设施，为港口、铁路货场和多式联运设施服务。

服务关系一旦建立，门户和走廊可能会合并以创建路线和发展选项成倍增加的网络。随着走廊的贸易流量增长，要么基础设施必须适应增加的流动，要么市场将使用替代网关走廊组合。在更广泛的运输网络中，这可能会影响发展选择、竞争框架和运输成本。从历史上看，辛辛那提和圣路易斯等城市在 19 世纪 50 年代中期的边境定居期间充当了通往美国西部的门户。一旦定居点超出了他们的位置，铁路便取代了内河驳船，这些城市就成为了枢纽。

正如前面所述，场地价格及场地租金都受到已存在的基础设施模式的影响。交通枢纽在交通网络中越来越普遍，这是由于在人口较多的中心使用大容量车辆进行枢纽到枢纽运输所取得的经济效益。其中，较小的城市充当了辐条。枢纽城市拥有支持枢纽机场等必要的基础设施。门户和枢纽地位可以通过增加更多的基础设施来加强，以吸引货流和客流[①]。这类投资可能受到本书第十一章中讨论的有关成本效益分析（CBA）标准的制约。

练习题

1. 快速交通系统的建设（如地铁、轻轨）可以吸引新的投资，如在车站周围的办公楼和公寓建筑。这种需求的增加会抬高当地一公里内的土地价格。

（1）绘制一个适当的模型说明和解释一个新的快速交通地点对附近土地价格的影响。

---

① 拓展阅读：Levinson M. The Box：How the Shipping Container Made the World Smaller and the World Economy Bigger ［M］. Princeton，NJ：Princeton University Press，2006.

Rodgrigue J. P. Transportation Corridors in Pacific Asian Urban Regions//Hensher D. A. and King J. (eds.). Proceedings of the 7th World Conference on Transport Research［M］. Sydney：Pergamon，1996.

（2）为什么一些快速公交站比其他站点产生更多的经济活动和客流量？

2. 门户城市建立在地理切变地带，在这里，货物可以很容易地在不同的运输方式（如从船舶到卡车）之间转运。

（1）绘制一个或多个合适的模型，并解释定义门户城市的特征，说明选址在转运门户的好处。

（2）集装箱化将港口货物转运的成本降低到集装箱前运输的5%。解释降低转运成本如何影响将制造和加工地点设在海上港口的优点和缺点。

3. 除其他因素外，农田的价格取决于其距离，以及到达可用市场的相应运输成本。

（1）绘制一个适当的模型，并解释说明在完全竞争市场中位置、土地价格和运输成本之间的联系。

（2）解释地理位置的利益如何最终决定了农田的价格。

4. 美国中西部和加拿大西部正在建设乙醇工厂。美国乙醇工厂使用的玉米每公顷产量为13.5吨，而加拿大乙醇工厂使用的大麦或小麦每公顷产量为3.5吨。

（1）提出并标注一个合适的模型来解释运输成本是如何决定美国乙醇工厂的最佳规模要大于加拿大乙醇工厂的。

（2）说明如果气候变化使美国玉米产量减少一半，乙醇工厂的最佳规模会发生什么。

5. 政治家们寻找创造投资和就业的机会。一些城市已经看到了内陆港口发展带来的重大经济活动，但在许多情况下，内陆港口一直是令人沮丧的失败。

（1）使用一个或多个适当的经济模型，解释建立内陆港口以促进货物从一种运输方式转移到另一种运输方式的经济效益。

（2）内陆港口失败比成功更常见。请你描述分析政府在这种经济发展形式下投资的成本效益的过程。

6. 玉米乙醇厂生产两种产品——乙醇和干酒糟（DDG），它们的重量和正在加工的玉米差不多。玉米是用一列一列的料斗车运出的。由于乙醇对管道的腐蚀性太强，因此乙醇用单元列车或罐车运输。大部分的副产物（DDG）是在中西部的饲养场被消费，但偶尔也会被晒干出口到海外。

（1）绘制适当的模型来说明将乙醇工厂选址在玉米产地附近（美国中西部）与人口中心附近（东海岸和西海岸）的原因。

（2）如果大部分 DDG 被出口，你的选址方案会改变吗？

第十三章
运输和政府政策

　　税收、补贴、公有制和监管是政府能够控制市场价格和数量结果的方式。我们在前面的章节中已经看到，在特定情况下，当允许运作的唯一利益是企业及其消费者的利益时，市场可能会因无法实现社会效率而失灵①。政府在"保护公共利益"或"为社会利益"的名义下，可能干预和试图纠正市场失灵或鼓励经济发展。本章第一部分便考察了政府管制和放松管制的理由。

第一节　管制和放松管制

　　1985～2015 年，北美政府的主流观点已经从管制运输市场转变为放松管制和私有化。从这一意义上说，运输服务不再被视为那么神圣，不受市场波动的影响。支持者会说，对于市场在快速实现经济效率方面所提供的好处来说，这种波动只是一个很小的代价。在解除管制的市场中，价格取

---

　　①　市场失灵是垄断卡特尔、外部性、搭便车者和破坏性竞争。

代了立法和政府官僚管理资源分配的作用。

放松管制并不意味着完全取消所有规定。为了防止市场失灵（例如，垄断和卡特尔）和提供公共产品，如公共卫生和安全，政府监管总是必要的。法规确保安全标准保持不变，从而禁止"不可靠"的操作。但请注意，一些极端自由市场经济学家对最后一点的优点提出了质疑。他们认为政府甚至不需要为公司制定安全标准。原因是什么？他们声称，因为市场会起作用。由于劣质的服务和口口相传，消费者能够发现"不可靠的厂家"。这些运营商将会因为缺乏客户而被迫退出业务，或者他们将被迫降低服务价格，以便只有那些愿意接受风险的消费者才会使用这些服务。

但在这种口碑传播之前，有多少消费者会被这些公司利用，有多少市民会因为他们在道路上、海上或空中使用危险设备而受伤或死亡？极端自由市场观点的问题在于，其假定消费者和其他公民能够迅速地获取和处理信息，从而能够区分好坏。但这一假设是否有效是完全不清楚的，特别是考虑获取信息要花费一定的时间，也许还要花费一定的金钱。

自由贸易协定本质上是两个主权地区放松管制的例子，因为非自由贸易是通过关税和配额进行管制。虽然省、州和国家政府目前正处于各自管辖范围内放松管制的过程，但国际放松管制是一个缓慢的过程，因为各国不愿放弃曾经属于它们的"国家利益"。回想一下，自由贸易的论据是在本书第三章提出的。

虽然货运运输受到的经济管制基本上已经结束，但一些客运服务仍处于价格和管制之中。这在很大程度上是司法管辖的作用。美国的联邦和州/省的监管已经取消，但对城市交通的监管仍然存在。出租车服务由受监管的卡特尔来运营，而公共交通系统则由垄断企业来运营。

北美的许多城市都有监管委员会，限制出租车执照和收费标准，因此出租车监管的基本原理很少被讨论。表面上，监管出租车的政府意识到，出租车不受监管地区运营的问题。监管改革可能会有很大的惯性，特别是当一个小的焦点团体会因为改革而损失很多的时候。在这种情况下，出租车法规的直接受益者（如果不是唯一受益者），就是出租车执照的持有者①。

———————————

① 并非所有出租车执照都经营出租车。在某些司法管辖区，执照持有人将执照"出租"给另一个想要经营出租车的人。

由于出租车执照规定是由上一代制定的，现在已经根深蒂固。免费获得牌照的出租车将从经济上受益，随着时间的推移，这些"受监管的权利"已经被交换，监管的好处（更高的票价）已经转化为这些许可证的市场价值。因此，必须从现有运营商那里购买执照才能进入该行业的人的成本基础更高，在支付执照费用后，他们的收入可能并不比监管系统之前的原始司机更好。在正式提出该行业模型后，本书对资产资本化的过程进行了解释。

出租车行业监管制度的程式化视图（见图 13.1）。在缺乏监管的情况下，竞争性出租车行业的特征是在 C 点处的长期均衡，平均总成本等于平均收入，经济利润为零。为简单起见，我们使用水平供给函数表示该行业面临不变的成本。政府决定通过限制进入或仲裁价格来规范出租车行业。

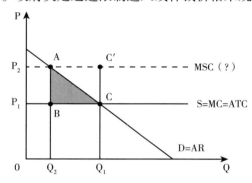

图 13.1 出租车行业监管制度的程式化示意

注：MSC（？）为假设，假设是出租车司机理想的收入。

假设管制限制了进入，使得点 A 成为新的均衡。与第一季度产出的零经济利润不同，规模较小的出租车行业将提供第二季度的产出，许可证公司将获得等于 $P_2AB P_1$ 的经济利润，这是财富从消费者转移到生产者的过程。如果拥有出租车执照的人现在退休或离开行业，他们可以把执照卖给新进入者。许可证的价值将取决于 $P_2 AB P_1$ 的规模、新进入者的贴现率及他们对监管体系变化的预期。假设他们相信，只要新进入者继续运营，监管的额外收益就会一直存在，他们愿意提供未来几年额外收益的净现值 $P_2AB P_1$[①]。

---

① 可视化资本化的一种方法是考虑具有固定票面利率的永续政府债券（无赎回日期或固定价值）的价值。如果利息提供债券的交换价值，则将息票除以当前利率。同样，如果出租车执照价值 100000 美元，当前利率为 5%，则推算的经济利润将等于该价值，或每辆出租车 5000 美元。

出租车的监管造成运营效率低下，因为由于监管而损失的消费者剩余（$P_2AC\ P_1$），留下的福利损失等于 ABC。注意政府并不是为了实现社会效率而制定这一规定的，如果是这样的话，就必须证明 P_2 代表行业内的边际社会成本（MSC）。那么政府将被要求概述迫使社会成本高于私人成本的负外部性。只有这样，ABC 才能被视为一种社会净收益。在图 13.1 中，MSC（?）表明：如果这种观点真的适用，那么 $AC'C$ 的净社会收益将等于 ABC。

政府可能认为，该行业需要在价格和是否准入两个方面受到监管，原因有三点：第一，如果不加以控制，市场可能会垄断；第二，竞争具有破坏性，因为没有足够的经济利润来鼓励研究和发展（R&D），以帮助行业增长和扩展到其他市场，或抵御来自外国的竞争；第三，该行业存在周期性的价格战和非价格竞争，使得需求方不确定何时使用该服务。同样，这些都是政府的理由，它们在很大程度上是错误的。

这些论点是否为基于负外部性存在的监管提供了理由？接下来我们依次分析这三点，并说明它们为何不支持价格和准入监管。第一点是无效的，因为控制进入肯定不会增加竞争。如果市场因企业对关键资源的控制或专利保护而易于垄断，政府不应该通过简单的控制进入来应对。第二点是无效的，因为有利于研发的预期正常利润已被纳入企业的成本函数中。如果没有足够的研发来满足政府的需求，政府应该提供补贴或减税来促进研发，而不是收紧行业，希望一家感觉竞争较少的公司会在研发上花更多的钱。结果可能会适得其反。第三点也是无效的，因为竞争环境中的价格战有利于消费者，并迫使效率较低的企业退出该行业；非价格竞争允许公司将其产品区分开来，作为吸引顾客的手段。

当然，非价格竞争确实迫使企业在产能过剩的情况下运营，但有些消费者可能认为这方面的价格是合理的，以便有一个选择的服务。例如，汽车制造业的完全竞争意味着一种价格固定的车型——这是亨利·福特（Henry Ford）选择"任何颜色，只要是黑色"这一比喻的极端。汽车出租行业在卡车装载（TL）和零车装载（LTL）运输方面提供差异化服务，并在制冷和液体运输方面提供专业化服务。虽然这些都是子行业，但也有交叉行业，这只是为了给托运人更多的选择。此外，航空公司为其用户提供不同类型的航班级别和特别的折扣服务。如果平均总成本在这方面下降，就会出现范围经济。

当问题变成了：如果不是为了实现净社会收益，政府为什么要制定限制进入的法规？答案是因为行业内的公司实际上可能希望受到监管。监管的捕获理论指出，监管者实施的监管有利于被监管者。已经成立的公司可能会从监管中受益，但也会限制其他公司的进入，从而限制竞争。

"捕获"的过程始于特殊利益集团的形成，这些集团可以被称为压力集团或游说者。这些集团确实有特殊的利益形式：（1）对他们所代表的公司集团的盈利能力的渴望；（2）对他们的行业和政治进程有高度的了解。因此，当涉及相关立法时，这些团体有相当的能力影响政府。事实上，当行业领袖被政府邀请加入监管委员会和咨询小组，政府可以利用他们的专业知识时，"捕获"过程就会加强。

一旦一个行业是为了行业的狭隘利益而不是为了实现社会效率而进行监管时，就会出现如图 13.1 所示的不可避免的福利损失。然而，行业内的公司获得的经济利润或租金，等于 $P_2 AB P_1$。这里有一种简化，即图 13.1 所示的市场在监管引入之前是一个竞争市场，一旦监管实施，存在于 Q_1 和 Q_2 之间的生产企业就必须退出。他们会自由离开吗？答案是否定的，因为他们不会坐以待毙让他们的竞争对手以他们为代价获得正经济利润，这些公司会试图为自己获得这些利润。当然，他们会游说政府，这样他们就可以获得监管许可，继续生产。但他们的游说迫使其他公司也进行游说，在这种环境下，并非所有公司都能从游说中获益。

为了获得监管保护而以确保经济利润的支出被称为寻租活动。当这种活动发生时，它是可归因于监管的福利损失的另一个来源。例如，当所有公司都在竞争租金时，它的全部金额可能会被浪费或耗散掉，这意味着寻租带来的监管福利损失实际上对应于图 13.1 中的 $P_2 AC P_1$。

我们以这种方式考虑租金耗散：在总经济利润或租金 R 可用的情况下，每个公司将通过提供政府的"贿赂"B 进行游说，其金额低于要获得的总租金。游说的公司总数等于 N，如果每个公司提供的贿赂金额等于 R/N，那么他们都将获得平等的获胜机会，且所有的租金将被耗散。换句话说，租金是由行业支出的，因此只有一小部分人能得到它。那肯定是浪费！尽管如此，我们注意到政府是通过游说而寻求租金支出的接受者，如果人们认为政府的行动不是出于社会福利，而是出于最大化自身收入和扩大其官僚影响力的需要，那么这个过程可能是有益的。在某种意义上，寻租模型假设政府的行为是出于自身利益，就像公司和消费者一样，而不是出于家长式的行为。

法规在颁布之后会有长期的后果。政府将永远对希望进入的其他公司寻求租金的游说开放。因此，这迫使现有的公司为了维持租金而进一步游说。从这一意义上说，现有的公司总是会看到他们所获得的部分租金消散了。例如，在出租卡车行业，当美国和加拿大的监管委员会听取了希望进入的新公司的请求时，他们的责任是反驳现有公司的立场，即进一步的竞争将是有害的。提出这种法律和财务理由的过程需要所有人继续进行寻租支出。

前面提到的出租车牌照监管的一个相关问题是以利润资本化的形式出现的。这源于生产要素所有者能够获取部分或全部经济利润，并将其作为权利出售给新进入者。当这种情况发生时，行业中新进入者的成本上升，最终行业中企业的私人边际成本也会上升，在图 13.1 中，当完全资本化发生时，私人边际成本将上升到 P_2[①]。

在这一理论框架下，当政府的首要任务从通过监管保护一些公司的既得利益转移时，放松管制的动力就会出现。外部利益通常迫使政府放弃其通过寻租活动获得的收益。这些利益通常是相互竞争的特殊利益集团，如运输业、托运人组织和消费者团体。若在盈利的情况下资本化，放松的需求可能会发生在当企业面临的成本失控，支付很高的溢价高于其使用的资源真正的经济价值，这些成本蔓延到其他行业努力吸引那些资源上。就运输等战略性行业而言，很容易看出过高的成本会如何提高商品的售价，而这些商品的大部分增值来自运输（即非制成品）。同样，出租车票价的上涨减少了他们的使用，并鼓励更多的人使用私家车或租车，这增加了交通拥堵、污染和可能的酒后驾驶。

尽管本章节介绍了经济理论，但政治选择和经济选择驱动了大量关于

① 福利资本化的另一个例子发生在劳动力市场。受监管行业的工会活动可以以超过工人机会成本的额外工资支付的形式榨取受保护公司的部分或全部经济利润。

监管和放松管制的讨论。有些人可能认为，有关放松管制的效率提高的论点不具有说服力，因为他们可能会反驳说是市场受到周期性行为的影响，因此不具有适当的稳定性。在这种相反的论点下，人们会感到，关于就业、商业利润和投资前景的不确定性将导致企业的部分错误决策，因此他们会：首先过度追求很多短期利润；其次通过竞争形成业务过剩；最后当他们试图纠正自己的判断错误时，缩小规模和外包。监管创造了确立确定性的规则，而确定性带来了稳定性。选择稳定而不是效率是一种价值判断，对于一个行业和一个社会来说，稳定和效率的理想组合是需要在政治层面上加以考虑的。随着政治情绪的变化，理想的组合也将改变。

调节产生稳定的单位如图 13.2 所示。在图 13.2（a）中，调整以典型生产函数的形式出现。

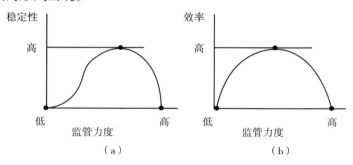

图 13.2　监管力度的调整影响

在监管程度较低的情况下，收益增加的形式是为有效的市场交易建立规则：产权、合同执行、信息等。当然，随着监管力度的进一步加大，用于合规的额外资源将导致收益递减。在这种情况下，稳定性正在上升，因为越来越多的业务方面受到特定的规则或协议的约束。然而，每一家公司都在以合规的名义权衡用于扩张和研发的资源，用律师、内部审计师和安全检查员取代它们。每一单位的均衡都很难从额外的监管中得到。最后，一旦监管超过了使均衡最大化所必需的水平，就会出现负回报。正是在这里，以监管形式出现的官僚主义扼杀了商业活动。

还有一种情况是，监管部门开出的罚款数额过高，以至于企业担心在程序上犯错误或面临法庭挑战而缩减业务。稳定性下降是因为过度的监管已经用合规的不确定性取代了市场的不确定性，尽管如此，合规的不确定性是一种不利于公司运营的商业不确定性。

图 13.2（b）展示了监管与效率之间的关系。在过度监管导致负回报的区域出现之前，会出现回报递减的区域。在该区域，每一管制单位都能提高效率，但边际效率却在减少。为什么？对于实现效率而言，每一项监管都不如前一项重要，因为每一项监管对市场适应经济变化的能力的帮助越来越小；也就是说，要有效率。这类似于一种商品或服务的边际效用递减过程，当出现负回报时，监管阻碍了市场分配资源以生产消费者所需的商品和服务的能力，也阻碍了企业使用最低成本的资源组合来生产这些产品和服务的能力。这样，配置效率和生产效率就不会发生。

在效率曲线上产生最大点的调节水平很可能远低于使稳定性最大化的调节水平。这就是效率—稳定性均衡概念的核心。

综上所述，我们从政府产业监管的一些问题从市场失灵的存在中抽象出来，涉及三个关键点。首先，监管机构无法按照边际条件进行调整，以反映市场涉及的成本和需求结构的微小变化。市场可以很容易地完成这一任务，因为它能够根据这些变化进行价格调整，从而限制产出和资源使用。其次，在监管之下，准入自由是不能容忍的，因为既得利益者会对其寻租。此外，监管机构必须评估准司法环境下所进入的价值，而不是市场环境，只有当存在额外利润的迹象，并且竞争纪律迫使所有公司以经济有效的方式行事时，才会提供进入的激励。最后，监管不能应对快速变化，如果缺乏竞争扼杀了企业参与研发的动力，那么技术变革本身就可能被扼杀。从这个意义上说，当官僚主义的繁文缛节最小化时，经济就会快速增长。

关于监管的最后一个评论涉及变革的风险。虽然法规可能是长期存在的，但大多数都不会永远持续下去。一旦发生变化，经营许可证、配额权或专业资产的资本化价值可能会在一夜之间蒸发。当然，受监管的各方将竭尽全力阻止变革，但充其量他们只能希望获得一些补偿或能够将其资本损失与其他收入相抵销。

第二节　税收和补贴

本章节研究了当政府希望对这些市场中的某些活动征税或补贴时对运

输市场的一些影响。本书第八章对外部性的讨论已表明政府可以对产生负（正）外部性的市场征税（补贴）。当然，当科斯定理的条件得到满足时，市场可以在不需要政府干预的情况下将外部性内部化。本章节将重点讨论税收和补贴可能带来的影响。

考虑将税收"指定"用于特定目的的情况。假设政府将从燃油消费税中获得的收入用于一个信托基金，该基金仅用于道路建设和维护。税收专项计划有一些积极和消极的属性，其中，指定用途的积极一面体现在信托基金是不可侵犯的，因此可以在更少的政治干预下拥有更好的道路。纳税人清楚地知道他们的税收是如何被使用的，他们可以很容易地确定他们从纳税政府中获得的好处。

在许多情况下，人们纳税后会感到这项法案的负面效用，因为人们无法轻易确定这些美元所贡献的抵消效益。这种现象被称为财政幻觉，而信托基金旨在消除这一问题。信托基金的消极方面主要涉及这样一种想法，即支出的非自由支配性质意味着收入无法弥补道路造成的任何负面外部性或溢出效应。考虑更好的道路会有更多的交通事故，因为更多的人会选择住在更远的乡村，通勤到城市上班。这些额外的事故将如何赔偿？在像加拿大或瑞典这样的全民医保体系下，额外的医疗费用将来自一般税收收入，这意味着，一些非道路使用者正在为他们没有造成的负面溢出买单。同样，道路使用者也不会看到他们缴纳的燃油税用于支付道路的全部社会成本，如图 13.3 所示。

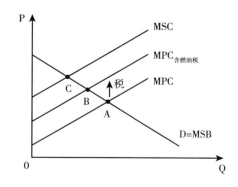

图 13.3   征收燃油税的作用

我们知道，包含燃油税（t）的边际私人成本（MPC）低于道路的

MSC。这种指定燃油税对道路使用的唯一影响是，与 A 相比，B 的使用量较低。从这一意义上说，用户至少对拥堵问题和道路磨损的贡献较小，这减少了了进一步维护工作的需要。这两个影响属于信托基金的管辖范围，因为它们是道路使用的直接成本，反映在道路质量上，而车辆事故是道路使用的间接成本。换句话说，只有所谓的悲剧的公用部分的道路使用是由税收有效定价的。

其中的一部分负外部性本质上是一场公地悲剧。基本上，每个用户都认为自己对拥堵和磨损的具体影响是微不足道的，因此觉得使用道路是合理的。问题是，每个用户都这样认为，意味着会发生足够的拥堵和磨损，因此道路（这里指公地）需要维护。如果将这一点告知用户，他会说既然道路无论如何都需要维护，那么他做什么都无关紧要。这就是征收交通拥堵和磨损收税的理由。通过非自由支配的信托基金来纠正这部分外部性是很容易的，因为根据该地区的人口、路面质量和平均天气条件等，拥堵和磨损相对容易估计。当我们试图估计某一特定道路上发生事故的概率时，社会和心理因素会发挥作用，因此，修正因交通事故而产生的额外保健费用所造成的负外部性部分要困难得多。

道路税的很大一部分必须是可以酌情决定的，以支付事故发生率波动的可能性。换句话说，如果燃油税的目标是让道路使用者为他们的行为支付全部社会成本，那么信托基金必须要大得多，其使用也必须更加自由。当然，如果用燃油税来计算交通事故，就会出现另一个问题。如果因为交通事故率的上升而提高燃油税，那么包括没有事故记录的司机在内的所有使用者都要缴纳更多的税金，这是不公平的。这一点说明了政府试图设计一种公平税收的问题。最后，为了确保只有有事故记录的司机支付事故的社会成本，最好能够提高他们的驾照或车辆登记的价格。正如人们所看到的，一种税收的设计要完全按照预期执行并不容易。

就补贴而言，有两种类型：一次性补贴和单位补贴。一笔补助金可以提供给城市交通局，在它认为适当的情况下使用，这是一笔一次性补贴。一般按使用量的比例提供单位补贴，例如，为便利交通提供的特殊票价是单位补贴，其中涉及根据客流量向运营商支付补贴。

政府向运输服务提供者支付的一次性补贴，通常没有说明在提供服务方面如何使用补贴。在交通运营的情况下，钱可能完全致力于公交车的购买和维护，它可能用于购买更多的燃料，使现有的公共汽车在长时间运行，或者钱可以用来增加所有车间工人的工资和司机。一次性补贴并不会促使受助人提供更好的客户服务或提高效率。事实上，在公共交通服务方面，提高效率的激励措施可能是有悖常理的。成功削减成本的管理者在下一年可能会获得较低的运营补贴作为奖励。

在垄断情况下，如大多数公共交通系统的特点，补贴允许边际成本定价将是有效的。问题是补贴是付给公司的，由于缺乏政府的直接控制或监管，我们无法保证补贴会惠及消费者。一次性补贴如果以不可转让凭证或大宗折扣的形式支付给运输系统的低收入用户，结果可能是最有效的。然而，政客们不愿援引经济状况调查或任何诋毁低收入乘车者的制度①。如果它是一种直接的收入补充，那么需求可能会下降，因为普通用户将交通视为经济学家所说的次等商品。但即使是代金券和折扣系统也无法避免交通需求下降的影响。这一点在单位补贴的背景下得到了最好的说明。

为了实现效率，我们可以对负外部性征税，使生产者认识到其行为所产生的社会成本。例如：燃油税提高了汽车旅行的成本；收费是为了降低拥挤道路的拥堵程度。但政治环境可能不利于征收这类税种，因为其存在负外部性。另一种选择是为用户提供补贴，这样他们可能会转向更被"社会接受"的交通方式，如拼车、公共交通或自行车。假设替代运输方法的用户产生了一种正外部性（MSB），其形式是减少拥堵、污染等。

考虑如图 13.4 所示的公共交通市场。在 Q_A 上 MSC < MSB，这意味着正在发生社会低效率。当支付等于每单位距离 AE 的单位补贴以降低公交票价时，公交补贴将实现 B 点的社会效率，因为将鼓励 Q_B 的乘客使用公共交通。但需要注意的是，Q_{Bnet} 的净价格在数量 Q_B 较大时低于原始价格 P_A。因此，补贴的预期总成本为 $P_B BCP_{Bnet}$。

---

① 电子票价系统的发展可能是为低收入乘客提供代码的一种手段，这些代码可以让他们获得更低的票价，而无须向公交车运营商以外的任何人发出他们支付费用的信号。

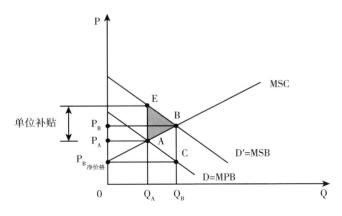

图 13.4 公交补贴的作用

补贴旨在以牺牲汽车使用为代价增加公共交通的使用。然而，图 13.4 中有一个轻微的简化，可能会使补贴更加昂贵。考虑汽车和公共交通之间需求的交叉价格弹性，随着交通净价的降低，人们对汽车使用的需求将下降。如果改用公共交通出行以减少道路拥堵，那么使用汽车的成本之一也会下降。汽车成本的这种下降实际上会将公共交通的需求稍微转移到图 13.4 中 D 的左侧。因此，若想实现 Q_B 所需的补贴，就需考虑如果它是政府的目标使用水平，则必须大于 $Q_B P_B CP_{Bnet}$，如图 13.4 所示。需求的交叉价格弹性越大，汽车和公共交通的可替代性越强，这种影响越显着。

如图 13.4 所示，由于补贴，社会福利的净增长是 AEB。单位补贴的形式可以是购买固定套票的折扣或以折扣价出售的月票，每一单位的使用都有一个恒定的折扣。

第三节 经济发展问题

在本书第一章中，运输服务促进了贸易。交通基础设施投资是否也能促进经济发展？目前还没有明确的答案。如果贸易确实促进了经济发展，那么就传递性而言，答案当然是肯定的，但这种联系尚不清楚。

经济发展并没有一个被广泛接受的定义。在定义这一概念时涉及大量的主观性，因为社会、政治因素与经济因素一样在这里发挥作用。的确，经济上高效的运输系统有助于保持低成本，这也有助于提高生产率。回顾在本书第四章中讨论的成本和生产率之间的逆关系。生产力是经济增长的引擎，但增长和发展之间有很大的区别。本章节概述了一些构成经济发展可行定义的要素，然后讨论了经济发展与交通的联系。

要讨论一个地区的经济发展，首先有必要确定产量的大小。以国家层面为例。国民经济的总产出可以用美元、用国民生产总值（GNP）或国内生产总值（GDP）来衡量。例如，一个国家的国民生产总值衡量的是其公民在特定时期（比如一年）所赚取的收入所生产的所有最终产品和服务的总市场价值。必须牢记 GDP 定义的一个微妙部分。例如，一个国家的货币收入可以投资到国外，以便在外国土地上生产商品，这些商品的生产显然不会增加该国的国内生产，但却是该国公民进一步收入的来源。如果一个人希望只看这个国家的生产，那么 GDP 是合适的衡量标准。GDP 衡量的是国内生产的所有最终产品和服务的市场价值。

经济发展概念中的第一个要素是 GDP，但让我们更仔细地考虑一下 GDP 的定义。为什么是"最终"商品和服务？最终商品或服务的价值是其组成部分的价值及涉及装配和设计的其他服务的价值总和。例如，要计算挡风玻璃的价值和放置挡风玻璃的汽车的价值，需要将挡风玻璃的价值计算两次。挡风玻璃不是最终的好东西，但成品车是。因此，只计算最终商品的市场价值可以避免重复计算。

为什么是市场价值？因为所有私人商品和服务的真正价值都是在市场中被有效决定的，以便与市场中使用的所有生产要素的全部机会成本相等。当然，对于公共产品及在垄断下运行或存在外部性的市场而言，情况并非如此，这些都是市场失灵的例子。因此，只要市场能够实现社会效率，GDP 就是衡量经济活动准确而有用的指标。根据迄今为止文本中市场失灵的例子，我们可以得出这样的结论：市场失灵不是那么容易假设的，更不用说纠正了。

下一步是细化 GDP。由于 GDP 衡量的是特定年份的市场价值，因此它会受到价格通货膨胀的影响而失灵。举一个简单的例子：假设 GDP 的美元价值从一年到下一年翻了一番，这是否意味着产量在此期间翻了一番？是的，除非价格在这段时间内没有变化。如果价格翻倍，那么同样的商品和服务的市场价值也会翻倍，但产量却没有变化。为了解释价格通货膨胀造成的扭曲，有必要将不同年份的 GDP 与某个基准年的价格进行比较，这样便达到了所谓的实际 GDP。如果使用的生产数据是按美元计算而不是按实际价值计算的，那么我们肯定无法正确地跟踪一个国家的经济发展。由于各国经历的价格膨胀率不同，除非使用实际国内生产总值，否则就无法准确比较各国在特定年份的增长差异，更不用说经济发展差异了。

从实际 GDP 来看，另一个细化是必要的。假设：实际 GDP 每年翻一番，在这种情况下，生产水平肯定翻了一番。但在人口增长方面，还有另一种扭曲现象需要考虑。如果产量增加了一倍，但人口增加了一倍以上，如果所有的产出都将被平均分配，那么每个公民的实际产出就会比以前少。为了解释人口变化的影响，用该年的实际 GDP 除以该年的人口，得到的结果就是实际的人均 GDP。

因此，实际人均国内生产总值是经济发展最接近的宏观经济指标，它可以从国民经济核算中得到，但即使是这样的衡量标准也具有误导性。实际人均国内生产总值（GDP）的增长确实表明，每个公民的"蛋糕"都在增长，但还需要进一步改进。这些改进需要对相关经济的微观经济学进行更深入的研究。我们需要找出实际人均 GDP 的构成。为什么？因为，如果生产的绝大多数商品都用于建造战争机器，那么经济发展就不太可能发生。所以产品和服务的类型是很重要的，这就是主观性的来源。也许最先进的家用电器的生产、城市的建设、铁路和公路的建设正是生产所需要的种类。在服务方面，也许提供大规模的保健服务和教育是必要的。

从大规模生产上述商品和服务的想法来看，经济需要足够多的人能够负担得起，这预示着"中产阶级"的出现。历史上，中产阶级是由在城市地区生活和工作的熟练工人和专业人士组成的。为了有一个中产阶级，实际 GDP 衡量所显示的实际产出必须进行分配，以便使其中大部分进入中产阶级，其余部分在富人和穷人之间分配。同样，中产阶级应得的实际产出或收入的比例也是主观的。稳定的非独裁社会出现在庞大的中产阶级中间。因此，人们必须检查不同收入阶层之间的收入分配，以确定经济是否足够稳定，以维持经济发展过程。

随着 19 世纪铁路的建设，交通运输的经济发展力量成为一个广泛接受的事实。当然，随着更多的运输方式的引入，旅行速度的提高，货运服务成本的降低，经济的发展也加强了这种信念。在 20 世纪，政府很乐意投资高速公路、桥梁、机场、运河及港口。

在交通领域，几乎任何新的基础设施投资或技术变革都能对国内生产总值产生积极影响。但是，这些投资也受到边际收益递减的影响。随着 20 世纪经济的发展，每个司法管辖区都要求在交通基础设施方面加大投资，以支持其经济增长。然而，随着基础设施的老化，对财政的需求不断增加，需要维护和更换公共道路、桥梁、机场等。再加上太多失败的项目和"白象"结构，人们对交通运输经济发展力量的信心消失了。事实上，"建好了，他们就会来"这句话取代了对基础设施投资的支持。

当政策立场改变时，钟摆通常会摆动得太远。然而，一个更现实的观点正在浮现："亚太门户和走廊"倡议被誉为经济发展的典范。加拿大政府进行了战略投资，通过加拿大通往东南亚的主要贸易路线温哥华港消除了瓶颈，扩大了运力。这在国内得到了很好的反响，在中国等贸易伙伴那里也能看到好处。

关于交通在经济发展中的力量的混淆部分可能是交通基础设施本身的影响，以及交通技术改进的影响。1980 年以来东南亚经济的发展离不开集装箱多式联运的创新。建设集装箱港口和越来越大的集装箱船舶几乎保证了经济的发展和增长。但是，这项技术现在正在迅速成熟，它对经济发展的作用正在减弱。政策制定者得到的教训是，对技术改进的投资会给经济发展带来回报，而不仅仅是对交通基础设施的投资。

最后一点是，政府必须是经济发展的支持者而不是反对者。政府必须通过本质上的民主、清理存在的市场失灵、禁止政府腐败和任何其他可能影响企业运营的犯罪行为来培育中产阶级。因此，总而言之，当实际人均GDP 增长，同时有证据表明消费导向的商品和服务的进一步生产，有利于中产阶级的收入分配，以及存在一个民主的、支持市场的、不腐败的政府时，经济就会发展。

交通运输如何适应经济发展过程？毫无疑问，这两者是有联系的。更难的问题是把相关性和因果关系分离出来。例如，历史表明，欧洲、美国和加拿大的铁路生产是这些国家工业革命兴起的一部分。当然，铁路相对于当时的其他运输方式，采用降低运输成本以提高所有铁路服务地区的生产率。此外，铁路加速了加拿大和美国的移民扩张。最后，铁路生产需要有一个制造业基地，它的发展在一定程度上促进了城市地区的增长和减少对农业生产的依赖。从这个意义上说，铁路被视为经济发展的一个原因，而不是相反。

其他交通方式，如空中、水上和非铁路地面交通方式的发展更多是出于与铁路竞争和更有效地满足消费者需求的愿望。需要注意的是，消费者在很大程度上参与其中，一旦城市化和中产阶级的发展顺利进行，这些其他模式就会发挥作用。例如，建设现代化的道路基础设施需要使用足够数量的车辆进行验证。由于道路主要用于汽车的行驶，所以需要存在足够充沛的汽车使用需求。当然，汽车的使用一直被视为中产阶级的活动，尤其是在城市间。在这种情况下，经济发展是汽车使用量和道路基础设施增长的一个原因，而不是相反。

最后要注意的一点是，经济发展是分阶段的。虽然关于这些阶段的性质已经论述了很多，但可以简单地描述为：（1）在某种形式的初级生产或农业生产的基础上形成一个稳定的社会；（2）国际贸易和轻工制造业的繁荣；（3）通过城市化和对先进技术的更多依赖，实现经济的可持续增长；（4）在整个经济中达到大众消费阶段。交通为国内和国际范围内的贸易带来了便利，促进了生产率的提高，并成为休闲旅游消费过程的一部分。这样，交通成为经济发展各个阶段紧密相连的一部分。

练习题

1. 汽车司机普遍不喜欢交通堵塞。针对高峰时段的街道拥堵问题，有三种一般的解决方案：一是电子汽车通行费；二是建设公共交通专用权；三是公共交通费用补贴。假设你被雇来向市长汇报这些替代策略。

（1）使用一个或多个合适的模型来说明每种替代方案将如何影响拥堵。假设你可能会认为市长有很强的经济学背景。

（2）请你准备一份简报，说明每个政策解决方案的利弊，谁将付费，谁将受益，以及他们在减少拥堵方面成功的可能性。

2. 街上的出租车数量受到一个政府机构的许可证的严格限制，该机构也制定出了出租车费用。自放松管制以来，其他运输成本已经下降，服务也有所改善。相比之下，出租车价格越来越贵，出租车牌照的数量几十年来都没有改变。现在，一张出租车牌照的价值约为 35 万美元，并且出租车服务投诉很常见，尤其是在周末。

（1）使用适当的经济模型，分析解释为什么这些出租车执照能有如此高的价值。

（2）一家名为优步（Uber）的新型互联网拼车服务公司准备通过手机应用提供拼车服务。优步已经在美国开展了这项业务，他们的收费比正常规定的出租车费用要低。使用合适的模型来解释优步对受监管出租车牌照价值的可能影响。

3. 公共汽车运输系统由市政府拥有和经营。为乘客提供的服务是可协调的，可以用一张共同的车票或票价来获得。这样的系统可以由私营部门来运营，但是加拿大和美国的公共交通系统是无处不在的。

（1）绘制一个合适的模型并解释说明为什么私人公交系统不被允许在城市中运行。

（2）解释公共提供系统的收益和成本。

4. 交通运输在经济发展中所扮演的"建好了，他们就会来"的角色是有争议的。新的交通基础设施建设，或交通技术的改进，被认为是经济发展的必要条件，但不足以创造经济发展。

（1）绘制一个合适的模型并解释说明这种把交通作为经济发展关键的谨慎观点的基本原理。

（2）解释交通基础设施的变化或技术进步如何影响产品组合需求及门户和枢纽的增长。

5. 税收和补贴被用来改变消费者的行为，以获得社会福利的改善。

（1）请你使用一个或多个合适的模型，解释在运输中使用税收和补贴的经济理由，并提供例子来说明你的论点。

（2）有时，政府提供补贴或对交通实施法规管理，但这并不能改善社会福利。请你找出一些交通政策中这种行为的例子，并解释政府如何能做出如此糟糕的决定。

6. 在北美，一个运营良好的公共交通系统至少有一半的收入来自票价（乘客票价），其余收入作为市、省和联邦政府的补贴。

（1）绘制一个适当的经济模型并解释说明补贴公共交通的合理性。

（2）补贴可以一次性支付给运输当局（有具体的操作规则），或按每位乘客逐一分配。解释这两种支付方式的区别，并给出各自的优缺点。

7. 北美几乎每个城市的出租车服务都受到监管。随着时间的推移，出租车费用增加了，但出租车数量保持不变，而出租车牌照的价值却大幅增加。出租车牌照的所有者不希望系统发生变化，也不希望发放更多的出租车牌照。

（1）请解释出租车行业如何符合受监管卡特尔的模式。

（2）管制出租车的政府机构主席是被管制的出租车执照持有者经营的两家大型合作社之一的经理。而且，出租车执照的所有者一直积极支持监管机构向其报告的政客。请你解释在出租车案例中寻租行为的概念和管制的捕获理论是如何运作的。

第十四章
执法和合规

　　政府用罚款作为执行法规的一种手段。罚款是一种鼓励遵守法律规定的激励措施，也是对那些不愿遵守法律条文的人的惩罚。与政府希望为社会效率（例如负外部性）而限制并对合法活动征税不同，罚款是对非法活动的征收。法律上的区别很重要，因为正如我们在第十三章中所述，税收确实会限制允许活动的范围，只要：（1）需求或供应不是完全无价格弹性的；（2）纳税人愿意遵守税收。非法活动需要被甄别、制止和罚款，以实现合规。

　　如不遵守罚款规定，政府可能会处以工资扣押及施加的进一步处罚。尽管实施了处罚，但在经济领域仍存在不遵守规定的情况。事实上，"地下经济"代表着对制度的反叛。当个人或公司因不遵守而获得的私人利益超过支付的私人成本时，我们可以理性地决定不遵守。当然，私人成本取决于个人对被抓的预期和罚款的规模。否则，如果执法普遍松懈或处罚微不足道，守法的汽车司机可能会超速行驶、无视停车标志停车。

　　本章探讨那些在运输活动中面临税收或法规的人如何决定最佳选择——在罚款期间遵守或不遵守。本章引入博弈论技术作为确定潜在犯罪者的最佳策略，以及对监管者的影响的一种方式。

第一节　罚款的作用

本部分以合规决策为例，探讨货运卡车超载超过有关道路规定数量的问题。考虑加拿大各省和美国各州法规的不一致，即使是其自愿遵守也不是那么容易。即使毗邻的司法管辖区也可能有关于卡车重量、拖车尺寸和车轴规格的单独法规。

货车超载造成的道路破坏的社会成本对非货车司机造成的影响是负外部性的，具体表现为额外的时间和金钱成本。汽车、公共汽车和轻型货车的车主会因为坑洼和需要以较慢速度行驶而对其车辆造成损坏。需要注意的是，虽然这些类型的损害也会在遵守规定的卡车司机身上产生，但这些成本并不是真正的外部性，因为这些司机是同一市场的一部分[1]。一个最优的罚款结构应该能阻止超载，但是否应要求犯法的一方支付他应承担的社会成本——这在现实世界中是一个艰难的计算。没有监管，卡车司机超载的动机便仍然存在：每增加一公斤的边际收入（MR）大于这样做所面临的边际私人成本（MPC）。由于卡车运输的运费是以重量为基础的，而且运营成本随重量的增加不成比例，因此总体增加一公斤的 MR > MPC 是可以保证的。

如果政府认为无论采用何种结构都会发生超载，那么另一种办法是加强重量限制，如果假设不遵守规定的卡车司机的比例没有增加，那么就道路损坏而言，现有的较轻的负载将弥补少数超载。当然，这种策略惩罚的是遵守规则的人，而不是不遵守规则的人。相反，卡车运输公司可能会联合起来进行自我监管。在研究罚款结构具体如何影响超载决定之前，让我们先研究自我监管如何能消除罚款的必要性。

这种自我调节的过程类似于科斯定理（已在本书第八章中讨论），它规定了在一定条件下，受影响的各方如何作到内部化外部性。当然，道路

---

[1]　回想本书第三章中关于金钱外部性的讨论。例如，如果有人在商店购买了货架上的最后一根巧克力棒，而使另一位同样想购买巧克力棒的消费者感到不便，甚至可能会变得更糟，但这并不是交易的外部影响，这是配给所要付出的代价。

使用权的产权将平等地延伸到所有的卡车运输公司，这意味着当有大量的公司时，科斯定理讨价还价就无法实现。由于所涉及的外部性类型，这并不是一个大问题。通常情况下，负面外部性只影响第三方，产生外部性的人不会受到损害；但在道路损坏的情况下，只要超载者继续使用同一段道路，那么他们也会受到自我行为的负面影响。同样，如果卡车运输业组成了一个公司联盟，那么"内部"讨价还价可能会在它的支持下发生。这些公司可能会逐渐认识到合作的价值。为什么？因为这里发生的自我惩罚造成了公地悲剧，即一家公司决定超载行车，因为这家公司的竞争者无论如何都会超载行车。我们用两家公司作为卡车运输行业的代表，用一个叫作囚徒困境的博弈来描述这种情况。这个博弈的结构如图 14.1 所示。

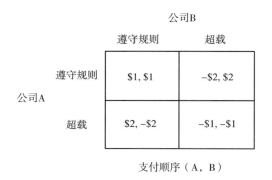

图 14.1　囚徒困境博弈模型

如图 14.1 所示，有两家公司 A 和 B，他们都面临着两个相同的选择：遵守重量限制或超载。特定单元格中的每一美元数字代表了在对方做出选择的情况下，每家公司获得的收益。下面将考虑这个博弈中的均衡是如何实现的：放置在每个单元格中的数字是假定场景的一部分，它们自身的大小并不重要，而相对于彼此的大小才是重要的。考虑这些数字，右上角的单元格表示当 A 公司超载时，它将收到 2 美元的回报，而合规公司 B 收到 −2 美元的收益，这表明超载公司正在获得收入收益，因为扣除超载造成的道路损坏，其能够比竞争对手运输更多，而公司 B 面临道路损坏成本，只需扣除保持在重量范围内所获得的收入限制。左下角的单元格讲述了交换位置后两公司的相同故事。当两家公司都超载时，正如右下角的单元格所示，得到的是即使它们可以运输更多的重量，两家公司都将遭受 1 美元的净损失。当然，如果两家公司超负荷运转，竞争就会压低运费。超载带来的额外收入会被更平均地分摊，从而消除了超载带来的任何比较优势。

两家公司超载的总成本（扣除收入）为 2 美元。这相当于当另一个超载时，遵循规则的公司所承担的金额，因为该公司面临由于不竞争性超载而造成的损失和收入损失。当两家公司都同意遵守重量限制时，如图 14.1 左上角的单元格所示，他们都将获得 1 美元的净收益，因为道路损坏的成本被最小化了，加上所赚取的收入，超过了不得不支付的更多的出行成本，且每次出行可以装载的货物更少。

下面来分析图 14.1 中的两家公司将如何设置他们的策略来进行博弈。例如，公司 A 会考虑在 B 已经做出选择的情况下，其在两种选择下的收益。如果 A 假设 B 服从规则，A 认为超载更好，因为其 2 美元收益将超过通过服从规则获得的 1 美元收益。当然，如果 A 假设 B 将超载，那么 A 认为还是超载更好，因为 1 美元的损失总比 2 美元的损失要好。因此 A 的策略总是超载。当然，当假设 A 已经做出自己的选择时，B 可以同样这样推理。所以博弈的均衡发生在图 14.1 中右下角，显示两家公司的净损失都是 1 美元。这个结果在博弈论中被称为纳什均衡，意思是说，如果一个参与人不改变自己的决定，那么另一个参与人就没有改变自己决定的动机。例如，从图 14.1 中右下角的单元格开始，假设 B 没有改变它的决定并继续超载，那么 A 就没有停止超载的动机，因为这意味着用 1 美元的损失换取 2 美元的损失。同样，这些数字的相对大小很重要。假设同一单元中相互重载的成本大于每个单元的 2 美元损失，而不是 1 美元。在这种情况下，博弈就不存在纳什均衡。

在图 14.1 中给出的数字范围内，两家公司都有可能进行自我调节，并移动到左上方的单元格，两家公司都获得了 1 美元的支付。为什么呢？请注意，如果两家公司都同意遵守重量限制，那么每家公司都将获得 1 美元的回报，这肯定比他们面临的 1 美元损失要好。通过合作，两家公司都会变得更好。当然，这个协议在这场博弈中可能不稳定，例如，如果公司 A 向 B 承诺会遵守，一旦 B 本着合作的精神遵守，A 就会超载，从而将结果移到图 14.1 右上角的单元格中使 A 收到 2 美元而不是 1 美元来遵守。换句话说，自我监管之所以困难，是因为在这个博弈中存在欺骗的动机。这个结论的问题在于它过于简单化了，因为它假设玩家只会玩一次博弈，且永远不会再进行博弈。只进行一次的博弈称为一次性博弈，而进行多次的博弈称为重复博弈。

如果这两家公司在数个时间段内无限重复进行图 14.1 中的博弈，他们最终会意识到，他们的策略会让各自损失 1 美元，而合作则让他们各自获得 1 美元的收益。通过这种方式，两家公司"学会"合作。有人可能会问，如何消除作弊的动机。欺骗总是有可能的，但现在的问题是另一家公司将如何处理它。结果表明，在这个重复的囚徒困境博弈（博弈双方同时做出选择）中，两家公司的占优策略是以牙还牙。一个公司会让另一个公司知道，为了维持合作或者惩罚作弊，它总是会在下一段时间内重复另一个公司之前的动作。这意味着如果 B 在一个时间段内遵守，A 将在下一个时间段以相同的方式响应；但是如果 B 在一个时间段内超载而 A 遵守，那么 A 将在下一个时间段通过超载来"惩罚"B，无论 B 在该时间段内做什么。请注意，这种惩罚会持续一个时间段，即使 B 没有吸取教训并再次欺骗，A 也会在下一个时间段遵守规则。直截了当地说，A 公司是个傻瓜吗？不！这个策略会让 B 合作，因为总是跟随 A 比欺骗和被惩罚更好。为了证明这一点，我们列出公司 B 的收益流如图 14.2 所示。

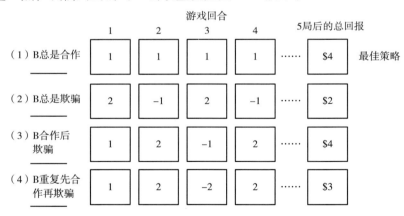

图 14.2　当公司 A 采用以牙还牙策略时，收益流流向了公司 B

从图 14.2 中可以看出，在第 5 次博弈中，当 B 选择方式（1）时，收益流最大，即始终合作的策略。方式（3）虽然与方式（1）并列，但如下文所述是较差的。方式（2）总是作弊策略，开始时 B 作弊并获得 2 美元的收益，但这会导致 A 在下一轮中受到惩罚，从而使 B 损失 1 美元。因为 B 之后总是会在方式（2）下作弊，所以当 A 回到合作状态时，所有后续的收益都是 2 美元的收益，然后由于惩罚而损失 1 美元。方式（3）是先合作后作弊的策略，B 先获得 1 美元的初始合作收益，随后是 2 美元的作弊收益，但便是此后方式（2）的重复，因为它在 1 美元的损失和 2 美元的收益之间交替。最后是方式（4），合作—作弊—重复策略，B 合作获得 1 美元，作弊获得 2 美元，再次合作损失 2 美元，但因前一次作弊而受到 A 的惩罚，然后作弊获得 2 美元收益，而 A 恢复合作。请再次注意，方式（3）与图中的方式（1）绑定。需要注意的第一点是，第五局结果并不意味着方式（3）优于方式（4）。第二点是，如果我们继续进行第 5 次博弈，方式（3）的收益将下降到 3 美元，而方式（4）的收益将上升到 5 美元。如果这一系列的博弈在第四局之后有一个明确的结束，人们可能会认为 B 可以通过确保排序在最后一轮获得 2 美元的收益来选择方式（3）。毕竟，收益将与方式（1）相同。但这样的策略可能注定要失败。为什么？因为只要 A 和 B 的信息相等 A 就会承认 B 初始合作后的持续欺骗并拒绝 B 通过欺骗获得最后一步的 2 美元收益。B 最终会在最后一次博弈中获得 1 美元，因此它不如方式（1）。

现在考虑超载决定，即指定对不符合规定的罚款，并让政府机构进行随机检查。诚然，这部分分析是技术性的，但它确实突出了政府在监管公司合规方面所面临的问题。随机检查意味着使用车队卡车的公司必须计算出以下情况的概率：（1）被靠边停车检查的概率；（2）在接受检查时超载造成罚款的概率。当然，如果经过的路线有一个 24 小时运营的永久称重站，罚款的概率将上升到 100%。该企业的决策采用如图 14.3 所示。

简言之，图 14.3 表明公司希望利润最大化（P）。在未被发现违规时，超额捕获可以获得利润，但如果超额捕获罚款足够大，也会损失利润。该公司将增加其车队中超重卡车的比例（B），直到预期利润的增加等于预期罚款的增加。使用"预期"这个词是因为公司面临的罚款及由此实现的利润，取决于当一辆超载的卡车被拦下检查时被抓住的可能性（p）。这个概率是基于公司对其价值的看法。因此，超载的决定取决于政府控制的罚款水平（f），也取决于公司自己对被发现的可能性的看法。

$$P=(1-B)(Rc - Cc)+B(Ro - Co)- Bpf$$

其中：　$0 \leqslant B \leqslant 1$

且　$p=p(\sum_i B_i s_i)$

预期利润　　　　总收益　　预期总成本

其中：B=可能被罚款的车队比例

Rc，Cc=卡车合规部分带来的收益和成本

Ro，Co=卡车超载部分带来的收益和成本

$Rc<Ro$；$Cc<Co$；$(Rc-Cc)<(Ro-Co)$

注意：$p=p(\sum_i B_i s_i)$意味着检验的概率是超重部分平均加权比例后的函数，因此：

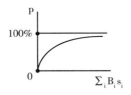

例如：由于两家公司各自拥有50%的市场份额，且两家公司的车队中有50%是超重的，平均加权比例是：$B_1 s_1+B_2 s_2$或者0.5(0.5)+0.5(0.5)=0.5，如果公司2的超重比例是10%，那么将变成0.5(0.5)+0.1(0.5)=0.3

图14.3　公司希望利润最大化的决策

然而，在图14.3中定义的概率函数在主观信念的形成方面是精确的。假设公司被抓住的概率取决于所有公司的超载程度。换句话说，当行业超载倾向增加时，监管的努力程度就会增加，这样一家公司的预期利润依赖于其他公司遵循规则的努力程度，从而创造出预期利润的相互依赖性。卡车行业合规的普遍存在降低了监管力度，增加了不合规者的预期利润，而不合规的普遍存在则增加了监管力度，降低了不合规者的预期利润。

在执行方面，假设政府将罚款定得"高得离谱"，其效果会完全阻止超负荷吗？结果会是社会最优的吗？第一项不可能，第二项也不太可能。在阻止超额支付方面，罚款只有在以下情况下才完全有效：（1）公司认为被抓到的几率是100%；（2）如果在给定被捕获概率的情况下，损失的期望值大于由于超载而增加的收入的期望值。第一点需要完美的监管，这是不可能的，而第二点并不像听起来那么容易实现，因为高额罚款会阻止一些公司，导致监管下降和被抓概率（p）的下降，从而增加了一些公司超载的盈利能力。就社会最优性而言，只有当道路使用的边际社会效益等于边际社会成本时，巨额罚款才会有效。被抓的概率加上罚款，必然导致预期私人成本的增加，与超载的实际社会成本完全相等。由于p不受政府的直接控制，且受制于卡车运输业的行为，因此设定社会最优罚款的任务并不容易。假设政府的警务工作只是对其感知到的超载量做出反应，那么它

并不会直接影响实际的超载量。

很明显,政府的战略与公司的战略之间也在进行一场"博弈"。在这个意义上,可以在政府(G)和行业之间建立另一个博弈,假设该行业按照代表公司(A)给出的方式行事,此博弈如图14.4所示。

	G	
	封闭尺度 (1−y)	开放尺度 y
遵守规定 (1−x)	−C, 0	−C, −L
超载 x	G, −D	(G−F), (F−L−D)

单位报酬的顺序:(A,G)

其中

x为超载概率;$0 \leqslant x \leqslant 1$

y为改变规模的概率;$0 \leqslant y \leqslant 1$

C为合规成本;$C<0$(负数以表示成本)

G为超载获得的额外收益

D为超载造成的路面破坏

L为改变规模的成本:$L<0$(负数以表示成本)

F为罚款

图14.4 政府与公司间的战略博弈

政府可以选择是否在道路上使用称重秤,公司可以决定是否超载。与图14.1中的博弈不同,这里没有给出具体的收益值,因此只能确定一般的结果。事实上,如果没有特定的价值,人们可能会问这个博弈是否属于囚徒困境类型。而对于这个博弈,有足够的推论可以证明它不是囚徒困境。如果是的话,支付将必须是相对值(见图14.5)。

囚徒困境的部分要求是 $T>R>P>S$,我们看到图14.4中的博弈,这意味着参与者 $G-L>0>(F-L-D)>-D$。不现实的是要求 $-L>0$,或同样地 $L<0$,因为这意味着政府没有实际成本来运行称重秤。事实上,仅运营就为政府带来了负成本!此外,$0>(F-L-D)$意味着政府不会从罚款中收回足够的钱来支付运营成本和道路损坏。因此,图14.4的收益不能构成囚徒困境博弈,这意味着双方参与者相互惩罚的情况为政府必须保持

B

	合作	叛变
合作	R, R	S, T
叛变	T, S	P, P

A

单位报酬的顺序：(A，B)

其中

R为互相合作带来的奖励

T为有诱惑的报酬

S为被骗方的报酬

P为惩罚性报酬

注意：囚徒困境要求T>R>P>S且R>(T+S)/2

此时（P，P）为纳什均衡，当然，（R，R）的效率更高

R，S，T，P不必对每一个成员都相同

图14.5　政府与公司的博弈模型

规模开放，公司必须为超载支付罚款，如图14.5右下所示单元格中不是纳什均衡。当然，如果 G > −C，这必然是因为 C 为负数，如果(G − F) > C，那么公司 A 的占优策略将始终是超载。只要罚款（F）不超过超载的额外收入（G），公司应该超载。当然，政府很容易将 F 设置得特别高，以至于 G 不堪重负，而公司 A 总是遵守给定的(G − F) < −C；但政府必须始终保持开放，以便征收这笔罚款。保持开放将迫使公司 A 只考虑右上角和右下角的单元格。请注意，结果足够高以至于(G − F) < −C 在此博弈中出现，并且平衡始终保持开放状态。由于公司现在始终遵守规定，政府将通过关闭尺度来节省 L 成本，但通过关闭尺度，公司可以通过超载获得 G，而不是通过遵守支付 C。因此，政府将被迫支付 L 以保持尺度，但矛盾的是，尺度不是必要的，因为公司总是遵守规定。博弈将在右上角的单元格中结束。

只要规模运营的成本（L）不超过道路损坏（D），这种情况便是合理的。如果情况并非如此，比如发生损害并且公司超载，对社会会更好。在这种情况下，博弈将在图14.5中左下角的单元格结束。请注意，从社会角度来看，要么以政府支付规模作为威慑，但企业无需支付罚款，要么规模关闭，公司不支付损失，因为征收罚款的机会成本太高（即 L > D）。有时

监管起到了一种威慑作用，即永远不必征收罚款，因为罚款的存在就足以促使人们遵守规定。因此，图 14.4 中的博弈将具有两种可能的均衡（即右上方的单元格或左下方的单元格），即这取决于政府坚持哪个选择。

在图 14.4 中指定博弈的另一种方法是包含行动的概率。在博弈中，公司超载卡车和被开放尺度捕获的组合概率是 xy。这样，公司的预期收益是 $(G-F)xy$，政府的收益是 $(F-L-D)xy$。因此，博弈中的每一步都带有不确定性。假设参与者在任何时候都选择这两种选择中的任何一种，那么他将面临四种可能的结果。这些移动的预期收益之和就是整个博弈的预期收益（分别是 V_A 和 V_G）。因为没有一个人的行动是确定的，参与者被说使用混合策略。

$$V_A = (1-x)(1-y)(-c) + (1-x)y(-c) + x(1-y)G + xy(G-F)$$

简化后得到：

$$V_A = x(G-yF) - C(1-x) \qquad (14.1)$$

$$V_G = (1-x)(1-y)(-L) + x(1-y)(-D) + xy(F-L-D)$$

简化后得到：

$$V_G = y(xF-L) - xD \qquad (14.2)$$

现在问题变成了 A 和 G 应该选择 x 还是 y？每个人都会选择一个行动的概率，这样另一个人就不能通过改变其给定的行动来增加收益。对于 x 的均衡价值，公司认为 G 有一个固定的选择（这意味着 y 实际上等于 1）。在有和没有开放尺度的情况下，在 A 的行动选择下对 G 采取收益预期，并将它们设置为相等，这意味着 G 在其行动选择上将无动于衷。因此我们得出：

$$(1-x)0 + x(-D) = (1-x)(-L) + x(F-L-D)$$

简化后得到：

$$x = (L/F) \qquad (14.3)$$

同样 y：

$$(1-y)(-C) + y(-C) = (1-y)G + y(G-F)$$

简化后得到：

$$y = \frac{(C + G)}{F} \quad\quad (14.4)$$

由式（14.3）可知，企业超载选择由政府的执行成本与超载罚款之比决定；即政府的潜在成本与潜在收益之比。由式（14.4）可知，政府的开放尺度选择是由企业超载净收益与超载罚款之比决定的；也就是说，它是企业潜在收益与潜在损失的比率。请注意，道路损坏成本 D 没有出现在上述任何一个决策参数中。为什么？因为这个博弈的结构是这样的，如果超重的卡车被发现，其将被处以罚款，然后再允许继续行驶，而不卸载。这样，无论是否捕获超重卡车，都会造成道路损坏，因此其成本不应进入选择参数的结构中①。但是，如下面的分析所示，这个成本确实进入了政府基于 x 和 y 的预期收益。

将式（14.3）、式（14.4）代入式（14.1）、式（14.2）中得到：

$$V_A = \left(\frac{L}{F}\right)\{G - [(C + G)/F]F\} - C[1 - (L/F)]$$

简化后得到：

$$V_A = -C \quad\quad (14.5)$$

和：

$$V_G = [(C + G)/F][(L/F)F - L] - (L/F)D \quad\quad (14.6)$$

简化后得到：

$$V_G = -\frac{LD}{F} \quad\quad (14.7)$$

请注意，对于 A 公司和政府，二者均衡时的预期收益都是负数。这样每个玩家的混合策略是相互惩罚的。两者都获得收益的唯一方法是勾结，

---

① 如果对博弈进行了重组，使得确实需要卸载，那么损害成本实际上将进入 x。所需要的是引入一个用于评估公司的卸载成本变量和一个用于减少因卸载造成的道路损坏成本的变量。这样的模型在以下方面进行了探索：Prentice B. E.，Hildebrand M. D. An Economic Approach to Truck Weight Regulation Enforcement [M]. University of Manitoba Transport Institute：Research Bulletin，1988.

在这种情况下，不切实际的是，该公司有时不得不被允许无需支付罚款，因为公司承诺在称重关闭一段时间后不会让每辆卡车超载以节省成本①。公司 A 和政府在这个博弈中都处于敌对状态，每个公司的最大期望收益是负的。

式（14.5）表明，当采用混合策略时，预计公司将承担合规成本 C。式（14.7）表明，政府将承担的成本道路损坏 D 与运营成本和罚款的比例 L/F 成正比。此外，式（14.7）表明，只要存在一定程度的道路损坏，政府就不可能设定罚款水平以收回该规模的所有运营成本。也就是说，无论 F 有多大，D/F 永远不会等于 0，以消除政府从 L 中产生的成本。实际上，式（14.3）表明，无论 F 变得多大，L/F 在混合策略下永远不会等于零，这意味着公司超载的概率总是非零的。

当然，我们应该理解，以上结果会根据图 14.4 单元格中指定的实际数字而变化。如果数字显示的是占优策略，那么上述两名参与者将会放弃混合策略。一列（或一行）将支配另一列（或一行），因此不需要计算 x 和 y。从图 14.4 可以发现，如果（G－F）＞－c，超载的行可以支配遵守的行。在这种情况下，公司会在 100% 的时间里都会采取超载。同样，如果－D＞（F－L－D）或 D＜－（F－L－D），尺度关闭的列可能会支配尺度打开的列。在这种情况下，尺度在 100% 的时间内保持关闭。值得注意的是，这个博弈的结构使"遵守的行"永远不会支配"超载的行"，这意味着要么存在一个占优的超载行（x＝1），要么公司将采取混合策略。这样，政府就不能设置一种罚款使人们百分百遵守，从而消除所有的道路损害。事实上，由于单元格数对策略至关重要，所以在这种情况下不可能设置最优罚款。

最后要注意的一点是合规成本 C 确实是企业的真实成本。卡车运输公司必须花费时间和金钱来培训司机，它可以在发送货物之前扩展负载，甚至可能拒绝要求运输太重而无法遵守规定的客户。这些客户可能会将业务转移到那些更愿意承担风险的公司。

本章节表明，只要存在对抗的情况，自我调节性质的合作就可能出现

---

① 在这种情况下，一些经济学家认为，如果所有的犯罪分子组成工会并与警方协商警察巡逻的日期和不巡逻的日期，犯罪率将会下降。

在囚徒困境类型的重复博弈中。当博弈处于另一种结构时，合作可能是不可行的。政府必须维持监管和罚款结构，以遏制企业从非法活动中获取额外利润的动机。

具有讽刺意味的是，重量秤罚款的真正受益者是卡车运输业的成员，他们受到保护，免遭公地市场失灵的悲剧。

总之，需要注意的是，当参与者数量变大时，博弈论并不容易适用，因为每一方可能拥有不统一的策略，而参与者的集合本质上是非同质的。在具有垄断或双垄断倾向的行业，如航空和铁路，供应商的战略比较容易确定。但卡车运输公司和船东却不能这样说，因为他们各自的行业有更广泛的操作和选择范围。然而，在由政府和一个代表企业组成的博弈中，即使实际企业的数量很大，也可以采用二人博弈。诀窍是为这个具有代表性的公司建立合理的属性。

第二节　逆向选择与道德风险

本章节讨论经济学家称之为委托人和代理人的两组人之间的关系。委托人希望诱导代理人采取一项会让代理人付出代价的行为。委托—代理问题涉及委托人可能无法观察代理人的行为，但却可以观察代理人行为的最终结果。但是，这是委托人希望诱导的行为结果吗？问题就在这里。雇主希望雇员尽最大的努力工作，并愿意为此支付报酬。结果是一定数量的员工产出，但雇主永远不会知道他们实际上是否付出了最大努力。

委托人建立的激励机制是为了影响代理人的行为，它并不真正强制，即使这可能是委托人的意图。在委托人提供的激励条件下，代理人可以自由地选择他希望采取的行动。他的很多行为都是不可观测的，这就导致了所谓的激励相容问题。委托人的任务是设计一种支付方式或其他激励方式，以促使代理人按照委托人的意愿行事。

这项任务并不总是那么容易，但技术多少起到了帮助作用。曾经有一段时间，卡车司机是社会上受到监管最少的员工之一。司机从离开到返回，都是"路上的国王"。现在有了电脑和无线通信，卡车司机（代理）

已经成为经济中受监督最多的工人之一。从社会的角度考虑激励相容问题。在汽车上使用安全带时，主要（政府）希望通过说服（或强迫，视个人观点而定）代理人（司机）系上安全带来减少道路事故导致的死亡。委托人希望代理人以不利于道路死亡的方式驾驶（即采取行动）。对罚款的恐惧是一种激励。问题是，虽然从政府的角度来看，安全带的使用是一种激励，使司机在道路上更安全地驾驶，但是司机在车里感到安全的同时，会把这种安全感视为一种激励，因为安全带会让司机在交通事故中受到的伤害变小，所以司机可能会以更高的速度驾驶。如果有足够多的司机有动力开得更快，道路上的事故实际上可能会增加。现在发生的交通事故可能严重到安全带都无法保护司机的生命安全。

上述的解决方案是什么？考虑到激励措施必须兼容。也就是说，如果道路上的行驶速度是道路死亡的原因，那么必须降低道路行驶速度。举一个极端的例子：假设政府强制规定，如果超速，方向盘必须有一个可伸缩的钉子，伸到距离驾驶员的心脏大约两英寸。这是否为司机减速提供了动力？当然，如果要避免过度超速，这样的装置提供了一个比系安全带更好的激励，因为钉子让人体会到超速的后果，并且深入人心。换句话说，积极的行动需要激励，消极的行动需要抑制。

道路安全监管归结为政府干预市场，以试图减少事故的负面影响。司机和广大公众可能会欢迎政府提供任何合理的价格计划，以降低发生道路事故的可能性。但是会存在超出任何此类计划的权衡。问题是，当驾驶员在格外小心驾驶时，他们也会面临更高的成本：由于更多的防御性驾驶，他们更加专注于道路和更慢的出行时间。司机放弃的诱惑应该低于罚款的预期价值。当然，抑制措施不需要像方向盘钉子那样严苛。罚款只需要将司机的行为改变为公认的标准即可。

考虑与管理拥塞相关的激励兼容性问题。假设一个政府希望通过征收高额的汽车保有量来减少道路上的车辆数量，新加坡就是这样做的。这种收费可以抵消其他拥挤费，如过路费。为什么？所有权费用的作用是提高开车的固定成本相对于边际成本（其中包括过路费）的比例。这样，政府就为锥形效应奠定了基础。出租车、送货车辆和私人司机有动力多开车，以利用平均总成本的下降。在为一辆车预付了这么多钱后，人们可能会觉得有必要充分利用它，这样，拥堵情况可能会恶化。由于拥堵与交通的实际运动有关，而与车辆数量本身无关，因此司机最能感受到拥堵成本的是他们的边际驾驶成本（即燃料、停车和通行费）。下面考虑保险条款中的委托代理问题。

对于运输服务来说，保险在保证货物的价值和损失方面起着重要的作用；为司机的车辆造成的损失提供保险，以及在飞机失事中为乘客提供死亡保险。一般来说，保险公司将风险汇集在一起，并根据汇集的平均风险向每个客户收取称为保费的资金。委托人（保险人）向代理人（投保人）收取的保险费必须考虑在这种情况下委托人和代理人之间产生的两个问题：一个是逆向选择问题，另一个是道德风险问题。两者都将依次讨论。

购买保险的最大动机在于那些最有可能提出和收集索赔的代理人，当然，从保险公司的角度来看，他们是最不理想的买家。保险人面临的逆向选择问题涉及不完全了解他希望投保的候选人的性质。有些东西，如健康（身体或财务）是很容易确定的，但未来的健康状况，或事故的倾向，甚至行动笨拙呢？这意味着，例如，粗心大意的货运商将和更细心的人一起申请保险。因为粗心大意的人会提出更多的索赔，只要他们的索赔成功，他们自己和小心谨慎的运输者的保险费就会提高，因为不可能根据粗心大意的主观观察来区分这两类人。对于健康保险来说，降低年轻人、非吸烟者或不在地震灾区的人的保费更容易。但货运保险公司或客运航班保险公司如何做到这一点呢？需要注意的是，当前社会对风险行为的喜爱程度或对粗心大意的激励程度不受逆向选择问题的影响。社会水平是给定的，但保险公司希望将高风险的人与低风险的人分开。

事实上，道德风险问题会影响社会对行为的冒险或粗心态度。就保险而言，投保人知道在发生以外的情况下会获得赔偿，所以可能潜在地导致以外事件的发生，而这是保险人不希望看到的。上面讨论的强制使用安全带的例子对政府造成了道德风险，因为司机的行为以政府不希望的方式受到了影响。考虑汽车保险中保险人赔偿事故的受害者和肇事者的损失评估。在民事诉讼案件中，法官可以确定必要的赔偿，并由责任人通过其保险公司支付。通过这种方式，人们可能会辩称，当事人将避免冒险行为，以避免在被发现负有责任时面临保费增加。但也可以考虑一个相反的观点，即如果发生事故，有罪的一方有可能会降低事故发生的几率，但可能会以增加潜在损失规模的方式来这样做。较高的损失用于验证迄今为止已支付的保费。考虑在某些司法管辖区实行的"无过错"保险。保险公司评估损害赔偿，受害者必须接受这一决定，而无需诉诸法院。就负责任的司机而言，在损害可能被低估，驾驶的成本下降和道德风险问题出现等任何一种情况下，保险公司都不会希望发生该行为。

在有保险的前提下，道德风险问题可以通过增加"不良"行为来处理，不是提供全额保险，而是迫使责任方支付"免赔额"。这样，被保险人将支付全部索赔的一部分。这样做的效果是，在某种程度上，司机驾驶会更安全，管理成本会更低，因为司机没有动机提出低于免赔额的索赔。但是如何处理通过提出大额索赔来避免事故的道德风险呢？一种被称为"共同支付"的方案可能会给出答案。尽管免赔额是无论总和解金额是多少都要支付的固定金额，但共付额代表必须支付的总和解金额的一部分。随着更大的损失所带来的更大的共付额，这是保持低损失的动力。

因此，道德风险问题可以通过免赔额来解决，以防止粗心大意的盛行，并通过共同支付来防止大额损失索赔。当保险公司试图结合这些工具来对抗两种类型的道德风险时，问题就出现了。一个典型的反应是：设立一个免赔额，并对免赔额以上的损失进行小额共同支付。若从保险公司的角度考虑这个问题，假设汽车制造商在今年的汽车产量中发现了一个可能的缺陷，这些汽车现在已经全部卖给了他们的客户，这一缺陷很可能导致许多交通事故。制造商可以：（1）召回并维修这些汽车，花费 5000 万美元；（2）什么都不做，冒着在法庭上承担犯罪责任的风险。第一点带来的是确定的成本，而第二点带来的是不确定的成本，可能高于或低于 5000 万美元。为汽车制造商投保的保险公司已经考虑到可能发生的缺陷，以及汽车制造商客户有一天可能会面临是否召回的选择。保险公司在投保汽车制造商之前会怎么想？应该有两种想法：（1）如果它能确保制造商避免召回的成本，制造商就有动机进行大量召回，而不必担心避免导致缺陷的劣质生产技术；（2）如果它只对重大召回造成的巨大损失进行保险，那么在大多数情况下，制造商就可以避免召回。

大额的免赔额和相对较小的共同支付额，体现的是以上哪种想法呢？

大额免赔额不鼓励召回，而小额共付额则鼓励召回，这意味着存在权衡，如果制造商不喜欢支付免赔额，很可能不会发生召回，保险公司可能会支付责任结算而不是召回成本。那么解决方案是大额免赔额和大额共付额吗？在这种情况下，制造商不太可能购买保险，或者会以较小的金额投保。对保险公司来说，一个可能的解决方案是考虑在制造业中，最好尽早处理生产问题，因为如果它们继续不受控制，修正的总成本将上升。本着这种精神，保险公司可以提供不征收免赔额的召回保险，但仍需支付一大笔共付额。因为所有小额索赔都将全额支付，所以小问题会一直存在，保险公司的总赔付将是一组小额赔付。总体而言，将少于由于延长召回决定或到期的大笔赔付通过让客户提起大型集体诉讼来增加制造商的责任。大额共同支付将阻止大额的索赔发生，或者避免在法庭上进行大额索赔。

逆向选择和道德风险问题的核心在于代理人比委托人拥有更多的信息。这样，委托人几乎不可能知道，由于保险的保护，代理人是否会：（1）承担额外的风险或适应更粗心的行为，从而导致更多的保险索赔、更多的货物受损，或减少付出；（2）提出更大的保险索赔，包括对更昂贵、易碎或不稳定的货运造成的损害，或者经历几次工作懈怠。当然，如果道德风险还不够严重，委托人就必须面对逆向选择问题，即事先知道谁实际上是太冒险或太粗心的行为者。

练习题

1. 市警察委员会对他们在许多红绿灯路口安装的新型测速摄像头所获得的收入感到失望。根据在摄像头前观察到的超速者数量，罚款收入不到他们预期的一半。

（1）设计一个适当的博弈论模型并解释说明超速和执法的策略。

（2）使用博弈论模型解释它是如何被用来预测为什么司机服从和警察执行策略会产生这样的结果。

2. Mapleflot 和 EastJet 运营着全国航空网络。在客流量低的时期，两家航空公司都提供大幅折扣的机票价格，通常与彼此的价格相匹配。这些"价格战"并没有增加他们的市场份额或吸引许多新客户。似乎唯一的赢家是那些在客流量低的时期以低于全价的价格出行的消费者。

（1）画一个合适的模型说明这种竞争行为，并解释为什么这两家航空公司似乎从来没有意识到他们的行为是徒劳的。

（2）你会建议航空公司如何应对这种反复出现的情况？

附录：词汇表

绝对优势：在一个地区或国家生产的任何商品或服务，如果其生产成本相对于另一个地区或国家的生产成本更低，就会出现绝对优势。虽然一个地区或国家可能在许多商品和服务方面具有绝对优势，但其比较优势只存在于一种商品或服务方面。也可能是不存在绝对优势的情况。参见比较优势。

逆向选择：一种委托—代理问题，委托人认为世界是由两种代理组成的：一种是行为恰当的代理，另一种是行为不恰当的代理。一个货运保险公司将接受承运人的事故索赔，但不容易知道索赔是由于真正的意外事件还是由于承运人的不小心倾向。在知道这一点之前，保险人将为一个承运人提供保险，否则他就不会这样做。参见道德风险。

分配效率：见效率。

平均成本定价：将产出价格设定在平均成本等于边际收益的位置，如需求曲线所代表。与边际成本定价一样，这在长期的完全竞争下自然发生，因为经济利润一定是零。然而，垄断企业没有动力以这种方式经营。如果垄断企业拥有规模经济，平均成本定价也会带来零经济利润。但是，与边际成本定价不同的是，如果政府要求公司采用这种方案经营，则不需要对公司进行补贴。

回程车运输：货运或客运往返的两个组成部分之一；另一个是前程运输。因为在完成一次任务后，车辆往往是空载返回的，而回程车运输则可以让货车司机在回程途中搭载货物，避免空载行驶，节约燃油成本。

进入壁垒：见垄断。

一揽子费率：一揽子费率结构是覆盖广泛地区的单一费率。它们可以作为远距离运输的商品组的共同费率，例如谷物。当沿线的竞争迫使费率降低到低于预测的费率结构和成本状况时，也会出现空白费率。

沿海航行权（Cabotage）：字面意思是"航行"或"到岸"。就运输法而言，它涉及外国车辆和/或经营者在国内土地、国内水域或国内天空中的活动。这些活动通常受到高度管制，作为对国内劳动力的一种就业保护形式。如果对沿海运输的限制阻碍了外国承运人的运作——特别是在回程市场上——它们可能被视为运输服务效率低下的一个来源。因此，沿海运输是国际贸易的一个非关税壁垒。

专属托运人：托运人没有其他可行的承运人来运输其货物。这是由于托运人在承运人没有竞争的市场上需要一种特定的运输方式。即使不依赖运输方式，如果托运人需要特定的路线或特定的服务时间，也可能成为俘虏。

监管的俘获理论：该理论认为，监管是为了被监管企业的唯一利益而制定的。企业利用其集体力量进行游说，"捕获"监管机构的议程，以使即将出台的法规对其有利。

等价交换：一个拉丁短语，意思是"所有其他事情保持不变"。它是一种手段，允许人们通过保持所有其他运动部件的影响不变来捕捉系统中一个运动部件的影响。例如，我们可以在运费和货运公司的服务需求量之间规定一个反比关系。但这只是在所有其他决定这一需求的因素（如托运人生产的运费水平以及交货时的运费销售价格）保持不变。

科斯定理：在罗纳德—科斯之后。该定理提供了在某些特定条件下对外部性问题的私人市场解决方案。这些条件是：产权存在且定义明确；就谈判而言，交易成本为零；谈判者人数少。当这些条件得到满足时，受影响的一方就有动力与外部性的生产者进行谈判（或讨价还价），而支付过程将以两者中最初拥有产权的一方来定义。通过这种方式，产权被买卖，谈判的结果将与这些权利的最初分配无关。

共同成本：是一个生产过程中不可追踪的成本。导致这些成本的因素不需要按固定比例使用，因为它们必须在共同成本之下。由于发生的成本是两个或更多的生产分项所共有的，因此不可能界定一个明确的方式来分配这些成本。例如，没有明确的规则允许飞行人员的成本如何在他们共同的飞机上可能运载的货物和乘客之间进行分配。

比较优势：在一个地区或国家生产的商品或服务与其他贸易伙伴相比具有最低的相对生产成本。贸易的收益在于生产的专业化，正如拥有比较优势的商品或服务所显示的那样。即使是在任何商品或服务方面没有绝对优势的地区或国家，也总是至少在其中一个方面拥有比较优势。

拥挤成本：在一个系统中由于拥挤效应而产生的成本，这导致了对系统能力的压力。在公路上，拥堵成本以时间延误、车辆引擎空转和对环境的外部影响的形式出现。在一定程度上，交通流量的增加伴随着流量中车辆平均速度的降低。较慢的速度提高了旅行的成本。

因此，一方面是速度和流量，另一方面是速度和成本，两者之间存在着负相关。

恒定成本：在相当大的生产范围内，每个额外单位的商品或服务的成本是相同的。这样一来，边际成本就是恒定的。在这个范围内，不可能有任何有助于提高单位成本的力量，如拥堵或收益递减。当这些成本是一个以上的生产分项所共有的时候，可追溯性问题使它们无法在各分项之间正确分配。

规模收益不变：表示长期平均生产总成本不变。在公司经营的扩张过程中没有经济或不经济的存在。如果一家运输公司的运营方式是，在另一辆车投入使用之前，以前使用的每辆车都必须达到产能使用，那么扩大后的车队就不能利用协调技术，如车辆之间的联运。从某种意义上说，每辆车都在一个独立的路线内运行。由于这个原因，远洋船提供了这种现象的最好例子。

消费者主权：见效率。

消费者剩余：消费者在为某种商品或服务支付统一价格后获得的净收益总额。为所有购买单位支付的统一价格只等于从最后一个购买单位获得的利益。正如任何向下倾斜的需求曲线所显示的那样，所有之前的单位的利益都高于所支付的价格。

共同支付：索赔人必须支付的保险索赔总值的一个百分比。这个方案的作用是减少提出大额索赔的道德风险，因此降低了结算付款。见免赔额。

成本效益分析（CBA）：用于评估一个项目在其生命周期内产生的成本和效益的有利性的一种技术。所有适当的成本和收益都必须被核算、货币化，并使用适当的折现率折算成现值。这允许将净收益流的现时折现值与预付成本进行比较。一个不考虑项目产生的任何外部因素的公司被称为进行私人 CBA。如果考虑到这些，社会成本效益分析将是适当的术语。

需求的交叉价格弹性：一种商品或服务的需求量变化与另一种商品或服务的价格变化的百分比的比率。它衡量一种商品或服务的需求对另一种商品或服务的价格敏感度。

社会福利损失：衡量由于资源配置效率低下而损失的消费者剩余和/或生产者剩余的价值。

免赔额：保险索赔中索赔人必须支付的一次性部分。这样一来，索赔人就没有得到全部的保险。索赔人没有动力提出低于免赔额的索赔。这种方案消除了提出许多可能是无意义的索赔的道德风险。

派生需求：对一个生产要素存在的需求。对货物运输的需求是托运人方面的衍生需求，产生于市场上对货物本身的消费需求，它被运送到市场上。

破坏性竞争：一种导致市场价格和/或数量对所有供应商都不可持续的竞争形式。这与自然垄断相反，在自然垄断中，市场结果对一家公司来说是可持续的。从非正式的角度看，各公司都在进行割喉式竞争。企业要么离开市场，要么留下来但维持负的经济利润。破坏性竞争表明，行业中不存在稳定的均衡。

边际效用递减：消费者偏好结构的一个基本假设。在收入不变的情况下，消费者每多消费一个单位的商品或服务，其价值（或效用）就会减少，因为他正接近于饱食。这是对需求曲线向下倾斜的解释之一。

直接成本：对生产过程中直接雇用的生产要素的支付。它们在短期内被分为固定成本和可变成本。通常这些成本是：劳动力的工资；资本的利息；土地的租金；以及企业家的正常利润。一个运输公司以燃料和车辆为形式的成本可能被包括在资本部分。

劳动分工：将生产过程中的劳动部分分割成专门的子部分。通过这种方式，工人可以把精力集中在最适合其才能的领域。装配线涉及特定的工作站，是分工的最明显例子。

主导策略：是指一个棋手对另一个棋手可能采取的各种反应的唯一和最佳反应。纳什均衡是这一定义的狭义版本，即一个棋手对另一个棋手做出了自己独特的最佳反应，而该棋手也被认为做出了自己的最佳反应。换句话说，所有纳什均衡都是由主导策略的博弈产生的，但反过来也不一定成立，因为主导策略可能存在于没有任何纳什均衡的游戏中。参见纳什均衡。

指定用途：当提供税收或补贴的条件是将资金用于明确规定的用途时，就会出现这种情况。燃油税可以被指定用途，即所有收入都用于道路建设和维护。如果交通补贴采取向用户提供凭证的形式，而不是简单地将钱交给交通提供者，则是指定用途的。

经济发展：一个地区或国家的整体福利的增加。这可能是基于生产，基于就业，以及基于社会的。在这个经济发展的过程中，交通基础设施既是一个原因，也是一个影响。

经济利润：总收入高于总成本。经济学中的正常利润与简单的会计利润不同。当所有生产要素（包括企业家）都得到报酬时，就会获得正常利润。他们的市场价值或机会成本。经济利润也被称为"经济租金"或承担风险的报酬。

经济租金：对一个生产要素的支付，超过了使其在当前使用中保持就业所需的金额。

经济性：一个用来表示在某一特定变量的某些范围内，长期平均总成本降低的术语。例如，规模经济表明，随着企业规模（即规模）的扩大，企业的长期平均生产总成本下降。请注意，运输公司可以通过以下方式实现"规模"的扩大：车辆规模、车队规模、距离和重量、基础设施、密度和范围。当来源是公司内部时，它们被称为内部经济；当它们是由公司以外的来源引起时，它们被称为外部经济。外部经济被等同地称为生产的外部性。

效率：是一个在经济学中拥有精确定义的术语。它的两个子部分是分配效率和生产效率。分配效率涉及生产要素的分配，目的是只生产那些有需求的商品和服务。供应对需求的反应突出了分配过程中消费者主权的理念。生产效率包括使用最低成本的要素组合来生产上述商品和服务。因此，有效的生产涉及企业以最低的成本提供商品和服务，从而使这种生产的市场能够畅通。

产能过剩：当一个企业的产出在收支平衡的水平上运行时，就会出现产能过剩的情况，而这个水平并不在平均总成本的最低点。这样一来，生产的产量就低于完全竞争下的水平。能力过剩是垄断竞争的一个特征。

外部性：是一个术语，用来表示由于其他两方的生产或消费过程对第三方的影响，作为他们自己市场交易的一部分。这两方创造了这些外部效应，因为在市场交易中没有对第三方的成本或利益（视情况而定）进行估价。虽然这代表了所谓的"真实"外部性。金钱外部性并不涉及未定价的成本或收益的存在。它们涉及实际收入在一组市场参与者之间的转移。例如，如果人们认为卡车司机是整个运输市场的第三方，那么由私人驾车者造成的道路拥堵可能被认为是卡车司机送货活动的实际外部性。显然，他们不是。因为道路定义了市场，对额外的驾车者来说，道路使用的价值是以延迟的卡车司机为代价的。只有当人们希望区分客运和货运，而忽略道路是两者的共同点时，才有可能提出真正的外部性的理由。

要素价格均衡定理：在特定的假设下，如运输成本为零，自由贸易将有助于均衡各贸易区的要素价格，使贸易成为要素流动的替代品。由于自由贸易缩小了不同地区或国家之间的商品价格差异，生产该商品的要素价格也必须缩小。

生产要素：这些是开始生产过程所需的资源。它们包括四种类型：土地、劳动力、资本和企业家能力。土地是指地球上的所有自然资源，包括水和大气。劳动包括工人的所有身体和精神能力。资本涉及机器、工具、工厂和仓库。企业家能力涉及企业家的管理和创新素质，他将其他因素结合在一起，从而使生产过程得以开始。当然，当物理距离从而需要运输将生产的其他阶段分开时，运输服务也是一个生产要素。

罚款：代表不遵守法律或法规的成本。与对合法活动征收的税收不同，罚款是对非法活动的收费。

一级价格歧视：每个买家支付他的边际支付意愿（即，他的需求曲线上的价格点被支付给公司）。当所有买家都这样做时，公司就从市场需求曲线上获取了全部的消费者剩余。协商价格、黄牛和拍卖就是这样的例子。参见价格歧视。

财政幻觉：纳税人的一种感觉，即他很容易注意到自己缴纳的税款，但不容易看到以政府支出的形式回到他身上的好处（如果有的话）。将税收收入用于特定用途，而不是将其投入一般收入，是消除这一问题的一种方法。用通行费或燃油税收入来资助道路，可以克服财政幻觉。见指定用途。

形式效用：供应链中基本原材料转化为成品时的附加值。

搭便车：一个人或公司免费使用一种商品，而该商品是以成本价提供给其他人的。这样一来，其他用户就有动力采取同样的行动，从而不付钱。免费搭车者利用了公共产品的非排他性，使得私人供应商提供这些产品的效率很低。这样一来，公共产品直接因为免费搭车者而成为市场失效的原因。

船上交货（FOB）：从托运人的角度看，是货物运输的一个阶段，它表示货物价格的确定地点。买方将在这个 FOB 点取得所有权；例如，机场的 FOB，或工厂的 FOB。

前程运输（Fronthaul）：往返运输的主要部分；次要部分是由于必须返回原点而产生的回程运输。按照惯例，运输量较大的方向被认为是前程运输的方向。

贸易收益：当一个地区或国家从贸易中受益，产出增加，而在没有贸易的情况下是不可能发生的。阻碍贸易收益的因素有：关税和配额以及运输成本。

博弈论：关注为处于冲突或竞争中的博弈者（即消费者、公司和政府）设计策略。每个参与者都面临一个或多个选择（即行动），与其他参与者的选择相结合，带来回报。一位卡车司机在有机会通过公开称重的情况下，决定超载；常客在最后一刻决定购买机票，希望得到航空公司的折扣；或者汽车司机在两条拥堵的道路上从天选择，都是经济博弈的例子。

网关：将运输路线连接到一个共同点（即网关），然后进入一个特定的地理区域。这与允许从各个方向进（出）行的枢纽形成鲜明对比，后者不考虑明确的区域。

一般化成本：用户所看到的使用运输的全部成本。公司可以向用户收取其运输成本，但用户可以用个人成本来增加这一成本，如时间、灵活性、舒适度、安全性等。

赫克歇尔—奥林定理：对贸易收益论的推进，超越了简单的比较优势。一个国家或地区只会生产和出口那些与它拥有的最丰富的生产要素有关的最密集的商品和服务。

枢纽和辐条网络：将运输从次要路线（即辐条）过滤到一个共同的连接点（即枢纽）。与在中心到中心的路线上使用的车辆相比，沿辐条使用的车辆较小。这种配置利用了网络密度的经济优势。

激励相容问题：作为委托—代理问题的一部分出现，代理人在不同背景下看到委托人提供的激励。例如，政府（即委托人）可能会制定强制使用安全带的规定，这样司机（即代理人）在驾驶时就会感到更安全。然而，这种激励措施所引起的行动可能是，由于现在感觉到了额外的安全，司机会开得更快。这样一来，安全就会受到危害。

需求的收入弹性：一种商品或服务的需求量的百分比变化与带来这种变化的消费者的收入的百分比的比率。它衡量了对一种商品或服务的需求的收入敏感性。

幼稚工业论点：一种保护廉价进口产品的理由，理由是这种进口产品阻碍了国内制造业基础的建立。欠发达国家常常以此作为贸易保护的理由，以便为经济发展和/或自给自足的目的而发展重工业。

劣质品：一种具有负收入需求弹性的商品。这样一来，随着用户收入的增加，在其他条件不变的情况下，对该商品或服务的需求量会下降。城市公共交通就是劣质商品的一个典型例子。

基础设施：为运输工具的使用提供便利的运输资本。例子包括：道路、桥梁、运河、铁路货场、发电机等。区分基础设施和承运人本身提供的资本的一个好方法是将前者标为社会间接资本。

联运：将货物从偏离给定路线的车辆上换到设定的车辆上，以完成交付。当车队的车辆在运输网络上接触时，此举可使车队得到更有效的利用。有时为了完成交付，联运是必要的，例如在原车辆被禁止进入目的地管辖区的情况下。

联运竞争：运输业本身内部各子行业之间的竞争。这些是竞争性的运输方式，铁路、汽车、卡车、公共汽车、飞机、管道，甚至电信都是其中的一部分。

等值线：两个或多个等值线相交的所有点的集合。这样，一个希望选址以便为两个或更多的消费市场提供服务的公司，可以选择一个在为这些市场服务时提供同等场地价格的位置。在前往两个消费市场的运输成本和市场价格相等的情况下，等值线将是一条直线，将两个市场之间的线一分为二。

等价线：远离某一消费市场的所有可能地点的集合，这些地点将为企业提供同等的场地价格，如果它为该市场服务。在统一的地形和交通基础设施的情况下，等值线将是圆形的。

联合成本：是一个生产过程中不可追踪的成本。然而，导致这些成本的因素必须按固定比例使用。由于可追溯性问题，往返运输的总成本无法被分解为不同的前端运输和回程运输成本。

联合生产：两个或更多商品或服务的生产，总是以固定比例出现。例如，在货物运输的往返行程中，每一个前段生产都有一个，而且只有一个回程。豆粕和豆油是以大豆为单位共同供应的。羊肉和羊毛是以绵羊为单位共同供应的。

线路运输成本：运输的可变成本。这些成本是货物或乘客实际运输的一部分。燃料、司机、车辆维修和折旧的成本是作为旅行的具体成本产生的，而不是作为提供运输的固定成本的一部分。

物流：涉及对供应链的控制，从而使正确的货物在正确的地点、正确的时间、以适当的质量和最低的总成本交付。运输只是物流过程中的一个分支部分。其他的是：营销、地点、材料处理、储存和库存控制。

长周期：与短周期相反，是指企业使用的所有生产要素的数量都是可变的时间段。在运输方面，它可以被认为是船队规模扩大的时间框架，例如，将新的海船投入使用。另外，它也可能是一条新的公路或机场投入使用的时间。

笨重的成本：指的是以离散的数量存在的成本，而不是在所有可能的产出数量上持续存在的成本。从长远来看，一家运输公司可能希望扩大其车队的规模。最小的增量是由最小的车辆的运载能力决定的，它定义了生产可能的离散量扩大。同样，一定长度的道路是逐车道扩大的，而不是以分钟为单位。

边际：从一个额外的单位的其他东西生产的东西的增量影响。例如，边际成本定义了最后一个产出单位所产生的成本，而边际产品定义了雇用最后一个生产要素单位所产生的产出量。因此，"边际"一词是指以前一系列单位中的最后一个单位的最终效果。

边际成本定价：将产出的价格设定在需求曲线所代表的边际成本等于边际收益的位置。这在完全竞争的情况下自然发生，但在垄断中，公司没有动力以这种方式经营。如果垄断企业拥有规模经济，边际成本定价将带来损失。然而，政府可能会补贴该公司或干脆将其接管，以实现边际成本价格所带来的社会总福利的最大化。

市场失灵：当市场在不受约束的供求力量下，未能实现社会最优结果时，就会发生。这样一来，实现的均衡就不是有效的。市场失效的原因包括：垄断、外部性和公共物品。当一个市场运行时，由于其中一个参与者的市场力量而存在福利损失，或者有第三方以某种方式受到这个市场结果的影响，就会导致市场失灵。

混合策略：是一个经济博弈的结果，在这个博弈中，参与者在特定的行动中会做什么存在不确定性。每一步棋的发生都有一个特定的概率，因此这就是不确定性的来源。每个参与者只知道他自己在所有可能行动中的概率分布。

垄断竞争：发生在一个公司拥有市场权力，但进入壁垒不完善的情况下。企业将通过广告和保证等方式使自己的产品与竞争者区别开来。这样一来，相互竞争的公司生产的产品就不能完全替代。

垄断：是指只有一个卖家存在的市场结构。这一家公司实际上就是整个行业。垄断者所面临的缺乏竞争可能使该公司在长期内获得正的经济利润，因为其他公司无法进入该行业并对其进行挑战。垄断的产生可能是由于自然地进入壁垒，如关键生产要素的有限供应，也可能是由于专利保护或政府许可而人为地产生。铁路和管道是这种模式最接近的运输方式。

道德风险：是一个经常发生在委托人和代理人之间的问题。委托人制定了一项政策或计划，旨在使代理人采取某种行动，但后者最终却采取了委托人意想不到的行动。从强制使用安全带到汽车保险，司机因这些政策而感到更安全的程度，可能会导致他以不太安全的方式驾驶，并最终导致更多的事故。换句话说，这些政策可能对代理人通常可能采取的预防措施的数量设置了上限。虽然逆向选择问题涉及委托人找出那些具有"错误"倾向的代理人，但道德风险问题涉及代理人在面对委托人提供的激励时改变这些倾向。

纳什均衡：以约翰·纳什命名。它是发生在经济博弈中的一种均衡，其特点是，在这种情况下，一个玩家不会改变他所选择的位置，因为另一个玩家不会改变他的位置。换句话说，鉴于对手玩家的固定选择，有关玩家将做出利润最大化的选择。如果双方都能这么说，那么游戏的纳什均衡就已经找到了。在囚徒困境游戏中，每个选择叛逃的玩家都代表纳什均衡。

无过错保险：一种汽车保险制度，由保险人决定评估的损害价值，并代表肇事者支付。受害者通常不能求助于法院，要求法官或陪审团对损害进行裁决。虽然这消除了诉讼，但也降低了驾驶的成本，以至于损害赔偿可能会增加。如果驾驶者认为其潜在责任的成本下降了，那么驾驶成本的降低可能会带来驾驶者的道德风险。

一次性游戏：一个只玩一次的经济游戏。在这种方式下，不允许参与者多次互动，以便在这段时间内形成更好的策略。对于经常互动的企业来说，自律总是更有可能。在囚徒困境的条件下，每个参与者的相互叛逃将是一次性游戏的均衡。见纳什均衡。

机会成本：为了进行目前的活动而放弃的下一个最佳选择的价值。例如，在旅客旅行中，机会成本是指如果不在途中，可以进行的下一个最佳活动的价值。这样一来，任何人类活动都有一定的成本，必须与所选活动的价值进行权衡。

高峰负荷定价：对固定基础设施上随时间变化的需求类别设定价格。繁忙时段的交通，圣诞节的航空飞行，以及收获季节的谷物运输都是运输需求高峰的例子。

金钱外部性：市场参与者的活动可能对彼此产生积极或消极的影响。如果这些影响导致价格上涨或时间增加（拥堵），那么外部性就已经内部化了，这种影响是金钱上的，而不是具有实际资源效应的。

完全竞争：是最简单的，因此也是最不现实的产业结构形式。有许多公司生产一种同质产品，并出售给许多买家。由于每家公司相对于总数来说都是一个小的参与者，所以每家公司都会接受市场价格的规定。从长远来看，企业有进入和退出的完全自由，这有助于将所有经济利润降至零。最后，所有的公司和买家都有完美的信息，因为他们知道整个市场上其他人所提出的所有价格。在运输方面，一个放松管制的卡车运输由许多在大面积工作的业主经营者主导的行业是最接近这种模式的模式。

场所效用：通过在空间中移动产品而增加的价值，通常是运输和材料处理，使其对用户更有价值。这也被称为空间效用。

拥有效用：当所有权在供应链中的买家和卖家之间转移时，产品的附加价值。这也被称为所有权效用。

价格歧视：企业对同一商品或服务向不同类别的需求者收取不同价格的做法。公司在这方面的要求是；（1）垄断权力或对价格的某种控制；（2）有能力根据需求者的需求强度将其分开；（3）涉及的交易成本；（4）低价买家必须面临障碍，防止他们将其购买的东西转卖给高价买家。第四点适用于服务，但它也适用于以距离或不对称信息为特征的市场中销售的实物商品。见一级、二级和三级价格歧视。

需求的价格弹性：一种商品或服务的需求量的百分比变化与该商品或服务的价格的百分比变化的比率。它衡量的是对一种商品或服务的需求的价格敏感性。其决定因素是：替代品的存在或接近程度；该商品或服务在消费者预算中的重要性；该因素占总成本的比例（在衍生需求的情况下）；以及允许调整的时间长度。

供应的价格弹性：一种商品或服务的供应量的百分比变化与带来这种变化的该商品或服务的价格的百分比的比率。它衡量一种商品或服务的价格敏感度。其主要决定因素是允许调整的时间长度。

初级需求：对最终产品或服务的需求。对游船的需求是对运输的初级需求，因为游船本身就是一个目的。

委托—代理问题：委托人是一个希望由另一个人或公司（称为代理人）采取某种行动的人或公司。委托人必须为代理人找出适当的激励措施，以便采取这种特定的行动，因为这种行动会给代理人带来成本。问题是，在信息不对称的情况下，委托人将永远不知道代理人的行动是否是后者的最大努力的结果。此外，委托人也不会事先知道，鉴于他向代理人提供的激励措施，他所期望的行动是否会实际发生。参见激励相容性问题。

囚徒困境：一种特定类型的经济游戏。在其最简单的形式中，两个玩家可以选择相互合作或"叛逃"，以试图获得更高的个人回报。每个玩家的问题是，"叛逃"只有在对方试图合作时才能带来更高的回报。因为另一方也可能试图叛变，所以双方的回报都可能低于相互合作所能获得的回报。这个博弈导致了一个较差的"均衡"，即双方都投诚，而相互合作的收益仍然存在。这种博弈适用于行业自律。见博弈论。

生产者剩余：企业从统一价格中获得的超出提供成本的净收益。价格将等于最后一个供应单位的利益，但之前所有的供应单位都将为企业带来净利益。

生产函数：定义生产要素，作为投入，如何转化为公司的产出的关系。这种关系的确切形式由技术状况决定。

生产效率：见效率。

利润资本化：当生产要素的所有者能够获取公司所赚取的部分或全部经济利润时，就会发生这种情况。这样一来，公司的生产成本就会上升，利润就会适当转移。这方面的一个例子是，当工会能够通过谈判获得高于其机会成本的工资结算。企业可能会屈服于这些要求，特别是当他们由于垄断或监管保护而在市场上面临很少竞争时。

产权：法律所有权的确立。没有产权，市场将无法充分运作，因为商品和服务以及资源的所有权可能存在争议。这样一来，贸易就不可能进行。

公共物品：由于存在搭便车的动机，不能指望由私人公司生产的物品。政府必须提供这种商品，因为它有权力通过征税向所有用户收取费用。这种类型的商品具有非竞争性和非排他性的双重特点。非竞争性意味着一个人对该商品的消费不会影响到另一个人的消费。非排他性意味着提供该商品的边际成本为零，因为一旦一个人拥有该商品，就不可能阻止另一个人拥有它。

拉姆齐定价：英国经济学家弗兰克—拉姆齐（1903～1960年）为自然垄断企业提出的政策规则，通过将消费者剩余转移到垄断企业，使其产量可以设定为需求等于长期边际成本，从而避免了福利损失。

反应函数：一个企业对另一个企业的供应决策的反应。企业决策的这种相互依存关系排除了这些企业中每个企业的单独供应曲线的存在。反应函数用于竞争有限的市场或表明行业内存在合谋行为的市场。由于在这些运输方式中感受到的竞争相对有限，铁路和航空公司很可能拥有反应函数。

寻租：花钱或分配资源，以确保经济利润或租金。政府或其他实体为了获得租金的权利，接受竞争者的无偿竞标，或允许自己被竞争者游说。在这一过程中失利的代理人就浪费了钱和资源。在政府对交通的监管下，经营许可证将成为寻租活动的目标。

重复博弈：在相同的条件下，由相同的玩家在多个时间段内重复进行的经济游戏。通过这种方式，玩家可以改变他们的策略，使之超出一次性游戏中可接受的策略。在重复的囚徒困境博弈中，相互惩罚的纳什均衡可能被抛弃，而倾向于希望成功自我调节的公司所需要的相互合作的优越结果。见一次性博弈。

S型曲线：表示一家航空公司的服务提供量与由此带来的市场份额之间的非线性关系。超过（低于）某个临界的航班份额，一个航空公司将获得不成比例的更高（更低）的市场份额。这一理论导致的结论是，机场枢纽往往由一家航空公司主导。

萨伊的市场法则：一个命题，即在所有市场上，所有生产的商品和服务的价值之和等于所有购买的商品和服务的价值之和。这就产生了一个俗语：供给创造自己的需求。然而，这一定律最好被解释为实现一般均衡的条件。

二级价格歧视：根据购买数量收取不同的价格。相对于同一商品的单件运输，批量运输的折扣就是一个例子。换句话说，公司在同一市场需求曲线上设定两个或多个价格。参见价格歧视。

自我监管：是指一群公司同意对自己实施监管，而不是由政府代劳，从而不得不接受政府对违规行为的罚款的状态。自我监管的问题在于，如果可以通过牺牲其他公司的利益来获得收益，那么可能会有激励因素来"叛离"自我实施的监管。见"囚徒困境"（Prisoners' Dilemma）。

分离性：见可追溯性问题。

影子价格：一种商品或服务的扩大的市场价格，它将实现社会价格；也就是说，这种价格表明社会的评价，而不仅仅是公司的评价。垄断企业的销售价格高于提供的边际社会成本，意味着影子价格低于市场价格。另外，如果一个公司可以自由地向河流倾倒污染，那么河流的影子价格将超过其市场价格（即零）。

海运同盟：海运同盟是由一群航运公司组成的卡特尔，共同制定运输集装箱进出口货物的费率和服务条件。

短期：一个生产时间段，其中至少有一个生产要素在企业使用的数量上是固定的。随着企业扩大生产，所使用的可变因素最终将导致收益递减，因为固定因素面临拥挤。虽然没有规定具体的时间框架，但短期可以被定义为企业不能扩大或收缩其工厂规模或车队规模的时间。

现场价格：货物在运输到消费市场之前在工厂所在地的价值。如果一个公司使用雇佣运输，现场价格是其收入来源，因为消费市场上的较高价格反映了运输成本。

场地租金：企业产出的回报减去在特定场地使用的所有流动生产要素的总成本。这个差额就是所有非流动因素的总成本。从一个给定的场地价格，到一个给定的距离市场的位置。当与成本相比较时，该地点的价格表明了一定的产出数量，这可能会导致经济租金，在这种情况下，就是在该地点生产的地点租金。

速度—流量/速度—成本关系：见拥堵成本。

补贴：向商品或服务的需求者或供应者提供一定数量的资金，以鼓励更多的人使用它。补贴可能是一次性的，意味着它是一个总的资金分配，或者它可能是一个按使用数量计算的金额。

一次性付款：对大宗购买交通票的折扣则代表了每单位的补贴。

锥形效应：作为运输距离经济的直接结果而发生。一个面临固定成本的运输公司会发现，当货物运输距离较长时，这些成本更容易承担。运输服务的平均总成本相对于距离的下降就是这种效应的结果。

贸易条件：一个地区或国家面临的出口价格与进口价格的价值比率。这个比率定义了它打算出口的东西的价值与它打算进口的东西的回报。

三级价格歧视：当公司根据买家的不同需求价格弹性收取不同的价格时，就会发生。当公司对价格弹性的买家收取高（低）价格时，利润就会增加。由于商务旅行者比休闲旅行者有更多的价格弹性需求，前者通常为汽车租赁（因为它们可能只租一天）和机票支付更多的费用（因为他们不太可能在周末留在目的地）。了解了商务旅行者的这些特征，企业就可以为他们的产品定价，使较高的价格落在商务旅行者而不是休闲旅行者身上。参见价格歧视。

时间效用：通过改变产品对用户的供应时间来增加产品的价值。在供应链中，这通常是由仓储和库存持有提供的。这也被称为时间效用。

以牙还牙策略：在重复囚徒困境游戏的条件下，任何玩家都可以采用的最佳策略。所要求的是：（1）所有玩家同时出手；（2）游戏的数量没有尽头。无论一个棋手在前一个博弈期的行动是什么，有关的棋手都会在现在的博弈中与之匹配。当然，如果一个棋手在前一局中"叛变"，有关的棋手也会在本局中"叛变"，以惩罚另一个棋手。然而，该玩家随后将在下一局中"合作"。这一策略将让"叛逃"的玩家得出结论，在面对另一个使用针锋相对策略的玩家时，只有"永远合作"的策略才能确保他获得最高的回报率。这就成为主导策略。见自我调节，也见囚徒困境。

社会总福利：生产者和消费者利益超过生产成本的净值。它的衡量标准是：总收入加上消费者剩余减去社会总成本。

可追溯性问题：当不可能将生产的总成本分解（或追溯）为所有的子部分时，就会出现这种情况。公司中存在的联合、共同和不变的成本会导致这个问题。运输公司在以下方面发现了这个问题，例如：（1）设定前程和后程运费；（2）为一条共同的铁路分配一定数量的轨道维护费用，用于客运列车和货运列车。

公地悲剧：是指共同财产注定要被过度使用或滥用，因为每个使用者虽然是总负效应的一个小贡献者，但并没有考虑到所有的人按照同样的思路所造成的这个总的损害。每个人的小的、边际的影响将导致一个大的总影响，因为这是所有边际影响的总和。例如，一个人在高速公路上快速转弯会造成少量的弯道损坏，从而证明他的行为是合理的；但所有其他人的这种思维方式，总的来说，会导致大量的高速公路损坏。

舱板运输：港口到港口的海洋船舶运输，费率由托运人和船东协商决定，与定期海洋班轮运输不同。

转运：货物在一个或多个转运点的移动。货物从一辆车转到另一辆车，如将集装箱从海船转到平板铁路车上的情况。

两部定价法：平均成本定价和边际成本定价之间的妥协。这样一来，边际成本定价对以规模经济经营的垄断企业造成的经济损失将通过向另一部分消费者收取更高的价格来克服。向消费阶层的两个部分收取边际成本价格和垄断价格是一种价格歧视的形式。

两部关税：一种旨在同时处理两个问题的税收或用户收费。具体来说，收费可以同时处理高峰负荷和拥堵问题。收费可能是两级的，以便考虑高峰负荷，但也可能是与距离有关的，这样就可以考虑到车辆对拥堵的贡献。

边际产品的价值（VMP）：一个生产要素的边际产品对企业的价值。这个价值来自这个要素所生产的产出的销售价格。这样，边际产品价值衡量的是人们对使用某一要素的支付意愿，因此是对该要素的衍生需求的决定因素。

增加值：产出的价值减去对所有中间商的贡献，剩下支付给主要生产要素的部分。也可以在企业层面上认为是企业产出减去从其他企业购买的所有商品和服务。在这种情况下，增加值指的是企业支付的利润和工资的总和。

瓦拉斯定律：显示了世界上所有市场在过剩供应和过剩需求方面的关系。如果只有两个市场，当一个市场处于平衡状态时，另一个市场也必然处于平衡状态。如果一个市场出现了过剩的需求，另一个市场就一定出现了过剩的供应。这样一来，世界作为一个整体，在所有市场中不可能出现过剩的供应或过剩的需求。

加权需求曲线：当高峰和非高峰需求的时间长度不一致时，为高峰负荷定价而开发的需求曲线。将高峰期和非高峰期用户对某一数量的支付意愿相加，并附加适当的时间权重。

产量管理：这是价格歧视和库存管理的结合，采用历史上的销售模式来确定提供给买方的数量和价格，其中销售是通过预订系统进行的。